서양 근세 초의 새로운 모습
시대구분 이론 · 근세 초 특징 · 카를 5세 시대 유럽과 함께

이규하 지음

저자약력

전주고등학교 졸업(1958)
전북대학교 인문대학 사학과 졸업(1964)
오스트리아 빈대학교 철학박사(Ph.D., 서양학 전공) 학위 취득(1964~1971)
독일 뮌헨대학교 대학원 정치학과 1년 수료(1977~1978)
독일 현대사연구소, 베를린자유대학교, 본대학교, 프랑스 스트라스부르대학교 연구원 역임
하버드대학교 서양사학과 1급 연구교수 역임
전북사학회장 역임
전북대학교 인문학 연구소장 역임
교육부 세계지역연구소 심사·평가위원 역임
한국 서양사학회 학술·정보이사 역임
부산사학회 학술이사 역임
현재 전북대학교 명예교수(2004년 정년퇴임)
　　 전북대학교 총동창회 고문(2007~)

『서양사신론 I·II』(공역, 1979), 『봉건주의에서 자유주의에로 전환』(공역, 1981), 『지산 이규하 교수 화갑기념 논문집』(1999), 『새천년을 향한 가톨릭 지성의 좌표』(공저, 2000), 『서양사의 심층적 이해』(2004), 『새로운 삶』(2005), 『서양 견문 연구록: 지산 이규하 박사의 저작과 생애』(2012), 『이규하 교수 논문집: 원로 역사학자의 독일 현대사 연구』(2018), 『유럽의 종교개혁과 신학 논쟁: 가톨릭·개신교 신학의 비교와 함께』(2019)

서양 근세 초의 새로운 모습
시대구분 이론·근세 초 특징·카를 5세 시대 유럽과 함께

2019년 4월 25일 초판 1쇄 인쇄
2019년 4월 29일 초판 1쇄 발행

지은이 ■ 이규하
펴낸이 ■ 정용국
펴낸곳 ■ (주)신서원
서울시 서대문구 냉천동 260 동부센트레빌 아파트 상가동 202호
전화 : (02)739-0222·3 팩스 : (02)739-0224
신서원 블로그 : http://blog.naver.com/sinseowon
등록 : 제300-2011-123호(2011.7.4)
ISBN 978-89-7940-650-4 (93920)
값 22,000원

신서원은 부모의 서가에서 자녀의 책꽂이로
'대물림'할 수 있기를 바라며 책을 만들고 있습니다.
잘못된 책은 연락주세요.

서양 근세 초의 새로운 모습
시대구분 이론 · 근세 초 특징 · 카를 5세 시대 유럽과 함께

이규하 지음

신서원

머리말

 많은 유명한 역사가·문인·철학자들이 역사가 인간 생활에 있어서 매우 중요한 학문이라고 해 왔다. 그리고 로마가 지중해의 패자가 되는 과정을 내용으로 하는 『역사』(Historia) 40권을 쓴 그리스의 대역사가 폴리비오스(Polybios)는 "과거의 행위에 관한 학문이 인간 교육을 위한 가장 적합한 학문이다"라고 역설하였다. 또한 이탈리아의 저명한 역사가 크로체(B. Croce)는 "삶과 현실이 역사이고 역사 이외의 다른 길이 없다"라고 하였고, 영국의 유명한 사가·종교가로, 교황의 불가류성(不可謬性)에 대해 반대한 액튼(J. Acton) 경은 "역사가 모든 정치적 학문 가운데 가장 유익한 학문"이라고 했다.
 그래서 필자도 정치·사회적 분쟁의 내용이 많은 이 책이 일반인들의 교양을 위해서 그리고 특별히 우리의 학계와 정치권에 조금이나마 보탬이 되었으면 하는 마음에서, 여러 신체적 어려움에도 불구하고 이것이 하늘이 나에게 준 임무라고 생각되어 온갖 어려움을 무릅쓰고 쓰는 데까지 쓰려고 붓을 들었다.
 당시의 안타까운 필자의 상황을 약술하면, 지병들 때문에 더 이상 글을 쓰는 것이 불가능하다고 생각되어 1,300권이나 되는 독어·영어 원서를 가급적 우리 대학(전북대학교) 도서관에 기증하려고 연락했으나 독일어로 된 책은 읽을 사람이 거의 없고 장서 공간이 부족해서 영어 책만, 그것도 자신들이 와서 필요한 책만을 가져가겠다고 하였다. 마음이 매우 아팠지만 많은 돈을 들여 마련한 책의 효율성을 높이기 위해서라도 일괄 처리해야 하는 나의 입장에서, 독어 · 영어 원서 1,300여 권을 나의 이름으로 기록하기로 한, 우리나라 국회도서관에 기증하였다(여러 직원들이 큰 공무 수행 트럭을 가지고 와 한꺼번에 가져갔음). 그리고 하버드대학교 1급 연구 교수로 2년간 체재 중에 커다란 노력을 기울여 만든 10만여 페이지(700여 권)나 되는 제본된 복사본들은 복사본을 취급 못 하도록 하는 새로운 정부 도서관 규정에 따라 기증이 불가하여 무용지물이 되었고, 좀 오래된 600권의 책과 함께 폐기처분했다. 이어서 필자는 4층까지 오르내리기가 몹시 힘이 들어 같은 아파트 1층으로 나머지 약 600권의 책을 가지고 이사했다. 중요하고도 값비싼 그리고 어렵게 구입한 책과 복사본이 하루아침에 나에게서 떠난 뒤에 필자는 한동안 눈물이 나올 정도로 마음이 아팠고 허전하며 우울했다.

그 후 상당 기간 무위도식(無爲徒食)하는 가운데 하늘의 뜻인지 몰라도 몹시 불안해 견디기가 힘이 들었고, 뇌경색을 비롯한 성인병들이 아직은 최악의 상태가 되지는 않았기에, 모험일 수도 있지만 필자가 꼭 쓰고 싶었던, 중요하지만 우리나라에는 거의 알려지지 않은 내용을 담은 이 책을 주위의 권유도 있고 해서 쓰기로 했다. 이 책의 내용은 새로이 완성한 것도 있지만, 필자가 33년간의 대학 재직 기간에 강의하고(서양 근 · 현대사, 서양 사상사, 역사 이론) 연구한 것이 주 내용으로 되어 있다. 이 가운데 일부는 필자가 박사 학위까지 7년간 유학한 빈대학교(Wien, Vienna, 오스트리아 합스부르크가의 전성의 신성로마제국 시절 1365년에 개교한 독일어권 최고의 명문임)의 '근세 초' 담당 세계적 석학 하인리히 루츠(H. Lutz) 교수와 부전공 서양 사회 · 경제사 담당 호프만(F. Hofmann) 교수에게서 들은 강의 내용과 박사 학위 과정 필수 과목인 저명한 하인텔(Heintel)·가브리엘(Gabriel) 철학 교수들의 강의 내용을 많이 참고하였다. 이 외에도 대부분의 원서를 기증했고 이미 기증한 책을 다시 빌리는 것이 매우 번거로워 일부에는 상세한 주(註)를 다는 것이 불가능하여 마음이 매우 아프기도 했다. 경우에 따라서는 본문 내용 옆에 설명을 첨가할 수밖에 없었다.

이 책의 내용에 황제(皇帝)와 교황(敎皇)의 대립(일명 카노사의 굴욕), 신성로마제국 황제의 교황 구금, 루터의 종교개혁의 여파로 일어난 1년 내에 10만 명 이상의 농민이 죽은 독일어권(주로 독일, 오스트리아)의 농민전쟁(農民戰爭), 가톨릭과 개신교 사이의 30년간의 전쟁을 포함시킨 이유는 '우리나라에 알려지지 않았거나 피상적으로 다루어 왔기 때문'이며, 우리 국민, 지도 계층, 특히 정치권이 많이 반성하고 참고했으면 하는 마음에서이다.

끝으로 오늘날 우리나라가 북한의 핵실험과 ICBM(대륙간탄도미사일) 발사로 야기된 위험하고도 혼란스러운 국내·국외 문제로 인해서 너무나 위축되어 있는 상황을 지혜롭게 극복할 수 있도록 저명한 철학자·사학자들의 명언들을 짧게나마 소개하고자 한다. 환언하면 위에 열거한 우리가 처한 어려운 여건들 때문에 비관·낙심하며 의기소침할 필요는 없다고 본다. 이에 대한 위안의 말로, 독일의 대철학자이자 역사 이론가인 헤겔(G. W. F. Hegel)은 프랑스혁명을 생각하면서 "평화의 시기는 백지(白紙)의 시대이고 투쟁의 시기가 역사 발전에 크게 도움이 된다"라고 하였다. 그리고 독일의 최고 역사학자이자 '근대 역사학의 아버지'라고 하는 랑케(L. Von Ranke)는 "외부로부터의 도전과 간섭이 역사가 발전할 수 있는 좋은 기회이다"라고 했다. 또한 랑케는 근세 초 유럽의 발전에 큰 관심을 보였을 뿐 아니라, 복잡다단한 사건이 점철된 16~17세기의 역사에 특별한 호기심을 보였는데, 필자가 금번에 '서양 근세 초'에 관해서 쓰는 것도 이와 맥락을 같이하고 있다. 이 외에도 필자는 전 독일어권을 대상으로 공채된 빈대학교 서양 근세사 담당이며 이 분야 최고 석학 루츠 교수의 강의를 모두 들었고 구두시험까지 본 사람으로서, 특별히 서양에서는 중요시되나 우리나라에는 거의 알려지지 않은 근세 초 부분을 별도로 엮어 책으로 내게 되었으니 앞으로 많이 참고했으면 하는 마음이다.

다음으로는 이 책을 보다 '쉽고 전체의 맥락과 함께 읽어 갈 수 있도록' 먼저 이 책 전체를 개관하고, 이어서 순서에 따라 약 13개의 크고 중요한 주제에 간략한 설명을 붙이고자 한다. 먼저, 이탈리아 르네상스(Renaissance) 문화의 내용과 정신이 무엇이고, 이것이 어떻게 전 유럽에 전파되었는지 알아보기 위해 달라진 근세 초의 정신과 서양의 기독교 문화를 조심스럽게 관찰해 보면, 기독교 문화의 변화와 발전이 '철학 · 신학을 중심으로 전체 성경의 새로운 해석'에 의해서 이루어져 왔음을 볼 수가 있다. 달리 표현하면, 근세 초에 있어서 큰 틀의 사상적 변화는 동일한 성경 내용을 가지고 다르게 해석한 때문이기도 하다.

그리고 그러한 것들 중의 하나가 근세 초의 지배적 사상의 하나인 '근대적 신앙'(devotio moderna)이다. 그 핵심 내용은 중세의 수도원적 경건성(mönchisch-klöstliche Frömmigkeit) 대신에 실생활에 도움이 되는 실천적 사랑(tätige, helfende Liebe)이었다. 다음으로는 플라톤(Platon)의 철학 사상이 새로운 성경 해석에 '다른 근거'를 어떻게 제시했는지에 관해서이다. 여기서 '다른 근거'란 말은, 서양에서는 중요시되지만 우리나라에는 거의 알려지지 않은 내용으로, 아리스토텔레스(Aristoteles)의 철학 사상이 고딕 건축양식과 같이 하늘 높은 곳만을 바라보는 그리고 영혼 · 정신만을 중요시하는 중세의 대표적 사상, 즉 스콜라철학에 지대한 영향을 끼친 반면에, 르네상스 · 근세 초의 사상에는 부분적이긴 하지만 플라톤의 사상이 한 기초를 이루고 있다는 것이다. 좀 더 구체적으로 말하면, 플라톤은 하느님의 아들 예수가 인간의 육체를 받아 가지고 태어났다는 성경 내용이 시사하는 바대로, 영혼[靈魂·精神]·육체가 조화로운 인간상을 이상적이라고 했기 때문이다(독어, Nun entdeckten die Humanisten in der Philosophie Platons das Ideal des nach Leib, Seele und Geist harmonischen Menschen).

이어서 구체적으로 13개의 큰 주제하의 글을 전체의 맥락과 함께 이해하는 데 도움을 주고 또 독자의 취미와 관심에 따라 선택해서 읽을 수 있도록 간단한 설명을 첨부하고자 한다.

맨 처음 등장하는 서양 근세 초와 비교를 위한 서양 중세의 간략한 개관은 제목 그대로 중세 천 년의 특징적인 모습을 기술하려고 한다. 다음의 **황제와 교황의 대립과 충돌**은 필자가 '교육부 2종 교과서 서양사 분야 심사위원장'(1983.2.~1983.7.)직을 맡고 있을 때 교과서 채택을 위해서 제출된 책들을 모두 읽어 보았는데, 요사이 교과서 문제로 말이 많은 것을 감안하여 첨언하면, 모든 책들이 이 사건을 다룰 정도로 우리에게 친숙한 사건이었다. 그러나 교과서와 지도교사용 참고서 모두가 너무나 간략한 내용으로 되어 있었다. 때문에 필자는 차제에 황제와 교황이 처한 당시의 정치·사회 상황과의 연관을 좀 더 심도 있으면서도 자세하게 다루고자 한다.

이어지는 **황제군의 교황청의 약탈과 교황의 감금**이란 끔찍한 사건은 필자가 견문이 좁아서인지 몰라도 아마도 우리나라에 전혀 알려지지 않은 내용이 아닐까 생각된다. 기술 방식은 사건의 자세한 내용과 당시 정치 상황을 중심으로 쓰려고 한다. 그리고 정신사적인 면에서 볼 때 매우 중요하고 큰 의미가 있는 것은 이 두 사건으로 말미암아, "중세의 원대한 이념인 황제와 교황이 중심이 되고 기독교를 바탕으로 해서 지상에 이상국가(理想國家)를 실현하려고 했던 꿈"이 최종적으로 와해된 것이다.

때문에 이후 중세 스콜라철학의 바탕이 된 신학 대신에 합리적 사고가 기초가 되었던 '고대 그리스·로마에로 되돌아가자는 운동'이 일어난 것이다. 그리고 이것이 르네상스·휴머니즘 운동이다(독어, Nachdem das weitgesteckte Ziel des Hochmittelalters die Bildung eines Christlichen Gottesstaates auf Erden unter Führung von Kaiser und Papst, nicht erreicht worden ist, wendet sich die enttäuschte Menschheit einem neuen Bildungs-und Lebensideal zu … die sich auf die Quellen der griecheschen und römischen Antike zurückbesinnt). 또한 이런 일들로 인해서 "역사는 모든 도덕적 이념이 타락하기 쉽고, 가장 훌륭한 이념이 가장 부패하기 쉬운 것임을 가르쳐 준다"라고 하였다.

다음으로 **시대구분 이론**(時代區分 理論)과 근세 초의 특징에 관한 내용인데, 시대구분 이론은 역사에 있어서 가장 난해한 문제이고 주로 석학들이 다루는 테마이다. 한때 많은 논쟁을 불러일으켰던 일본의 도쿄대학교·교토대학교를 중심으로 한 동양사의 근세의 시작에 관한 논쟁이 아직도 끝나지 않은 상태이고, 한때 뜨거웠던 우리나라의 근세의 시작에 관한 논쟁도 특정 집단의 저항이 격화되자 슬그머니 자취를 감추게 되었다. 그리고 서양 근세 초의 특성에 관한 설명에서는 근세가 중세와는 확연히 다르다는 뜻에서 다른 점들을 되풀이해서 열거하려고 한다. 여기서 특별히 중요한 것은 시대구분 이론으로, 5형식의 시대구분 이론과 서로 다른 이론의 주장과 장단점 및 비판을 다룬다.

이어지는 내용은 스페인의 가톨릭 왕 부부 페르난도 2세(Ferdinand II)와 이사벨 1세(Isabella I)의 딸이며 스페인 왕위 계승권자인 광녀(狂女) 후아나 1세(Juana I)에 관해서인데, 국제결혼(합스부르크가 신성로마제국의 대공과의 결혼)의 한 간접 배경이 된 영국과 프랑스 간의 백년전쟁에 관해서 맥락과 함께 당시의 정치·경제·외교 상황을 이해할 수 있도록 짧게 언급하려고 한다. 그렇게 하는 이유는 후아나 1세가 유럽 역사에서 두 번째로 위대하다는 합스부르크가의 카를 5세 황제의 어머니라는 점 외에도, 실로 이 책의 대부분이 인과관계를 중심으로 한 학술적인 내용으로 되어 있어서 내용이 좀 딱딱하고 난해한 편인데, 재미있는 이야기식[說話的] 역사의 한 장면을 소개하고 싶어서이다. 이를 통해서 왕족 간의 국제적 정략결혼으로 초래된 비극에 대해 상세히 알게 될 것이며, 특히 이 글에서는 헌신적인 사랑을 하면서도 전혀 되돌려 받지 못할 때의 절망적이고 복수심에 가득 찬 여인('광녀 후아나'라고도 불린 후아나 1세)의 심정이 잘 나타나 있다. 또한 당시의 복잡하게 얽힌 국제관계 및 사회 풍습에 대해서도 간접 경험을 할 수 있고 당시의 생활감정에 대해서도 짐작하게 되리라고 본다.

이어서 경제·사회사 담당 호프만 교수가 필자의 부전공 시간에 다룬 **크롬웰**(O. Cromwell) 치하 영국의 스페인·네덜란드와의 전쟁은 당시 유럽 국가 간의 복잡다단한 국제 관계와 종교·경제 문제가 밀접하게 얽힌 사건으로 근세 초 이해에 크게 도움이 되고, 영국의 전제정치와 명예혁명(名譽革命), 크롬웰의 영국 왕 찰스 1세(Charles I)의 처형과도 연결되어 있다. 나아가 이 시기는 오스트리아 합스부르크가의 신성로마제국 황제 카를 5세(스페인 왕으로서는 카를로스 1세)와 카를 5세의 이모이며 영국 왕 헨리 8세의 아내인 캐서린(Catherine of Aragon)과 이후 왕위에 오른 그녀의 딸이 재(再)가톨릭화 과정에서 프로테스탄트교도 300여 명을 살해한 피(血)의 메리(Mary I)와도 관련되어 있다. 나아가 이때는 헨리 8세와 궁녀 앤 불린(A. Boleyn, 헨리의 두 번째 처로 개신교도) 사이에서 태어났으며, 영국의 어려운 시기에 왕이 되어 미혼으로 영국 역사상 지대한 공을 세운 엘리자베스 1세(Elizabeth Ⅰ)가 맹활약을 펼친 시기이기도 하다.

그다음으로는 근세 초 카를 5세 황제 시대의 유럽과 부르군트(Burgund)에 관한 내용이다. 서양에서는 매우 중요시되어 "카를 5세 시대 유럽"을 별도의 장으로 가르치고 있는데, 이에 대해 우리나라의 경우 일반 지식인들과 전문가들조차도 잘 모르고 있는 실정이다. 그 한 예로 대학 입학 구두시험에서 응시자들은 마르틴 루터(M. Luther)와 대결한 '서양 역사상 두 번째로 위대하다는 오스트리아 합스부르크가의 신성로마제국의 황제 이름'을 전혀 모르고 있었고, 중·고교 교사 연수 강의에서도 극히 소수를 제외하고는 마찬가지였다. 그 주된 이유는 매우 애매한 개념인 부르군트[대략 오늘날의 베네룩스(Benelux)와 그 주변 지역 포함]와 합스부르크가(家) 출신 '신성로마제국 황제'에 대해 잘 모르며, 합스부르크가 오스트리아와 스페인과의 관계를 전혀 모르기 때문이다.

  필자는 이에 대한 개념이 보다 확실해지도록, 필자가 세상을 떠나면 그 누가 할 수 있을까 하는 노파심과 함께, 애매한 개념이 보다 확실해지도록 각별한 노력을 경주(傾注)하려고 한다. 지금도 기억에서 사라지지 않은 일로, 필자가 모든 것이 차단된 서울 호텔방에서 심사용 2종 교과서(세계사)를 심사하는 중에, 교육부의 감독관으로부터 필자가 정확하고 깊이 아는 것이 많다고 하면서, 다음에는 꼭 이 교수님이 교과서를 써 보라고 몇 차례 진지한 권유를 받았는데, 경제적 혜택은 있겠지만 본인은 깊고 넓게 연구하는 데 취미가 있지 개설서에는 관심이 없으며 연구에도 도움이 안 된다고 답변했다. 그리고 이것이 필자가 이 책을 쓰는 이유이기도 하다.

  또한 **합스부르크가의 오스트리아인 막시밀리안 1세**(황궁은 오스트리아 인스부르크에 있었음) 신성로마제국의 대공(후일 황제)이 어떤 의도와 과정을 통해서 부르군트 공국의 무남독녀 상속녀 마리아(Maria)와 결혼하게 되었고, 그 결과 넓고 비옥하며 아름다운 부르군트를 차지하게 되었는지에 대해서 알아보고자 한다. 그리고 막시밀리안 1세의 아들 필립 1세(Philip I, 합스부르크가의 인물로 독일에서 태어난 독일인이며, 스페인 왕이 되었음. 스페인 왕으로서는 펠리페 1세. 이 책에선 필립 1세로 쓰겠음)가 후일 '광녀'란 별호가 붙은 스페인(Spain)의 왕녀 후아나 1세와 결혼하여 스페인의 통치자가 되었고, 또 이로 인해

중남미의 여러 국가를 스페인의 식민지로 차지하여 '해가 지지 않는 오스트리아'란 칭호가 붙게 되었는데, 우리나라에 잘 알려지지 않은 점을 감안해서 이에 대해서도 고찰하고자 한다.

계속해서 역사의 운명설과 관련된 일로, 어떤 과정을 거쳐 막시밀리안 1세의 손자이며 조사(早死)한 필립 1세의 아들 카를 5세(카를로스 1세)가 '5인의 스페인 왕위계승권자들'을 제치고 16세의 나이로 스페인 왕 카를로스 1세가 되었는지와, 19세에 영국·프랑스·독일의 지원자들을 물리치고, 역사에서 자주 발생한 뜻깊은 우연과 운명을 하느님의 뜻이라고 하는데, 신성로마제국 황제 카를 5세가 되었는지에 대해서 밝히고자 한다[이 책의 맨 뒤에 "유럽 강국들의 왕·황제·대통령·교황들의 각국 원수표(各國 元首表)"를 첨부함]. 또한 한때 카를 5세의 황제군에 의해 천사의 성(Engelsburg)에 추기경들과 함께 장기간 감금되었던 클레멘스 7세(Clemens Ⅶ) 교황에 의해 황제의 칭호가 붙여지는 카를 5세의 대관식이 이탈리아 볼로냐(Bologna)에서 어떠한 모습으로 이루어졌는지에 대해서 알아보려고 한다.

다음으로 등장하는 마르틴 루터의 종교개혁(Reformation)은 특별히 기독교 신자들이 읽었으면 하는 내용이다. 우리나라에서 상대를 폄하하는 뜻으로 개신교회에서는 "천주교는 진정한 기독교가 아니라 성모 마리아를 숭배하는 교"라 하고 프란치스코 교황의 방한 이후에는 예수와 마리아를 함께 믿는 혼합교라고 하며, 천주교에서는 개신교의 중심인물인 "루터가 사랑하는 수녀와 결혼하기 위해서(실제로 종교개혁 운동 중에 결혼했음) 종교개혁을 일으켰다"라고 말해 왔다. 그러나 이 글은 이런 차원을 넘어서 루터의 성장 과정, 법과대학 입학, 낙뢰 사건, 성직자가 되겠다는 서약, 로마교황청 방문, 옥탑방의 고민, 성경 내용에 대한 불만 등에 대해서 알아보고, 많은 고민·몸부림침 속에서 최종적으로 깨달은 것은 무엇이며 이후 프로테스탄티즘의 핵심 내용이 된 그의 새로운 가르침(성경 해석)이 무엇이었는지와 신학적인 면에서 천주교와 개신교의 뚜렷한 교리의 차이에 대해서 고찰해 보고자 한다.

이어서 유럽 여러 나라에 루터의 개신교회가 파죽지세(破竹之勢)로 퍼져 나가 와해에 직면한 가톨릭교회가 어떻게 대응(반종교개혁, 가톨릭 종교개혁)하여 오늘날 유럽의 반(半)을 구해 낼 수 있었는지에 대해서 알아보고자 한다. 나아가 교황청과 가톨릭교회를 위해 결정적인 역할을 한 스페인인 이냐시오 폰 로욜라(I. von Loyola)와 그가 창설한 예수회(Societas Iesu)에 대해서도 고찰하려고 한다(참고로, 우리나라 서강대학교가 미국의 예수회에 의해서 건립되었음).

이 밖에도 종교개혁의 여파로 영주와 귀족을 상대로 일어난 농민전쟁(農民戰爭) 주도자들의 요구 사항이 무엇이었고, 얼마나 처참했으며 패전으로 인한 농민들의 비참한 처지와 독일 민주주의 후퇴 및 지연에 대해서 알아보고자 한다. 또한 종교개혁에 이어서 가톨릭교와 개신교 사이에서 일어난 30년전쟁은 우리나라에 비교적 잘 알려져 있으니 생략하기로 하며, 3회에 걸쳐 18년간이나 계속된 트리엔트(Trient) 공의회에서 논란이 많았던 가톨릭교 교의(教義)를 최종적으로 어떻게 결정했는지에 대해서 알아보고자 하며 이것은 많은 사람들이 궁금하게 생각하는 것이기도 하다.

이제 끝맺음을 하면서 원고 작성을 위해 도움을 준 '한컴 서비스 센터' 및 삼성서비스센터 직원들에게 감사한다. 특히, 사진(寫眞, 다른 이유로 사진을 게재하지는 못했지만)을 스캔해서 원고에 붙이고 캡션을 넣어 사진 옆에 여백을 두고 사진과 글이 함께 오르내리도록 하는 꽤 힘든 작업을 도와준 전주 신아출판사 사원들에게도 고마움을 표하는 바이다.

또한 필자의 집필 중에 워드 작업을 했고 협조를 아끼지 않았던 안사람(田 데레사)에게 크게 감사하는 바이며, 바쁜 가운데에도 책의 출간을 맡아 주신 도서출판 신서원의 정용국 사장님께 큰 감사를 드린다.

서양 근세 초의 새로운 모습

시대구분 이론 · 근세 초 특징 · 카를 5세 시대 유럽과 함께

차 례

머리말 5

제1부 서양 중세의 개관과
　　　황제와 교황의 대립 · 충돌 및 황제군의 교황 감금

　제1장 서양 근세 초와 비교를 위한 중세의 간략한 개관
　　1. 서양 중세의 시기와 성격 23
　　2. 봉건사회의 구조 26
　　3. 까다로운 중세 스콜라철학 28
　　4. 중세 교회의 확립과 발전 35
　　5. 중세 기독교의 역할과 신앙생활 38
　　6. 중세인의 구원관 40
　　7. 마녀사냥 42

　제2장 서양 중세가 끝나고 근세로 들어가는 과정의 2대 정치 · 종교적 사건
　　1. 신성로마제국의 황제와 교황의 충돌 44
　　2. 신성로마제국 황제군의 로마교황청 약탈 56
　　　1) 근세 초 북부 이탈리아의 혼란스러운 정치적 상황 56
　　　2) 황제군의 교황청 침입 · 약탈 및 교황 · 추기경의 감금 59

제2부 서양사의 시대구분 이론과 근세 초의 특징

제1장 시대구분 이론
1. 서양사의 시대구분 이론 67
2. 5개의 시대구분 도식과 루츠 교수의 모델 69

제2장 서양의 중세로부터 근세로의 이행
1. 서양 근세의 시작·특징과 이에 대한 비판 76
2. 개인의 승리 79
3. 페트라르카 83
4. 라블레 83
5. 발라 84
6. 보카치오 85
7. 알프스 이북(에라스뮈스) 86

제3장 근세 초 인문주의자들이 중시하는 플라톤의 사상과 이상국가론
1. 르네상스·휴머니즘과 관련한 플라톤의 다양한 철학 사상 92
2. 당시 국가가 처한 비참한 상황 99
3. 플라톤의 이상국가론 102

제3부 근세 초 강력히 대두하는 프랑스에 대항하기 위한 스페인과 신성로마제국의 연합

제1장 카를 5세의 어머니 후아나 1세의 슬픈 사랑
    1. 백년전쟁 후의 프랑스와 스페인 · 신성로마제국 109
    2. 필립 1세와 광녀 후아나 114

제2장 근세 초 영국의 정치 상황과 크롬웰의 스페인 · 네덜란드와의 전쟁
    1. 헨리 8세가 왕위에 오른 이후부터 크롬웰 등장 전까지 영국의 정치와 사회 136
      1) 헨리 8세의 로마교황청과의 결별 136
      2) 엘리자베스 1세 여왕에 대한 가톨릭 측의 공격 140
      3) 엘리자베스 1세 여왕의 국내외 정책 141
      4) 크롬웰과 당시 영국의 복잡한 상황을 잘 이해할 수 있도록 하는 개관 146
    2. 크롬웰의 대외 전쟁 150
      1) 서 언 150
      2) 크롬웰 정부와 네덜란드와의 관계 및 전쟁 153
      3) 크롬웰 정부와 스페인과의 관계 및 전쟁 160
      4) 결 어 164

제4부 근세 초 신성로마제국 카를 5세 황제 시대

제1장 후아나 1세의 아들 카를 5세 황제 시대의 유럽
1. 근세 초 젊은 왕들의 등장과 정치 구조 169
2. 부르군트 171
3. 이탈리아를 차지하기 위한 주위 강국들의 투쟁 172
4. 신성로마제국은 어떠한 나라인가 173
    1) 신성한 173
    2) 로마제국 173
    3) 독일 국민의 174
    4) 신성로마제국의 헌법 175
    5) 제국회의 176
    6) 선제후의 구성 178

제2장 카를로스 1세의 스페인 입국과 반응
1. 카를로스 1세의 스페인 입국 후의 정책과 스페인 국민의 두려움과 불만 180
2. 스페인 왕 카를로스 1세의 첫 독일 나들이와 황제로 피선 183
3. 아헨에서의 황제 대관식 190
4. 볼로냐에서의 카를 5세의 신성로마제국 황제 대관식 191
5. 황제 카를 5세와 에라스뮈스 · 마키아벨리 197
    1) 카를 5세 · 에라스뮈스와의 관계 및 황제에게 끼친 에라스뮈스의 사상 197
    2) 권모술수의 사상가 마키아벨리와 카를 5세 황제에게 끼친 그의 영향 207

제5부 마르틴 루터의 종교개혁과 가톨릭 종교개혁

제1장 종교개혁의 선구자들
1. 카타리 225
2. 발두스 226
3. 위클리프 227
4. 후스 228
5. 사보나롤라 229

제2장 마르틴 루터의 종교개혁
1. 마르틴 루터의 생애와 사상 231
2. 마르틴 루터와 교황·황제 간의 충돌 238
3. 종교개혁의 단행과 전파 248
4. 농민전쟁 249

제3장 유럽 본토 3국의 종교개혁
1. 스위스 내 종교개혁 운동 255
2. 칼뱅과 프랑스 내 종교개혁 260
3. 네덜란드의 종교개혁 266
4. 영국의 종교개혁 272

제4장 가톨릭 종교개혁 및 종교 전쟁과 트리엔트 공의회
1. 이냐시오 데 로욜라의 생애와 사상 및 가톨릭 종교개혁 275
2. 30년전쟁 280
3. 트리엔트 공의회와 가톨릭 종교회의 최종 결정 281

유럽 강국들의 왕·황제·대통령·교황들의 각국 원수표(各國 元首表) 287
찾아보기 295

제 1부

서양 중세의 개관과
황제와 교황의 대립·충돌
및 황제군의 교황 감금

제1장
서양 근세 초와 비교를 위한
중세의 간략한 개관

1. 서양 중세의 시기와 성격

　이 책의 제목이 "서양 근세 초의 새로운 모습"이고 책의 주 내용이 서양 근세 초의 새로운 모습을 중심으로 기술하게 되므로 중세와의 비교를 위해서 짧게나마 중세의 특징을 개관할 필요가 있다고 본다. 그래야만이 중세와 근세가 얼마나 어떻게 다른지를 일목요연하게 알 수 있게 되리라고 본다. 그러나 중세 천 년의 역사를 20여 쪽에 담는 것은 심히 어려운 일이긴 하지만 주로 이 책의 주제와 관련된 내용을 중심으로 기술하였다.
　서양에서도 쉽지 않은 23판이나 간행된 유명한 『세계사』의 저자 빈(비엔나, Wien, Vienna)대학교(오스트리아 합스부르크가 신성로마제국 전성 시절 1365년 개교)의 미콜렛츠키(H. L. Mikoletzky) 교수는 시대구분과 관련하여 다음과 같이 말했다. 즉, 우리는 서양 중세가 결코 476년(서로마제국 멸망) 8월 23일 낮 12시에 시작되었다고 볼 수 없으며(자세한 시대구분 이론은 이 책 제2부 "제1장 시대구분 이론"에서 상세히 다룸), 시간은 빈틈없이 연결되는 것으로 보아야 한다. 가장 큰 사건조차도 영원한 흐름을 중단시키지는 못한다. 마치 그것은 거대한 파도가 물결친 다음(예, 혁명) 계곡의 작은 물결이 흐르는 것처럼 지속되고, 정신의 형태를 통해 이루어지는 것으로 현재가 과거의 사고를 포함하기 때문이라는 것이다(Es ist keineswegs so, daß Schlag zwölf Uhr mittags am 23. August des Jahres 476 das Mittelalter ausgebrochen ist. Die Gschichte ist etwas lückenlos Zusammenhängendes. Auf Wellenberge folgen Wellentäler, aber selbst die größten Ereignisse vermögen den ewigen Fluß nicht zu unterbrechen. Sie ist die geistige Form, in der sich eine Kultur über ihre Vergangenheit Rechenschaft gibt).[1]

먼저, 유럽의 주요 언어가 중세를 표현한 말을 보면 라틴어로는 medium aevum, 영어로는 middle ages, 독일어로는 Mittelalter, 불어로는 moyen âge이며, 서양의 고대와 근세 사이의 시기를 말한다. 그리고 이 시기를 보통은 중세 초기(5~10세기; early middle ages), 중세 전성기(11~13세기; high middle ages), 중세 후기(13세기 중반~16세기 초; late middle ages)로 나눈다. 인문주의자(人文主義者)들은 고대 세계의 몰락과 다시 고대의 부활을 뜻하는 르네상스 시대 사이의 중간기(中間期)를 의미하는 말로 사용하였다. 나아가 17세기에 이르러 세계의 역사를 고대 · 중세 · 근세로 나누었다.[2]

로마제국(Roman Empire)은 A.D. 3세기 이후 정치적으로 빈번한 권력투쟁과 지배계급의 사치 · 방종과, 경제적으로는 자영농민(自營農民)의 급속한 몰락과 노예제(奴隷制)에 의한 대토지 경영의 쇠퇴와 인구 감소 등으로 약화되었다. 4~6세기에 걸쳐 변경 지역에서 원시 농경 생활에 종사했던 게르만족들이 인구 증가로 인해 계속해서 남하하기 시작했으며 게르만족들의 이동 과정에서 로마제국이 멸망하면서[A.D. 476년 게르만족 왕(또는

---

[1] Hans Leo Mikoletzky, unter Mitarbeit von Gerhard Alick, Robert Waissenberger, *Miterlebte Weltgeschichte, vom Altertum zur Gegenwart*, 23판, Wien, Vienna, 1998, p.147.

[2] Hans Mikoletzky, *op. cit.*, p.167.

용병대장, Odoacar에 의해서)] 한동안 유럽은 정치적 혼란과 무정부 상태가 지속되었다. 5세기의 로마제국 멸망 이후의 유럽 사회를 16세기의 인문주의자들과 18세기의 계몽주의자들은 암흑시대(Dark Ages)라고 칭했다. 그들에게는 이 시기가 도시 문명과 상업의 쇠퇴, 자급자족의 경제생활, 야만과 미신의 지배로 점철된 시대로 보였다. 하지만 19세기 낭만주의(浪漫主義) 시대에는 기독교가 중심이 된 서양 중세를 이상적인 시대로 미화했다 (Romantik erklärte Mittelalter als Idealzeit der gläubigen Gemeinschft des christlichen Abendlandes). 즉, 낭만주의 역사가들은 인문주의자들의 사고를 비판함과 동시에 중세 문화에 대한 전면적인 재평가 작업을 시도했다. 그들은 중세의 경건성 · 경허 · 전설 · 민요 · 기사도 · 건축양식을 중요시하고 그것이 유럽 문학의 전통으로 이어져 내려왔음을 강조하였다.[3]

이어서 이 책의 본문에서 비교적 자세하고 깊이 있게 다룰 중세 · 근세 문화에 관한 단절론(斷切論)과 연속론(連續論)에 관해 보면, 르네상스기의 인문주의자들의 부정적 중세관이나 19세기 낭만주의 역사가들의 긍정적 역사관은 이 모두가 5세기 전후(서로마제국 멸망)의 서구 문화의 단절을 주장하는 경향이 있다. 또한 독일 낭만주의 역사가들은 게르만 민족의 이동을 민족이동이라 하여 그것의 역사적 중요성을 강조하는 속에서, 로마제국의 타락과 문화의 쇠퇴기에 게르만족의 진취적 · 영웅적 순수성이 이를 대신했다고 보는 것이다. 이로 인해서 유럽 문화의 지속적 발전이 가능했다는 것이다. 또한 이것은 고대 문화와 게르만 각국의 차이를 강조하는 견해인 것이다.

반면에 연속론자들의 주장은 게르만 사회 성립 이후에도 여전히 고대 문화의 존속과 그 영향이 상당했다는 것이다. 즉, 로마제국의 붕괴와 게르

---

3) *Dtv-Lexikon in 20 Bänden*, Band 6, Nördlingen, 1969, p.138.

만 민족의 침입으로 중세와 완연히 다른 새로운 시대의 시작이라고 보지 않았다. 구체적으로 게르만 민족의 정치권력의 획득은 경제적·사회적·문화적 전제 조건의 급격한 변화를 초래하지 않았으며, 로마제국의 후기부터 서서히 일어났음을 의미한다.[4]

2. 봉건사회의 구조

봉건제도(封建制度)란 짧게 말해서 여러 국가적 권력을 가지고 있는 귀족(영주)들이 지주권(地主權)을 가지고 농노(農奴, 영주에 매인 종)를 지배하는 사회적·경제적·정치적 체제를 의미한다(Feudalismus, eine Form der sozialen, wirtschaftlichen, und politischen Ordnung, in der eine adlige Oberschicht vom Herrscher lehnsrechtlich mit Grundherrschaft verschiedenartigen staatlichen Hoheitsrechten gestattet ist).[5]

이어서 보다 구체적으로 중세의 특징 가운데 하나인 봉건사회의 구조를 보기로 한다. 중세 사회의 기반인 8~12세기의 서유럽의 정치적·경제적 구조는 지역 간에 차이가 있긴 하지만 공통점을 갖기도 했다. 그것의 소유 형태는 영주의 토지와 농노로 구성되었다. 이 같은 제도, 즉 장원(Manor) 제도란 한마디로 영주의 토지와 농노로 구성된 자급자족적 경제 체제를 뜻한다. 농촌 사회의 조직인 동시에 영주의 지배 조직으로 7세기경 갈리아에서 형성되기 시작하여 9세기에는 이탈리아·라인강 유역·지중해안 그리고 노르만 정복 이후에는 영국으로 확대되었다. 장원은 보통 하나의 촌락을 형성했는데, 교회가 있었고 주변에 농가가 취락을 이루고

---

4) 이 책의 제2부 "제1장 시대구분 이론"을 참고 바람.
5) *Dtv-Lexikon*, *op. cit.*, p.138.

있었다. 장원의 농민은 대부분 농노(農奴)였는데, 농노는 자기 집과 토지 등을 소유할 수 있었지만, 거주 이전의 자유가 없고 부역과 공납의 의무가 주어져 있었다. 또한 방앗간·제빵소 등 시설을 이용할 때는 그 대가를 지불해야 했다. 환언하면 장원은 봉건사회의 경제적 단위를 이루는 영주의 토지 형태와 그 토지를 말한다. 그것은 영주 직영지(直營地)와 농민 보유지 및 공동지로 나뉘어 있었다. 직영지는 다시 영주의 저택과 직영 농장으로 나뉘어 있었고, 이러한 장원제와 주종 관계가 결합된 중세 유럽의 사회 질서를 봉건제라고 말한다.6)

중세 말에 이르러 상품·화폐경제가 발전하여 지대(地代)가 금납화(金納化)되고 흑사병으로 인해 인구의 급속한 감소로 농노의 사회·경제적 입장이 나아졌고 자영농민의 수가 증가함으로써 장원은 해체되었다. 정치적으로는 지배 관계를 중심으로 보면 봉토(封土)를 매개로 하는 주종 관계가 일반화되어 있었다. 그 과정을 보면, 광대한 토지를 나누어 주는 대신 그 대가로 자신에 대한 군사적 충성을 요구하는 관행으로서 봉토를 수여한 주군과 그 봉토를 받은 봉신 사이의 쌍무적(雙務的) 관계이며, 이러한 관계는 재분봉(再分封)의 형태를 통해서 말단의 지배계급에도 적용되었다.

좀 더 구체적으로 봉토(封土)에 관해서 보면, 단순한 토지가 아니라 토지에 살고 있는 사람들까지 지배하였다. 여기서 지배계급(기사 혹은 영주)과 농민 사이에 지배·예속 관계가 성립했는데, 역사가들은 이를 농노제라 칭했고, 지배계급이 농민에게 강제로 지배력을 행사했고, 농민의 잉여물을 수탈하여 자신의 소득 원천으로 삼았다. 하지만 12세기 이후 농노제는 그 성격이 변화함에 따라 장원의 경우 영주의 직영지가 축소되고 농민 보유지의 비율이 높아졌고 또한 화폐지대의 비중이 높아졌으며 농민들 가

---

6) Otto Zierer, *Neue Weltgeschichte, vom Karl dem Großen bis zu König Ludwig XIV*, Wien, 1966. p.12.

운데에도 경제적 분화와 편차가 발생했다.[7]

　농민 잉여(剩餘)의 발생은 그 잉여물의 교환 장소인 시장(市場)의 발전을 가져왔고, 12세기 이후에는 영주로부터 거주 이전 불허와 행정경찰·재판권의 영주 소유 등을 통해서 강제를 받았다. 유럽 각지에서 중세 도시가 발전하였는데, 부분적으로는 십자군(十字軍) 원정 이후 재개된 원격지 무역 덕택이었지만, 농업생산력의 증대 때문이었다. 도시인들은 원래 중세 봉건사회의 질서에 순응하지 못한 사회적 이탈자들이었지만 점차로 농촌에서 이주하는 사람들 때문에 급증하였다. 이리하여 영주의 지배로부터 벗어났지만 그들 자신의 조직과 질서는 여전히 중세적이었다.

3. 까다로운 중세 스콜라철학

　스콜라철학이 중세의 지배 사상이었고, 다른 내용에 비해 상당히 난해한 부분들이 있어 더 넓은 공간을 요한다.

　성 아우구스티누스(Augustinus, 354~430) 이후 별로 주목할 만한 사상이나 철학의 발전이 없는 가운데 긴 세월이 흘렀다. 그런데 9세기 카롤링거 르네상스[Carolingian Renaissance, 8세기 말 카롤루스 대제(샤를마뉴)의 문화 장려에서 비롯된 프랑크왕국의 고전 문화 부흥 운동] 시기에는 교회를 중심으로 중세의 독자적 사상 형성을 위한 노력이 계속되어 왔다. 따라서 13~14세기에 스콜라철학의 형성은 그 결실이라고 할 수 있다. 일반적으로 중세에서는 모든 학문이 가톨릭교회 및 수도원에 부속하는 학교(Schola)를 중심으로 연구되었을 뿐 아니라 고대 그리스에 기원을 둔 철학도 이와 같은 통로를

---

7) Albert Renner, *Illustrierte Weltgeschichte, in 3 Bänden, Band2*, Zürich, 1966, p.11.

통해서 재검토된 것이었다. 때문에 중세 서구의 철학은 이러한 학교의 교사(또는 학자, scholasticus)에 의한 철학의 의미로 '스콜라철학'(philosophia scholastica)이라고 칭한다. 그리고 스콜라철학의 과제는 가톨릭교회의 조직의 발전에 따라 그 교의(敎義)의 학문적 조직화를 완성하는 데 있었다.[8]

오래전부터 기독교의 신앙 내용을 이론적으로 조직화하고 이성적으로 전달 가능한 것으로 만들려는 요구가 있어 왔다. 성 아우구스티누스를 비롯한 고대 말기의 교부(敎父, 6~8세기까지 교리 정립과 교회 발전에 이바지하면서 신앙과 교회 생활에 영향을 끼친 사람)들은 교회의 형성기에 고대 그리스의 철학 사상, 특히 플라톤주의 사상[9]을 빌어 이 같은 과제를 수행하고자 했다. 보다 알기 쉽게 부언하면 스콜라철학(Scholasticism)의 목적은 이성적인 근거로 기독교 교리의 진리와 설득력을 확보하는 데 있었으며, 그 과정에서 아리스토텔레스(Aristoteles)는, 비록 르네상스 시대에 극심한 비판을 받았지만, '최고의 철학자'로 받아들이게 되었다. 그 결과 가톨릭 교의(敎義)의 중심 내용이 확립된 것이다. 나아가 이러한 작업을 계승하여 교의나 조직을 보다 완전하게 이성화·체계화하려고 한 것이 스콜라 철학자들이었다(10~15세기). 그렇게 한 또 다른 이유는 그들이 이슬람(Islam) 사상과의 대결함에 있어 고대 그리스의 철학 사상(특히, 아리스토텔레스주의적 사상)을 재분석하고, 이것을 기초로 하여 지금까지의 기독교 사상을 이론적으로 재편성하기 위해서였다. 또한 스콜라철학의 형성은 기독교 교

---

[8] 강영선 외, 『세계철학대사전』, 서울, 1989, 610~612쪽.
[9] Hans J. Störig, *Kleine Weltgeschichte der Philosophie*, Stuttgart, 1993, p.154. 육체와 영혼을 이분하여 영혼을 중시하고 영혼불멸을 주장했다. 플라톤은 이데아(Idea)라는 이상 세계(理想 世界)가 있고 우리의 현실 세계는 이데아의 그림자에 불과하다고 했다. 중세의 신학자·철학자들은 이 이데아 이론을 기독교적으로 바꿔서 기독교에서 말하는 이상 세계 즉, 천국의 존재를 설명했다. 나아가 영혼불멸(靈魂不滅)이라고 생각했던 플라톤은 이데아의 세계를 믿었고, 이것은 기독교의 내세에 대한 믿음과 영혼이 구원받는 문제와 부합된 것이다.

회의 조직적 발전을 기반으로 하고 있고, 가톨릭교회의 발전은 게르만 국가 및 봉건사회의 조직적 발전과 결부되어 있다.10)

스콜라철학의 선구자 스코투스 에리우게나(J. S. Eriugena, 810~880, 카롤루스 대제와 동시대인으로 아일랜드 출신인 그는 프랑스 왕의 초청으로 궁정 학교에서 신학과 철학을 강의했으며, 서구 초기 스콜라철학에 신플라톤주의11) 사상을 도입했음)는 "진실한 종교는 진실한 철학과 일치한다"를 주장했는데, 이 말에는 스콜라철학의 신학 = 철학으로서의 성격이 노골적으로 나타나 있는 것이다. 13세기는 중세적 질서의 완성의 시대였고 또한 스콜라철학도 번영하기 시작했다. 그리고 이러한 발전은 이슬람 세계로부터의 충격에 따른 아리스토텔레스 철학의 적극적 수용 때문이었다. 한편 초기의 스콜라철학은 아우구스티누스의 사상을 흡수한 플라톤주의적인 색채가 짙은 것으로 하느님의 나라와 지상의 나라, 초자연적인 질서와 자연적인 질서를

---

10) 강영선 외, 상게서, 610~612쪽.
11) 신플라톤주의(Neoplatonism): 다양하게 설명될 수 있지만 이 책의 내용과 관련하여 다음과 같이 정리함. 맨 처음 신플라톤주의라고 일컬은 사람은 독일의 저명한 자유주의 신학자 슐라이어마허(F. Schleiermacher)였다. 그는 자신의 『윤리학』에서 역사 내에서 인간 이성의 발전·전개를 강조했고(Eine Lehre von der Entfaltung der menschlichen Vernunft in der Geschichte), 또한 주장하기를, 종교는 인식과 도덕의 문제가 아니라 심정의 문제로서, 사고와 존재의 통일로서의 무한자(우주·신)에 대한 절대의존의 감정이 종교의 본질이라고 했다. 그러나 인간은 무한자에 매몰되지 말고, 오히려 각개는 무한자의 거울로서 자유롭게 실현하는 것이 옳다고 했다. 이어서 "신플라톤주의"에 관해서 보면, 한마디로 플라톤 철학의 계승·부활을 내세우며 3~6세기에 로마제국에서 성행했던 철학 사상을 말한다. 즉, 이데아를 만물의 궁극적인 일자(一者, Hen)와 지성(nous), 영혼인 프시케(psyche)로 계층화했다. 플로티노스(Plotinus, 205~270)에 따르면, 실재이자 하나의 근원은 일자(一者)일 뿐이며 일자의 유출(流出, Emanatio)로 만물이 산출되는 것으로 보았다. 각 단계는 그보다 상위에 있는 단계의 모사(模寫)이기 때문에 가장 상위에 있는 일자 안에서는 모든 단계가 발견된다. 따라서 인간은 만물의 육체에 담겨 있는 이성과 영혼을 보존해야 한다는 것이다. 이처럼 신플라톤주의는 일자와 유출이라는 개념으로 세계의 통일성과 다양성을 설명했으며, 죽음도 영혼·육체의 한계에서 벗어나는 것으로 보고 두려워하지 않았다.

구분하고 후자에 대한 전자의 우위를 주장했지만 이러한 질서의 이성적인 인식, 즉 논증의 방법을 확립하고 있지는 않았다. 하지만 합리주의적 인식 방법이 점차 보편화됨에 따라 보수적 스콜라철학자들의 반대에도 불구하고 아리스토텔레스 철학을 기초로 가톨릭교회 교리를 조직하게 되었다.

다음으로 『신학대전』(神學大典)으로 너무나 유명한 토마스 아퀴나스(T. Aquinas, 1225~1274)의 아리스토텔레스적 신학 체계는 중세 서구 사회의 기독교적·봉건제도적인 질서의 이론적 기초를 만들고 그것을 정당화하는 역할을 했다. 그는 신앙과 이성, 신앙과 철학을 구별하면서, 그 대립을 하나의 조화로운 질서로 흡수하려고 하였다. 즉, 이성에 근거한 철학은 자연 세계의 질서를 합리적으로 논증하고 파악하고 있을 뿐 아니라 초자연적인 은총의 세계의 질서도 어느 정도(예, 신의 존재, 영혼의 불멸 등) 합리적으로 파악할 수 있다는 것이다. 그러나 그것에는 한계가 있고, 이성으로 파악할 수 없는 사항, 즉 성부·성자·성령이 셋이면서 하나인 삼위일체설(三位一體說), 그리스도는 신이며 육체를 가진 화체설(化體說, Transsubstaion, 성체변질론, 성체성사에서 제물인 빵과 포도주가 그리스도의 살과 피로 변한다는 것)은 초자연적인 은총의 빛에 의한 신학에 의해 규명될 수 있다는 것이다.[12]

이처럼 아퀴나스는 기독교 신학과 아리스토텔레스 철학, 신앙과 이성 사이에 하나의 조화적·위계적인 질서를 상정했다. 이러한 견해는 초자연적인 은총의 세계와 자연의 세계, 또는 초세속적인 세계와 국가와의 관계에서도 적용되며, 양자는 함께 하나의 통일적인 기독교 세계를 구성하는 것으로 보았다. 그에 따르면 세속적인 인간의 계층적 질서의 최상위에 있는 사람이 봉건 군주이지만, 일반적으로 세속보다는 사제가 상위에 있기 때문에 사제 간의 계층적 교회의 최상위에 있는 교황(敎皇)이 세속적 군주

---

12) Hans J. Störig, *op. cit.*, pp. 181~183.

(君主)의 위에 임하는 군주로서 신의 인도를 받으면서 지상의 통치자가 되어야 한다는 것이다. 따라서 교회는 이 땅에 내려온 신의 특사 자격으로 신을 대리하는 만큼 이 땅의 모든 세속적 권력은 신에 의해서 제도화되었다고 말할 수 있는 것이며, 이와 같이하여 중세적·기독교적인 세계관을 이론화하고 봉건적인 질서를 합리화했다.[13]

아퀴나스의 신학적 철학 체계에 있어서 주목해야 할 것은 자연법(自然法) 사상이다. 앞에서 본 바와 같이 그는 모든 것이 일정한 질서에 따라 존재하고 있는 것이며 인간 또한 예외가 될 수 없다는 것이다. 자연계에 자연의 질서가 있는 것과 같이 인간 사회에는 정의(正義)의 질서가 있으며, 소위 법(ius)은 그 일부를 구성하며 법의 목적은 정의(iustium)의 실현이고 정의는 법에 의해 실현되는 것으로 보았다. 아퀴나스는 법을 다음과 같이 3가지로 구분하고 있다. 그것은 1) 영원법(Lex aeterna), 2) 자연법(Lex naturalis), 3) 인정법(Lex humana)이다. 여기서 '영원법'이란 모든 질서의 원리며 세계를 지배하는 신의 이성 그 자체이자 세계의 계획으로서 인간은 그것을 신으로부터 계시에 의해 인식하고 신앙에 의해 수용할 수밖에 없다. 그리고 자연법은 그러한 신의 영원법이 피조물인 인간에게 반영된 것으로, 인간은 그것을 스스로의 이성에 의해 인식하고 이해할 수 있다는 것이다. 왜냐하면 신의 법은 원래 합리적이고 인간도 신에 의해 이성적 동물로 만들어졌기 때문이다. 아퀴나스는 인간이 사물의 정사(正邪), 선악을 식별할 수 있는 것도 바로 그것에 의해 가능한 것으로 생각한 것이다. 그리고 인정법(人定法)은 인간이 인위적으로 제정한 법을 말한다.

다시 말해서 아리스토텔레스의 사상을 받아들인[14] 토마스 아퀴나스는

---

13) Egon Friedel, *Kulturgeschichte der Neuzeit*, München, 1569, p.71, 204.
14) 본문과 관련된 아리스토텔레스의 철학사상을 간략히 살펴보고자 한다. 그의 질료(matter)·형상(form)론에 따르면, 플라톤의 영혼불멸설(靈魂不滅說)과 거리가 있음을 보였

이성과 신앙, 철학과 신학, 자연과 은총의 대립이 아닌 조화를 택했기 때문에, 모든 것이 건설적이며 합리적인 종합적 범론(汎論)을 이끌어냈다. 그러나 아퀴나스를 절정으로 하는 스콜라철학에는 곧 많은 후계자와 더불어 반대하는 학자들이 나왔다. 반대파들은 도미니크 교단과 대립하고 있던 프란체스코 교단을 중심으로 일어났는데 그 대표적인 두 사람이 스코투스(D. Scotus, 1265~1308)와 베이컨(F. Bacon)이었다. 스코틀랜드 출신의 스코투스는 철학과 신학을 구별시켰으며, 인간의 본성은 아우구스티누스와 같이 의지에 있다고 주장했고(Er lehrte insbesonderrs den Vorrang des Willens vor der Vernunft),[15] 아퀴나스를 원칙적으로 반대한 사람이었으며, 자연 연구의 영향을 받아 수학적 엄밀성 · 명증성을 이상으로 삼았고, 이성으로는 세계 창조의 근거를 찾을 수 없다고 보았다. 또한 신은 절대적 자유이고 이 자유의지(自由意志)로 세계를 창조했다고 주장했다.

기에 파리(Paris)대학교에서는 금지시켰으나, 토마스 아퀴나스 등의 후대 철학자들의 연구로 아리스토텔레스의 철학을 수정 · 보완해 큰 성과를 거두게 되었다. 부언하면, 플라톤은 질료와 형상의 분리가 가능하다고 했으나[인간의 육체(질료) + 인간의 영혼(형상) = 인간(실체); Das kann nur eine Form ohne Stoff sein. Reine Form aber ist das schlechthin Vollkommene; Formende Kraft, ··· Energie(Entelechie); diese soll zwecktätig wirksam sein und jedem Stoff als Form innewohnen], 중세 기독교 사상가들이 특히 아리스토텔레스를 환영한 점은, 1) 실재론적 존재론과 인식론이며, 2) 유신론적 세계관, 3) 아리스토텔레스에 있어서 세계창조의 개념과 세계의 시간적 시발의 상정(想定)이 없고, 그가 말하는 신(神)은 세계에 대하여 오직 최고의 운동 원인으로 작용하는 것에 불과하지만 이것은 기독교적 유신론(有神論)의 정신으로 쉽게 바로잡을 수가 있었다. 4) 그의 영혼론(靈魂論)도 이성의 불멸설을 인정하는 데 그쳤기 때문에 수정을 가할 필요가 있었다. 5) 그의 목적론적(目的論的) 세계관과 세계를 하나의 질서(ordo)로 해석한 것은 특히 기독교적 사상가들에게 공감을 불러일으켰다. 즉, 질서의 개념은 토마스 아퀴나스의 세계관에 근본적인 개념이 되었다. 이 외에도 그의 도덕적 원리와 사회조직의 유도(誘導) 방식도 그런 세계관과 조화되는 것이었는데, 그러한 것이 스콜라철학에 의해 계승 · 완성되었다. 중세에는 아리스토텔레스주의자와 아우구스티누스주의자 간에 열띤 논쟁이 있었지만, 아우구스티누스의 활기찬 방식과 아리스토텔레스의 아카데믹한 방식이 결합됨으로써 오늘의 기독교를 꽃피웠다는 것이다.

15) Albert Renner, *op. cit.*, pp.388~390.

그리고 베이컨은 런던에서 태어난 철학자이며 정치가로 중세에 머무른 유일한 근대인 같았으며, 우리의 진리를 모든 권위와 선입견으로부터 해방시켜야 한다고 보았다. 또한 그는 인식을 위해서는 이성적인 논증이 필요하나, 그것보다는 경험과 관찰에서 얻어지는 원칙이 더 중요하다고 보았다 (Er schrieb der Wissenschaft vor, sie dürfe nur von Einzelerfahrugen ausgehend zu allgemeinen Sätzen gelangen).16) 그리고 이것은 근세적 사고의 선구자라고 보아도 좋을 정도였다. 이와 같이 해서 스콜라 철학의 전성기는 이미 끝이 났고, 새로운 근세 정신이 움트게 됨으로써, 중세 고유의 사상적 모체인 종교 자체도 인간 이성의 자유로운 해석을 받아들이게 되었다. 나아가 독일의 최고 신비주의(神秘主義, 이성주의를 배척하고 내적 직관을 중시하는 주의)자라고 칭하는(도미니크 수도회 소속) 에크하르트(J. Eckhart, 1260~1327)는 모든 것은 신 안에서 신과 함께 있고, 신 안으로 귀일(歸一)한다고 하여 이른바 신과 사람과의 동질을 논하기도 했다. 그러나 후일 그는 교회 비판적인 입장에서 교회적·봉건적 권력에 의한 정신의 노예화를 반대한 점에서 무정부적·개인주의적인 요소가 농후한 사상의 소유자였다.

이로써 에크하르트는 권위에 대한 회의와 비판을, 형이상학보다는 실재론(實在論, Realism)17)에 대한 유명론(唯名論, Nominalism)18)이 등장함에 따라 중세의 스콜라철학은 점차 쇠퇴하게 되었고 르네상스를 지향하는 새로운 근세의 길이 열리기에 이르렀다. 이리하여 신을 중심으로 삼는 근세의 사상으로 옮겨 오게 된 것이다.19)

---

16) Egon Friedel, *op. cit.*, pp.388~390.
17) 보편자의 존재를 인정. 인간 인식의 대상이 인간의 지각이나 사고에 관계없이 독립적으로 존재함을 주장한다.
18) 보편자는 단순히 명사에 지나지 않고 이름뿐이며 실재는 존재하지 않는다는 주장. 즉 개체의 존재만이 실재이고 추상적인 개념이나 보편적 존재는 이름뿐이라는 개념이다.
19) 강영선 외, 전게서, 845쪽.

4. 중세 교회의 확립과 발전

중세는 기독교가 지배했다. 기독교는 로마제국 말기에 공인받기 전까지 많은 박해를 받았는데 이 시기를 원시기독교(primitive christianity) 시대라도 칭한다. 당시 박해의 원인은 기독교가 유일신(唯一神) 사상으로 다신교 주의와 황제 숭배를 거부했기 때문이었다. 쇠퇴해 가는 로마를 개혁시키려는 콘스탄티누스 대제에 의하여 기독교가 공인되었고(313), 이로 인해서 기독교는 급격히 성장하여 테오도시우스(Theodosius) 황제 시에 국교로 선정되기에 이르렀다. 이어 조직체를 가지게 되면서 원시기독교[20] 시기에는 단순한 신자 모임의 형태였으나 주교가 등장한 후에는 종교뿐만 아니라 행정적으로 도시와 농촌 지역을 다스리게 되었다. 초기 교회에서도 조직이 존재하여 장로·감독·집사 등의 직위가 보이며 성직자 독신제(獨身制) 같은 특별한 규정은 없었다.

기독교가 국교가 된 후 교회의 최고 수장은 황제였고 황제를 대신하여 4대 교구(로마·안티오키아·알렉산드리아·콘스탄티노플)의 주교들이 실제로 교회를 관장했다. 로마 교구가 4대 교구 중에 특별한 위치에 있었던 이유는 제국의 정치 중심지였고, 사도 베드로·바울의 순교지이며, 특히 로마가톨릭교회 자체가 베드로가 순교한 곳에 건립되었기 때문이라고 추정된다. 특히, 프랑크의 수장 클로비스(Clovis)가 로마 주교의 권유로 집단 개종을 했다든가, 피핀(Pipin)이 롬바르드를 점령하여 그 영토를 교황에게 기진하였고 또한 그의 손자 카롤루스 대제(Charlemagne)가 로마교황의 집전으로 서로마 황제의 대관식을 가졌다는 것은 로마가톨릭교회가 프랑크 왕국의 정치력을 교회 존립의 후견으로 이용했음을 보여준다[콘스탄티누

---

[20] 30년경부터 180년경까지의 기독교를 가리킨다.

스의 기진장(寄進狀); 제2부 제2장 "5. 발라" 참고)]. 교회와 프랑크 왕국의 이 같은 상호 관계가 없었더라면 중세 교회의 발전은 어려웠을 것이다.[21]

그 후 교회가 세속화되면서, 특히 성직 서임권(聖職 敍任權)까지 행사하게 되었다. 또한 성직자의 부(富)가 증대되면서 타락한 생활을 하게 되고 성직자의 권위가 추락하기에 이르렀으며, 결국 교회는 성장을 멈추고 침체에 빠지게 되었다. 이에 교황들은 대대적인 개혁을 단행하여 성공시켰는데, 독신을 제도화하고 서임권을 황제로부터 되찾아 왔다. 첫 개혁을 일으킨 교황은 그레고리우스 1세(Gregorius Ⅰ, 590~604)로 연옥(煉獄)과 고해(告解)의 교리를 만들었고, 독자적인 로마 가톨릭교회를 세웠다. 또한 휘트비 종교개혁을 통해 켈트 교회를 가톨릭교회로 흡수하였다. 그리고 레오 9세(1049~1954)는 이를 이어받아 성직자 독신제를 확립하였다. 그레고리우스 7세(1073~1085)는 왕권 신정론(神定論)을 명분으로 한 세속 군주의 서임권 행사에 대항하여 로마 교회의 추기경에 의한 교황 선출 규정을 두었다.[22]

마침내 카노사(Canossa)의 굴욕(1077, 이후 제1부 "제2장 서양 중세가 끝나고 근세로 들어가는 과정의 2대 정치·종교적 사건"에서 자세히 논함)을 통해 교황의 권력이 증대되었고, 이로써 중세 정치의 이원성(二元性)이 부각됨으로써 왕권이 교황의 견제로 약화되었으며, 대신 신성로마제국(오스트리아·독일과 그 주변 지역으로 오스트리아 합스부르크가가 600여 년을 통치했음) 내의 제후 세력의 강화를 초래했다. 12세기 말에서 13세기 초까지의 인노켄티우스 3세(1193~1216)의 시기에 교회와 교황의 권력이 가장 강력했다. 교황은 1215년에 성지 회복과 교회 개혁 문제를 주요 의제로 삼아 교황청에서 개최된 종교 회의에서 자신의 권위를 과시했다. 이 회의는 400여 명의 주교, 800여 명의 수도원장, 유럽 대륙의 사절 등 2,500여 명이 참가한

---

21) Albert Renner, *op. cit.*, p.464.
22) Otto Zierer, *op. cit.*, p.88.

역사상 최대 규모의 공의회(公議會, Konzil)로서 교황은 자신의 절대적 권위를 승인받았다.[23]

이제 교황은 태양이고, 세속 군주는 그 빛을 받아 빛을 내는 달과 같은 존재가 되었다. 따라서 교황은 세속 군주의 심판자가 된 것이다. 이 밖에도 이 공의회에서는 기독교의 기본 교리가 재천명되었고, 화체설을 재확인하였다. 사제는 독신이어야 하고 금주 · 도박 · 사냥 · 상행위 · 여인숙 출입 · 화려한 옷차림이 금지되었으며, 영혼의 치유의 대가로 지나친 시주를 받지 못하게 하였다.

이후 교황의 권력이 쇠약해졌는데, 보니파키우스 8세(Bonifacius Ⅷ, 1294~1303) 때 아나니 사건(Anagni Incident)[24]이 이를 증명한다. 그리고 교황의 아비뇽 유수(Avignonese Captivity)는 프랑스 왕이 교황청을 남프랑스의 아비뇽으로 옮겨 프랑스 왕의 지배하에 두었던, 그래서 교황들이 아비뇽에 거주했던 약 70년간(1309~1377)을 말한다. 아비뇽의 교황들은 프랑스 왕의 영향하에서 프랑스에 의존하게 되었다. 이후 로마와 아비뇽에 2명의 교황이 분립하게 되는 교회의 대분열로 이어지면서 교황권은 더욱 쇠약해지게 된 것이다.[25]

---

23) Albert Renner, *op. cit.*, pp.129~131.
24) 이 사건은 프랑스 왕 필리프 4세가 로마 남쪽 아나니 교황의 별궁을 침입한 사건이며, 교황이 1년 후 사망했을 뿐 아니라 교황의 아비뇽 유수의 계기가 되었다.
25) Otto Zierer, *op. cit.*, p.175f.

5. 중세 기독교의 역할과 신앙생활

　서양 중세에 있어서 기독교는 통합하는 원리였고, 교회는 중세를 지배하는 기관이었다(Christianity was the integrating principle, and the church was the dominant institution of the Middle Ages). 로마제국 후기에 로마 국가의 정부 기관들이 부패에 빠졌을 때 교회의 권력과 중요성이 한층 더해졌고 따라서 그 세력이 강해졌으며, 구성원 역시 증가했다. 또한 로마제국과는 달리 교회는 건전했을 뿐 아니라 활기찬 조직체였으며, 교회의 지도자들이 그들의 신앙에 헌신하고 있는 동안 제국의 엘리트들은 고전 문명이 지니고 있는 가치를 보존하는 일에 열중하였다.[26]

　4세기와 5세기의 게르만족 이동 당시에 교회는 과거 로마제국이 행했던 정치적 기능을 인수하였고 게르만 민족들을 개종(改宗)시키는 일을 계속했다. 나아가 교회는 보다 높은 도덕성을 훈육함에 있어서 게르만 민족의 기사(騎士) 관습을 순화시키는 일을 했다. 그리고 교회는 중요하고도 새로운 그리스·로마의 고급문화와 새로운 사상을 받아들이기 위해서 마음을 열도록 하였다. 마침내 제국이 붕괴했을 때는 그 통치 시스템을 받아들임과 동시에 문명을 보존하였다. 뿐만 아니라 교회는 통합하고 교화하는 기관으로서 봉사하였으며, 사람들에게 삶과 죽음에 대해서 단호하게 가르쳤다. 즉, 몰락해 가는 세계에서 교회는 문명 생활의 재건을 가능케 하는 유일한 기관이었다.

　이리하여 교회의 견해가 중세 문명의 기초가 되었으며, 게르만의 야만적 전통이 아니라, 중세 기독교인들은 자신들이야말로 구원의 대드라마에서의 참여자로 생각하였다. 그리고 오직 하나의 진리가 있었는데 그것은 다

---

26) J. Perry, *Western civilization*, Hutchinson Publishing Group, New York, 1980, p.227f.

름 아닌 신(하느님)의 인간에 대한 계시였다(There was one truth God's revelation to humanity). 천국으로 가는 유일한 큰 길[大路]은 교회를 통해서만이 이루어지는 것으로 보았다. 교회 없이는 인간이 암흑 속의 죄인의 상태에서 벗어나지 못하게 될 것이므로 의식을 통해 사랑과 은혜를 베풀기 위해서 교회를 세웠다고 생각하였다.

중세인들에게는 신에 대한 기독교적 관념 없이는 삶의 목적을 이해할 수 없듯이 교회 없는 사회를 상상할 수 없게 되었다. 보편적 교회의 구성원이 되는 것이야말로 보편적 제국의 백성이 되는 것을 대체시켰으며, 그 범위는 이탈리아로부터 멀리 북쪽 아이슬란드까지 기독교를 기초로 하는 새로운 사회가 형성되어 가고 있었다.[27]

서양의 중세에서 교회에 구현된 기독교 신앙이 최고의 지위를 누리고 있었다는 상식적인 사실을 상상하는 것은 쉬운 일이다. 하지만 현대인은 비록 충실한 기독교 신자일지라도 이 사실의 의미와 내용을 이해하기 위해서는 상상력을 동원할 필요가 있다고 본다(Twentieth century student must stretch his imagination powerfully to realize that for about a thousand years, down to perhaps 1600, western European society was identical with the church). 그들의 일상생활의 생활감정을 보면, 중세인들에게 있어서 신은 만물의 창조자인 만큼 기후(氣候)도 신에 의해서 좌우된다고 보았다. 신은 자연의 규칙적인 움직임에 관여할 수 있고, 실제로 관여했다고 보았다. 오늘날 번갯불은 실험실에서 재생시킬 수 있는데도 신의 수중에 들어 있는 도구로 죄인을 처벌한다고 생각했으며, 다만 소수의 교양 있는 사람들만이 이 같은 생각에서 예외였다.[28]

중세에서는 한 개인이 아무런 교회에도 속하지 않는 것을 허용했다. 그

---

27) *Ibid*.
28) Otto Zierer, *op. cit.*, p.181.

러나 중세 서양에서는 오직 하나의 교회가 있었을 뿐이고 유대인을 제외하고는 모든 사람이 유일한 교회에 속하고 있었고,29) 한 번 세례를 받으면 그들 모두는 법의 지배를 받게 되고, 세금을 지불해야 하는 새로운 의무가 있었으며, 그들의 삶은 교회의 자비에 직결되어 있었다(So the medieval church had the attribution of the modern state. Once baptized, everybody was subject to the laws, paid its taxes, and led his life at his mercy).

6. 중세인의 구원관

중세인이 구원에 대해서 어떠한 사고를 가지고 있었는지를 보면, 교회는 현세의 구원이 아니라 내세의 구원, 즉 영혼의 구제를 강조하였다. 구원은 일종의 제식 행위인 성사(聖事, Sacrament)를 끊임없이 반복함으로써 이루어지며, 그 제식 행위의 주관자는 사제(司祭, 성직자)였다. 따라서 사제의 권위는 바로 이러한 구원관(救援觀)에서 비롯되는 것이었다. 교회가 제도화한 7성사(영세 · 견진 · 성체 · 고해 · 신품 · 혼배 · 종부)는 각기 독특한 의미를 담고 있었다. 영세(領洗)는 원죄와 본죄를 사해 주는 행위, 견진(堅振)은 신앙의 강화를 위해 주교가 초신자의 이마에 기름을 바르는 의식을 통해서 신자로 하여금 참되고 굳센 그리스도의 군사가 되도록 하는 행위, 고해는 일상생활의 죄를 고백하고 뉘우치는 의식이며, 특히 성체성사(聖體聖事)는 7성사 가운데 가장 중요한 의미를 지녔다(이에 관해서는 본문 여러 곳에서 언급할 계획임).30)

---

29) 유대인들은 격리된 거주지인 '게토'에서 살아야만 했으나 그들 자신의 종교를 가지고 예배를 볼 수 있었으며, 신분상의 특권을 누리고 있었다.
30) *Ibid.*

이어서 일반 대중(민중)이 교회의 가르침과 기독교의 교리에 대해서 어느 정도 확신을 가졌는가를 보면, 기록된 자료가 희귀하여 정확하게 말할 수는 없다. 14~16세기 사이에 이단자들과 마녀재판 기록에 의하면, 중세 말 일반 대중의 망탈리테에 관하여 단편적인 면모를 짐작할 수 있을 뿐이다. 이들 자료를 중심으로 보면, 우리의 통념과는 달리 중세 말의 민중 가운데 상당수가 교회의 가르침을 그대로 받아들이지 않았거나 그것을 자의적으로 왜곡했다는 것을 알 수 있다. 16세기 말 일생 동안 정기적으로 예배에 참석했던 한 노인은 임종에 즈음해 하느님은 '선량한 노인'이라고 생각했고, 예수님에 관해서는 '젊은 청년'이라고 답했으며, 사후의 영혼은 '쾌적한 풀밭 속에 안주하게 될 것'이라고 말했다. 세계에 대한 일반인들의 의식을 보면, 이 시기에 소수는 초월자에 관하여 신플라톤주의적 입장을 취했다.[31]

모든 생물체는 정신에 의해 활력을 얻고, 모든 피조물 가운데 단일자(單一者)가 존재하며, 정신과 물질 간의 명백한 구별은 없다고 보았다. 우주는 유기적 통일체이며 누적된 영혼으로 가득 차 있다고 보았다. 그들은 이런 인식 아래 상사(相似, correspondence)와 표증(表證, signature)의 원리라고 하는 두 신앙 체계를 통하여 세계를 해석했다. 상사의 원리는 물질계의 각 부분이 정신계의 특정 부분과 상응한다는 주장이며, 모든 사물은 정신적 의미를 함축하고 있다고 보는 것이다. 또한 표증의 원리란 초월적인 권능이 현실에 남겨 놓은 흔적이라는 것이다. 예로써 식물의 뿌리·잎·열매가 인간 신체의 각 부분과 유사하다는 것으로 바로 이것이 그 대응물에 이롭거나 해로움을 줄 수 있다는 것이다.[32]

---

31) Hans J. Störig, op. cit., p.621.
32) Albert Renner, op. cit., p.217.

7. 마녀사냥

서양의 민속 가운데 마녀(魔女, 마법사)는 마귀와 관련되어 있고, 인간과 동물에 해(害)를 끼치며, 일반적으로는 늙고 못생긴 여자였으며 남자들도 있었다. 여성들에게 주로 마법을 사용하는데 여성은 주로 잘 속아 넘어가고 정욕에 취약해 쉽게 넘어가기 때문이었다. 마녀에 대한 믿음은 서양 중세에 급증하였고, 따라서 마녀 박해(사냥) 또한 최대 규모로 이루어졌다. 그리고 마녀 심판을 받은 자는 타오르는 장작더미 위에서 화형(火刑)에 처해졌다(Im Volksaberglauben stehen die Hexen mit dem Teufel im Bunde und fügen den Menschen und Tieren Schaden zu; sie sind gewöhlich häßliche alte Weiber, aber auch mänliche Hexen meister … Der Glaube an Hexen hatte im Mittelalter einen gewaltigen Umfang angenommen … Der verurteilte H. wurde auf dem Scheiterhaufen verbrannt).33)

자연의 지배에 무력할 뿐 아니라, 생존의 경제를 벗어나지 못한 민중에게 마녀(마법사)의 지식은 중요한 의미를 지니고 있었다. 마녀는 충고 · 조언 · 산파 · 부인병 치료와 점성술에 뛰어났고 남자 마법사(Hexenmeister)는 가축의 질병 치료, 도둑 탐지 등의 능력이 있는 점성술사인 경우가 많았다. 그러나 점차로 민중은 선한 마녀와 악한 마녀를 구분하기 시작하였다. 악한 마녀는 죽음 · 불임 · 성불구 · 사고 등을 일으키는 자로 간주되었다. 마녀는 어떤 대상에 대해 접촉 · 응시 · 저주 · 밀랍 인형 찌르기와 같은 방법을 사용하여 재앙을 일으킬 수가 있었다(더욱이 그들은 악령이 숨겨진 두꺼비 · 개 · 고양이를 기르며, 그들을 이용하여 해악을 끼쳤다고 함). 물론 그 시대의 사람들 가운데 자신을 마녀라고 생각하는 부류도 있었다. 각종

---

33) *Dtv-Lexikon in 20 Bänden, Band 8*, p.297.

술수와 제식 행위를 통하여 자신의 능력을 발휘하려고 노력하는 사람들이 있었던 것은 사실이다. 그럼에도 불구하고 악한 마녀란 실제로 존재하지 않았다. 그들은 다만 불쌍하고 보잘것없는 사람들이었다. 그들은 민중이 불행을 이겨나가는 데 정신적 도움을 줄 수 있는 조력자였다. 다만 그들은 거대한 광기와 지배 세력에 의해 희생당한 사람들이었다.[34)]

『마녀의 망치』(마녀 식별법에 관한 책)라는 책은 독일 구텐베르크가 발명한 금속활자 인쇄술 덕분에 대량으로 판매되었고, 마녀사냥을 가속화시켰다. 이와 같은 현상의 배후에는 정치적 이익을 위해 묵인하고 방조한 세속 권력과 교회가 있었다. 기나긴 십자군 전쟁(十字軍 戰爭)의 패배로 혼란과 분열, 왕권에 대한 불만과 불신에 휩싸인 유럽 사회의 위기를 타개할 희생양이 필요했던 세속 권력과 교회가 종교개혁의 열풍과 극심한 갈등에서 우위를 점하기 위해 상대를 신앙의 적으로 몰아갈 필요성이 있었던 것이다. 환언하면 변화에 직면한 공동체의 가치관이 요동치고 도덕적 경계가 흐려지자 대중은 마녀만 제거하면 과거처럼 평온을 찾을 것이라는 생각을 갖기 시작했다. 이후 마녀사냥은 미신을 타파한 과학에 의해서가 아니라 근대 사법 체계 확립에 의해서 사라지기 시작했다.[35)]

---

34) Eduard von Tunk, *Illustrierte Weltgeschichte, Band II*, Zürich, 1966, pp.96~98. 한 보고서에 의하면, 14~16세기에 전 유럽에서 30만 명 이상의 사람들이 마녀(혹은 마법사)로 몰려 처형당했다.

35) *Ibid.*

제 2 장
서양 중세가 끝나고
근세로 들어가는 과정의 2대 정치 · 종교적 사건

1. 신성로마제국의 황제와 교황의 충돌

이 내용을 먼저 쓰는 이유는, 근세의 시작과 밀접한 관계가 있고 다음으로는 이 사건으로 말미암아 "교황과 황제를 중심으로 지상에 낙원을 건설코자 하는 기독교의 이상"이 최종적으로 몰락했기 때문이다.

그간 필자는 특히 민감한 종교개혁과 신 · 구교의 대립 부문에서 가톨릭과 프로테스탄트의 오해를 불러일으킬지 모른다는 생각에서 위 테마로 글을 쓰는 것을 매우 주저한 것이 사실이다. 그러나 그 일부는 우리에게 잘 알려진 사실이고 학술적인 입장에서 쓰는 것이고, 써 보라는 주위의 권고도 있고 해서 감히 쓰기로 한 것이다. 가급적 긍정적으로 받아들이기를 바라는 바이다.

처음 등장하는 주제는 앞의 머리말에서 짧게 언급한 바와 같이, 중세 말에 즈음해서 중세 기독교 세계의 두 지주(支柱)였던 교황(敎皇)과 황제(皇帝) 간의 피나는 싸움으로 말미암아 정신적인 면에서 중세 사회가 붕괴되고 새로운 이념이 등장하는 중대한 사건이다. 다시 말해서 평화와 정의 실현의 임무를 띤 양대 세력인 교황과 황제의 몰락으로 새로운 시대의 시작이 불가피하게 되었다. 중·고등학교의 세계사 교과서에서도 다루는 사건이지만 싸움의 원인·과정·결과가 불충분하게 소개되어 있으므로 여기서 필자는 좀 더 자세히 그리고 학술적으로 고찰하려고 한다. 그리고 아래의 내용이 길고 복잡하므로 이해에 도움이 되도록 먼저 그 내용을 간단히 소개하고 이어서 세부적 핵심 내용에 대해서 기술하고자 한다.

이것은 간단히 말해서 오스트리아가 주역을 한 신성로마제국의 황제 하인리히 4세[Heinrich IV, 재위 1056~1106, 작센가(Salier)를 뒤이은 잘리어가 출신]가 교황 그레고리우스 7세(Gregorius Ⅶ, 1021~1085, 이탈리아 출신), 즉 이탈리아인 교황(재임 1073~1085)에게 굴복한 사건이다.[36] 어려서 즉위한 하인리히 4세는 제권(帝權)에 불만을 품은 독일 제후(諸侯)들의 항쟁에 휘말렸고, 이것을 조정하려는 그레고리우스 7세의 명에 복종하지 않았기 때문에 교황에 의해서 파문(破門, 신도의 자격을 박탈하고 종문에서 내쫓음)당했다. 이에 대해 황제 또한 보름스(Worms) 국회에서 교황의 폐위를 결의하였으나, 제후들의 반항이 강하여 북이탈리아의 토스카나(Toscana) 백(伯)의 거성(居城) 카노사에 체재 중인 교황 그레고리우스 7세를 방문하고 파문의 사면을 애원하였다. 이때 황제는 3일간 농성하였으며 마침내 사면되었다. 그러나 이 사건 후의 정세는 황제에게 유리하게 전개되었으므로 황제의 승리라고 보기도 한다.[37]

싸움의 발단은 신성로마제국 황제 하인리히 3세가 근친인 레오 9세(Leo IX, 1049~1054)를 교황으로 앉힌 1049년까지 올라간다(The origins of the struggle go back to the year 1049, when the emperor Henry III found three rival popes simultaneously in the office). 황제가 처음으로 로마에 간섭했던 1046년에는 대립하는 3인의 교황이 자리를 차지했는데, 거리에서는 대립

---

36) George Chase, *Western Civilization*, Boston, 1989, p.248f.
37) Hermann Meyer, *Weltgeschichte-Schicksal der Menschheit*, Gütersloh, 1998, p.239ff.

교황을 지지하는 군중들이 소요를 일으키고 있었다. 하인리히 3세는 대립 교황 셋을 모두 축출하고 한 독일인을 교황으로 지명하였다. 잠시 뒤엔 또 다른 독일인이 뒤를 이었는데 3년 후에 세 번째의 독일인인 레오 9세가 뒤를 이었다. 이 새로운 교황은 가톨릭교회의 악폐와 용감히 싸웠으며 클뤼니 수도원(Cluny Abbey, 410년에 창건, 베네딕트 수도원의 개혁 운동, 나아가서는 11세기의 개혁 운동을 주도하였고 이와 함께 교황권의 상승을 가져왔음)의 개혁 운동에 적극 참여하였다. 얄궂게도 이때 하인리히 3세를 도와 개혁 운동에 적극 참여한 사람이 힐데브란트(Hildebrand)로 후일의 교황 그레고리우스 7세였다.

하인리히 4세는 아버지 하인리히 3세가 죽었을 때 겨우 6세였다. 섭정인 어머니 아그네스(Agnes)는 이기적이고 강력한 성직·세속 영주들 사이에서 힘없는 정부를 운영하고 있었다. 하인리히 4세가 12세가 되던 해에 쾰른(Köln)의 아노(Anno) 대주교는 자신의 정치적 영향력을 강화하기 위하여 왕을 납치하였다. 이리하여 독일 왕 하인리히 4세는 오만·방자한 영주들과 제국 내의 파벌 싸움으로 분열된 독일과 교황의 패권 장악 시도 때문에 커다란 어려움을 실감하게 되었다.[38]

젊은 왕은 매우 뛰어난 능력을 가지고 태어났으며 위대한 선임자들이 이루어 놓은 전통을 잘 이어 갈 수 있는 인물이기도 하였다. 그러나 그는 매우 무자비했으며 당대의 큰 이념이었던 교회의 개혁에 대한 이해가 없었

---

38) Heinrich Appelt, *Ein approbiertes Arbeits-und Lehrbuch für Geschichte und Sozialkunde*, Wien, 1975, p.93. 참고로 신성로마제국은 작센가의 오토 대제에 의해 창설되었고, 오스트리아 합스부르크가(여러 가문 중에 가장 오래, 즉 600여 년을 통치했음)의 황제 프란츠 2세 시에 나폴레옹에 의해서 해체되었다. 신성로마제국을 통치한 주요 가문은 다음과 같다. 작센(Sachsen)가, 잘리어(Salier)가, 호엔슈타우펜(Hohenstaufen)가, 합스부르크(Habsburg)가, 룩셈부르크(Luxemburg)가, 비텔스바흐(Wittelsbach)가, 합스부르크로트링겐(Habsburt-Lothringenr)가 등이며, 이 중에 합스부르크가는 여러 차례 되풀이해서 신성로마제국의 황제위에 올랐다.

다. 하인리히 4세는 제일 먼저 작센(Sachsen)과 매우 위험한 전쟁에 빠져들게 되었다. 작센인들은 적대적이고 폭군과 같은 젊은 왕의 태도에 격분하였다. 때문에 작센은 왕으로부터 독립하려는 방향으로 나아갔으며 봉기를 일으켜 하르츠부르크(Harzburg)에 있는 왕을 포위하였다. 그리고 이 같은 반란은 튀링겐(Thüringen)과 여타 지역으로 확대되어 갔으며, 이에 대해서 왕은 주교의 통치에 반대하고 왕의 편에 서 있는 라인강 변의 도시로 도피하여 보호를 받았다. 그리고 중세 봉건적 통치에 반대하는 신흥 시민 세력은 당시 어려운 상황에 처해 있는 하인리히 4세에게 커다란 힘이 되었다. 보름스(Worms)에서 하인리히 4세는 대환영을 받았고 이어서 재치 있는 행동으로 대부분의 주교들과 영주들을 자기편에 가담시켰다. 이로써 하인리히 4세는 고위 귀족들의 봉건주의 운동을 저지시키고 강력한 군주국가를 수립할 위치에 서게 되었으나 머지않아 왕은 국내의 저항 세력보다 훨씬 더 어려운 상대인 교황 그레고리우스 7세를 맞게 되었다.

한편, 로마교황청에서는 경건하고 열성적인 신부(힐데브란트)가 교황이 되었다(알렉산데르 2세의 장례식 후 백성들이 그를 교황으로 선언했으며 후에 추기경들이 교황으로 추대하였다). 그는 교황이 되기 전에 이미 '교회의 순수성과 권한'을 위해서 많은 노력을 기울인 바 있었다. 당시 50세였던 그는 젊었을 때의 혈기가 여전하였으며 시종일관하는 성격에다가 청렴결백했고 순수했으며 물러설 줄 모르고 적당주의가 통하지 않았으며 적진을 과감히 돌파하는 성격이었다. 그래서 사람들은 그를 성스러운 사탄(heiliger Satan)이라고 부르기도 하였다. 기독교계에서는 교회 내의 구태를 없애고 도덕의 부패를 근절하기 위해 그를 필요로 했다.

이러한 힐데브란트가 교황이 되자마자 단호히 성직 매매와 신부가 결혼하는 것을 금지시켰다(Sofort trat er entschieden gegen Simonie und Priesterehe auf). 교황은 이를 반드시 실현하기 위해서 신도들에게 결혼한 신부를 보이콧하라고 명했고, 그러한 사제가 하는 모든 일에 참여하지 말라고 하였다. 때문에 기독교계에서는 이와 관련해서 입장을 표명해야만 했다.

비록 황제가 성직 매매에 해당하는 주교구(主敎區)를 수여하고 독일·이탈리아의 세속화된 주교들을 지원함에도 불구하고 교황은 황제에게 유화적인 태도를 취했다.39) 그러나 교황은 머지않아 마침내 이에 대해 강력히 대처하는 방향으로 나아갔다. 이에 따라 교황은 이러한 일에 관련된 매우 명망이 높은 주교들을 로마로 소환하여 정직시키거나 파문하였다. 나아가 궁정의 교회 정책에 책임이 있는 위원들도 파문하였다. 그리고 1075년 사순절 주교 회의에서는 평신도의 성직 서임(Laieninvestitur)을 교회법 위반이라고 선언하였다.40)

그러나 교황은 독일 내의 사정을 고려해 이 같은 조처를 모든 수단을 동원해서 즉각 실현하지 않았고 오히려 하인리히 4세에게 작센에 대한 승리에 관해 축하하기도 하였다. 그런데 작센에 대한 승리는 하인리히 4세에게 자신감을 안겨 주었고, 이후 하인리히 4세는 아무것에도 구애받지 않는 가운데 교황의 도전적 행위에 대해서 정면으로 대항하기로 했다. 이에 교황은 파문 위협으로 맞서게 되었다. 이런 상황에서 왕은 보름스에서 주교 회의를 개최하고 교황 '그레고리우스 7세의 실각'을 선언하였다. 이때 하인리히 4세는 격식을 갖추지 않은 비방의 편지에서 "결코 오만으로부터가 아니라 하느님의 은총에 의해서 왕이 된 나 하인리히 4세는, 이제 더 이상 교황이 아닌 못된 신부에게" … "하느님의 은총으로 왕이 된 나 하인리히는 나의 모든 주교들과 함께 당신께 말하니 물러나시오, 물러나시오, 영원히 저주받을 자여"라고 썼다(an Hildebrand, nicht mehr Papst, sondern falscher Mönch … steige herab, du für alle Zeit zu Verdammender).

---

39) George Chase, op. cit., p.249f.
40) Cf. Ernst H. Gombrich, Eine kurze Weltgeschichte für junge Leser, Köln, 1993, p.164f.

그런데 기독교계의 두 지주가 피나는 싸움을 벌이게 된 구체적 이유를 설명하면 다음과 같다. 교황은 스스로 최고의 신부라고 생각하였을 뿐 아니라 '하느님이 지상의 모든 기독교 신자들을 통치하라' 한다고 생각했고, 그의 명령에 항거하는 세속 군주를 반(反)그리스도적 부하라고 하였다. 한편 교황이 모든 기독교 신자의 수장이라면 '모든 나라의 최고의 지배자'는 황제이기 때문에 이 양자 간의 싸움은 불가피했으며, 특히 고위 성직 서임권을 놓고 한 치도 양보하려 하지 않았다. 이런 와중에 하인리히 4세는 자신이 로마의 황제들 그리고 '카롤루스 대제의 후계자로 전 기독교계의 보호자요 최고의 지휘관'이라고 가슴속 깊이 새기고 있었다. 또한 군왕은 토지를 빌려 받은 사람들의 지배자이므로 전쟁 시에 영주·대지주·농민들을 참여시키는 것이 당연하다고 생각했다. 그리고 독일의 군왕은 계속 귀족(상류층)들에게 토지를 나누어 주었다. 국왕의 통치는 왕의 성직 임명에 의존하고 있었는데, 그것은 속인(俗人)의 서임뿐만 아니라 성직의 매매와 그 밖의 많은 부패한 관행들을 수반하였다.[41]

이에 대해서 교황 그레고리우스 7세는 교황의 지위와 권능에 대해서 다음과 같이 말했다. 교황은 인간의 어떠한 판단에도 예속되지 않는다. 로마 교황청은 결코 과오를 범하지 않았으며 범할 수도 없다. 오직 교황만이 법을 제정할 수 있고, 주교 관구(管區)를 만들 수 있으며, 주교들을 해임시킬 수 있고, 모든 세속 군주들은 그의 발에 친구(親口, 입맞춤)를 해야 하며, 세속 영주에게서 속민들의 복종의 의무를 풀 수 있고 황제를 폐위시킬 수 있다고 했다(Yet he also declared that the Pope was subject to no human judgement, that the Roman church had never erred, never could error, … and could depose emporers).

---

41) Albert Renner, *op. cit.*, p.965.

교회의 수장인 그레고리우스 7세에 대한 황제의 맹렬한 공격은 마침내 교황이 하인리히 4세를 파문에 처하게 하였고 제국의 통치를 금지시켰으며 백성들의 충성(복종)의 맹세를 해제시켰다. 그리고 독일, 황제에 밀착된 롬바르디아의 여러 주교들을 정직시키거나 파문하였다.[42] 그런데 문제는 많은 영주들이 그들이 미워하는 왕(7선제후에 의해 피선된 왕은 교황에 의한 대관식 후에 황제라 칭했음)으로부터 벗어나려고 하는 움직임을 보인 데 있었다. 즉, 세속 영주들이 라인강 변 트리부르(Tribur)란 곳에 모여 그들의 왕이 연말까지 파문에서 벗어나지 못하면 실각된 것으로 인정하고 또 아우크스부르크(Augsburg) 제국회의에서 교황이 참석한 가운데 분쟁을 해결해야 한다고 결의했기 때문이다. 설상가상 격으로 복수의 반란이 재연되었고 이에 남독일이 가세했으며, 영주들은 황제와 교황의 싸움을 자신들을 위해 이용하려 하였다. 그리고 다른 사람들은 그들이 증오하는 잘리어인(Salier)에 대해서 자신들의 지위를 강화하려 하였다. 또한 분권주의적 고위 귀족들은 왕실이 소귀족을 우대하는 중앙집권적 통치를 반대하고 나섰다. 그리고 이러한 저항 운동은 점차 백성들의 개혁 운동으로 이어져 갔다. 이처럼 왕의 위치가 위태로워진 상황에서 왕 스스로 중대한 결심을 하게 된 것이다. 다시 말해서 교황은 파문을 통해서 제후들의 손에 가공할 무기를 쥐어 주었으며, 대신에 왕은 제후들이 왕을 폐위시키는 극단적인 행위로 나아가기 전에 그 무기를 제거해야만 했다. 때문에 왕은 교황에게 가기로 한 것이다(so entschloß sich, zum Papst zu gehen).

   1077년 이루 말할 수 없이 추운 겨울에 하인리히 4세는 얼마 안 되는 수행원들(부인 포함)과 함께 부르군트를 통해서 한때 카르타고의 명장 한니발(Hannibal)이 넘었던 몽스니 고개(Mont Cenis)를 넘어 이탈리아에 이르

---

42) *Ibid.*

렀다(독일 남부를 통하는 직선로는 그곳 영주들의 저지 때문에 사용하지 못했음). 이때 교황은 결정적으로 황제를 실각시키기 위해 독일로 가는 중이었는데 황제가 로마로 오고 있는 중이란 소식을 들은 데다, 과연 독일 제후들이 이국인인 자기의 편이 되어 줄까 하며 망설이던 중이라서 바로 알프스산맥을 넘지 않고 자신과 매우 가까운 마틸데(Mathil'de, 이탈리아의 토스카나 변경백의 딸)가 성주(城主)인 카노사(Canossa, 북이탈리아 알프스산맥 아래)성으로 들어가 잠시 머무르기로 하였다. 때문에 하인리히 4세는 로마로 가는 대신 카노사로 가게 되었으며, 자신을 성안으로 들여보내 줄 것과 파문을 철회해 줄 것을 간청하였다.43) 그러나 교황은 파문이 철회되어 독일 내에서의 왕의 권위가 회복되면 이제는 대군을 이끌고 로마에로 올 것이라는 생각을 떨칠 수가 없었다. 때문에 처음에는 파문 철회를 완강히 거부하였다.44)

그러나 하인리히 4세는 왕이라고 할 수 있는 모든 것을 버리고 동정심을 유발시키는 모습으로, 즉 수도사들이 입는 거친 옷과 신발을 신지 않은 맨발로 눈물을 흘리면서 용서를 간청하였다. 교황은 장차 왕이 자신에게 할 행위에 대한 생각을 떨쳐 버릴 수 없었지만 차가운 눈 위에서 3일 동안 석고대죄하면서 애원하는 왕에게 사랑을 상징으로 하는 기독교 신자로, 성주 마틸데의 조언도 있고 해서 그에게 문을 열어 주고 파문을 철회하였다(als Priest nicht anders konnte, dem Büssenden das Tor öffnen und erteilte ihm die Absolution). 그곳에서 하인리히 4세는 교황 그레고리우스 7세에게 독일 내의 영주들과의 분쟁을 교황이 참석한 가운데 조정할 것과 교황이 독일로 올 경우 호송을 약속하였다.

이로써 그레고리우스 7세는 황제에 대한 교황의 권위의 인정을 전 세계

---

43) Otto Zierer, *op. cit.*, p.86f.
44) *Ibid.*

앞에서 과시하게 된 것이다. 그런데 이것은 교황의 승리라기보다는 황제의 승리였다(Und doch war es weniger ein Sieg des Papstes als ein Sieg des Königs). 왜냐하면 당시의 관례를 보면, 왕이 맨발로 성지순례를 했고, 봉신(封臣)들 앞에서 용서를 구했으며 임종 시에 공개적으로 자신의 죄를 고백한 사실이 있기 때문에 위의 행위를 왕의 품위의 격하로 보지 않고 오히려 기독교적 경건성으로 해석했기 때문이다. 간단히 말해서 본질적으로는 하인리히 4세의 전략적 행위의 성공이라고 볼 수 있는 것이다. 실로 카노사에서 교황의 파문 철회는 두 가지 면에서 왕의 승리라고 볼 수 있는데, 하나는 교황과의 화해요, 다른 하나는 제후들의 저항을 물리칠 수 있었던 것을 뜻한다.45)

그러나 이것은 어디까지나 독일의 힘 있는 제후들과 잘리어가와의 평화조약을 의미하는 것이 아니었기 때문에 제후들은 상당수의 주교들과 함께 대립 왕(Gegen König)을 내세웠다. 그런데 기이하게도 대립 왕은 황후 아그네스가 섭정의 직무를 부탁했던 라인펠덴(Rheinfelden)이었다. 이 새로운 독일의 대립 왕은 그의 선출자들에게 "정의롭게 통치할 것이며 앞으로 독일 황제의 옹립은 오직 선거를 통해서만 할 것이다"라는 원칙을 확인하였다. 그리고 이것은 제후들의 저항이 혁명적인 성격을 띠고 있었다는 것을 의미한다. 나아가 이것은 잘리어가에 대항하기 위해서라기보다는 '왕위 세습'을 반대하는 것이었다.46)

이로 인해서 독일에서는 내란이 일어나게 되었으며 수년 동안 계속된 전쟁은 독일을 황폐화시켰다. 당시의 두 독일왕의 세력 분포도를 보면, 저항 세력의 힘은 그리 크지 않았다. 그 주된 힘은 매우 억센 작센이었을 뿐 라인펠덴의 출신지인 슈바벤(Schwaben)에서조차도 완전한 지지를 받지 못하였

---

45) Heinrich Appelt, op. cit., p.138.
46) Ibid.

다. 이에 대해서 왕 하인리히 4세는 알레마넨(스위스가 중심) 지역 · 부르군트 · 바이에른 · 뵈멘 · 케른텐이 지원하였고 이 밖에도 여러 도시들, 하위 귀족들, 대부분의 주교들이 같은 편이었다. 그리고 왕은 이후 매우 유명해진 호엔슈타우펜(Hohenstaufen)가의 프리드리히(Friedrich) 백작을 공작으로 승격시켜 자기편으로 만들기도 하였다.

마침내 교황 그레고리우스 7세가 이 싸움에 직접 개입하기 시작했다. 1078년 11월 교황은 주교 회의에서 분명하고도 단호하게 그리고 전혀 타협의 여지없이 평신도(예, 하인리히 4세)의 성직 서임을 금지시켰다. 즉, 누구를 막론하고 평신도가 성직자에게 교회를 맡기는 일을 하면 파문에 처한다는 것이다. 그러나 왕은 이를 결코 받아들이지 않았으며, 교황은 1080년 사순절 주교 회의에서 독일 왕 하인리히 4세를 또다시 파문에 처했다. 교황은 사제의 성직(Sacerdotium)이 왕권(Regnum)보다 우위에 있음을 고수하는 입장이었고, 대외적으로 이를 분명히 했으며 그의 원칙으로 하였다(Dictatus Papae). 교황은 교회 내에서의 최고의 명령권을 가질 뿐 아니라 자신만이 절대권을 가지며, 교회법은 자신의 승인을 거쳐야 하고, 황제의 관(冠)을 관리하는 관리자로서 세속 군주보다 우위에 있다고 주장하였다. 또한 자신만이 황제의 표지를 달 수 있고, 모든 제후들은 자신의 발에 친구를 해야 한다고 했다. 나아가 오직 자신만이 황제를 폐위시킬 수 있고, 자신은 누구에 의해서도 심판받지 않으며, 자신만이 의롭지 않은 통치자에 대한 백성들의 충성의 맹세를 해제시킬 수 있다고 했다. 그리고 이와 같은 이론들은 그레고리우스 7세의 실제 권력과 일치하는 것이기도 했다.[47]

이탈리아에서는 이에 대해서 대체로 복종하였고 토스카나의 마틸데 백작은 자신의 지배권을 교황에게 넘겼다. 그러나 독일에서는 1080년경에

---

47) Otto Zierer, *op. cit.*, p.85.

왕 하인리히 4세가 더 많은 성과를 거두고 있었다. 주교들은 거의 예외 없이 하인리히 4세 왕 측에 가담하였고, 브릭센(Brixen) 주교 회의에서 라벤나(Ravenna, 이탈리아 북부) 주교 비베르트(Wibert)를 대립 교황으로 내세웠으며 왕은 그에게 충성의 맹세를 하였다. 이로 인해서 전체 유럽은 교황과 황제가 중심이 되는 기독교계의 통치 이념은 사라지고 교황과 대립 교황, 황제와 대립 황제 그리고 교황의 주교와 황제의 주교가 대립하게 되었다. 전(全) 대지와 전 백성들이 파문 상태하에 놓여 있었다.[48]

이런 상황에서 하인리히 4세는 저항하는 작센에 대해서 적절히 대처하였고 연후에 자신을 따르는 도시들이 있는 이탈리아로 갔으며 로마를 포위해서 로마를 접수하였고(1083) 교황 그레고리우스 7세를 내쫓은 뒤 대립 교황으로 하여금 황제의 관을 자신의 머리 위에 씌우도록 하였다(1084 konnte er auch Gregor VII. aus Rom vertreiben und ließ sich hier zum Kaiser krönen). 그 후 교황은 '천사의 성'(Engelsburg)에 머물고 있었으며, 봉신 노르만인들(Norman, 나폴리·시칠리아 왕국 통치)에게 도움을 청하였다. 이에 하인리히 4세는 잠시 후퇴하였으며, 노르만인들은 로마에서 그들을 불러들인 교황이 증오할 정도로 만행을 저질렀다. 이어서 교황 그레고리우스 7세는 노르만인들과 함께 후퇴하였고 살레르노(Salerno)로 가게 되었으며 1085년 5월 25일 그곳에서 분하고 원통함을 잊지 못한 가운데 사망하였다. "나는 정의를 사랑했고 불의를 증오했다. 때문에 나는 추방 속에서 죽는다"가 그의 마지막 말이었다(Ich habe die Gerechtigkeit geliebt und die Ungerechtigkeit gehaßt, Deshalb sterbe ich in der Verbannung). 그리고 머지않아 황제 하인리히 4세 또한 하늘의 벌인지 교황에 대한 아버지의 오만방자한 행위에 대한 불만과 함께 일으킨 두 아들의 반역으로 부자간에 비

---

[48] Ibid.

참한 싸움에 빠지고 말았으며 마침내는 큰아들에게 왕권이 넘어갔고 형은 다시 왕권을 동생에게 넘겨주어야만 했다.

결론적으로 말하면, 사람들은 교황 그레고리우스 7세를 열광자라고 꾸짖었고, 교회에서는 그를 성인이라 선언했다. 그의 친구들과 그의 반대자들은 그의 나무랄 데 없는 생애와 순수한 의도에 대해서 인정하였다. 그는 결코 세련된 외교관은 아니었으나 모험적인 투사였고 두려움을 몰랐다. 이래서 사람들은 교황의 격렬한 열정과 냉혹함에 대해서 불평을 하고 제국의 이익을 위한 진정한 이해가 부족했다고 인정할 수 있을 것이다. 그러나 이 위대한 인물에 대해 '신중하지 못한', '이기주의적인', '적개심으로 가득 찬', '포악한' 교황이라고 비난하는 것은 핵심을 잘못 이해한 것이다. 또한 사람들은 그레고리우스 7세가 이제까지의 교황과는 달리 권력을 추구한 것은 옳은 일이었다고 하였다.

그러나 이 점에 있어서도 교황이 이기적인 관점에서 그렇게 했다고 보는 것은 완전한 오판이다. 교황의 권력 추구는 자신을 위해서가 아니라 교회를 위해서였다. 그의 최종적인 목표는 '세속적인 의미의 강력한 교황 국가 건립을 위해서'가 아니라 아우구스티누스(Augustinus) 성인의 『신국론』(Civitas Dei, 필자의 저서 『서양사의 심층적 이해』, 신서원, 2004, 193쪽 참고)의 입장에서 지구상에 기독교적 제(諸)민족 공동체를 세우기 위함이었다. 교황 그레고리우스 7세는 그의 마지막 말이 말해 주듯이 황제와의 싸움에서 패배자로 보이지만 싸움의 결과를 중심으로 보면 승자였다. 즉, 황제는 교황을 폐위시키지 못했고 교황의 대의지(大意志)는 점차 실현되어 가고 있었으며 주교들은 교회에 의해서 선출되었고 황제는 오직 선발된 주교에 대해서 승인하는 정도였다. 따라서 황제가 아니라 교황이 기독교 세계의 지배자가 된 것이다. 그리고 여기서 우리는 안타깝게도 종교개혁의 전조를 느끼게 된다.

2. 신성로마제국 황제군의 로마교황청 약탈

1) 근세 초 북부 이탈리아의 혼란스러운 정치적 상황

필자는 다음의 글이 기독교의 교리 및 신학(神學)과 관련된 내용이라서 망설이기도 했다. 그러나 굳이 쓰게 된 이유는 우리가 고등학교 세계사에서 배웠듯이, 아래의 내용보다 훨씬 더 비참한 결과를 초래했던 사건[49]과 유사한 내용으로 매우 중요한 의미를 지니고 있기 때문이다. 결과적으로 기독교 세계의 두 지주가 붕괴되었고 새로운 시대인 근세 초를 맞게 되었는데 이 주제가 서양에는 잘 알려져 있으나 과문한 탓인지 모르지만 우리나라에서는 전혀 알려져 있지 않은 중대한 사건이라서 쓰기로 했다.

빈대학교의 종교개혁에 관한 세계적인 권위자인 루츠(H. Lutz) 교수[50] 강의에는 우리나라와는 다르게 상당수의 뜻있는 신부·신학생·수녀들 그리고 가톨릭계의 지도자가 되려는 꿈을 가지고 있는 사람들이 적극적으로 참여하는 것을 보았는데, 그 이유는 신학교에서와 같이 아름답고 선한 내용만을 배우면 세상을 잘 몰라 세속인들을 잘 지도할 수 없다는 데서인 것이다. 독일의 사가·역사 이론가 랑케(L. Von Ranke)는 "과연 사실은 어떠했나?"(How it really was, Wie eigentlich gewesen ist)를 중요시 여겨, 먼저 사실을 정확히 파악하고 다음에 해석을 하여 교훈으로 삼는 역사 연구 방

---

49) 카노사의 굴욕, 즉 황제와 교황 간의 싸움에서 마침내 교황이 도주하여 죽게 되고 황제가 자식들에게 왕권을 빼앗긴 대역사적 사건이다.
50) 하인리히 루츠 교수, 빈(Wien, Vienna)대학교 교수로 종교개혁의 세계 최고 석학이다. 필자는 유학 시절에 이 교수의 모든 강의를 들었고 구두시험을 보기도 한 가까이 지낸 사이였다. 이런 관계로 하버드대학교의 독일사 석학 찰스 마이어(C. Maier) 교수를 비롯한 9인의 구·미 석학 교수들과 함께 필자의 회갑 논총 『세계 역사의 만남과 이해』에 기고하였고 그중 9편의 난해한 논문을 필자가 번역하였다. 1999년 12월 간행, 231~251, 936쪽.

법을 강조하였다. 그리고 이런 차원에서 보면 다음의 글을 소개하는 것은 너무나 당연하다고 볼 수 있다.51)

아래의 내용은 사람에 따라 여러 가지로 해석하겠지만, 사상적으로 프랑스혁명을 주도한 계몽사상가요 처음으로 '역사철학'(歷史哲學)이란 용어를 사용한 볼테르(F. M. Voltaire)가 강조해서 말한 "인간의 역사는 어둠과 어리석음을 점진적으로 극복해 가면서 발전한다"라는 말을 되새기게 할 것이다. 지금은 좋아졌다고 생각하지만 우리 정부가 이와 비슷하게 불교계를 냉대한다는 이유로, 전국의 승려들이 대대적인 집회·시위·저항을 하는 안타까운 모습을 여러 차례 볼 수 있었다. 따라서 이어지는 내용은 특히 정치인들·종교계의 지도자들이 깊이 생각해 보아야 할 사건이라고 본다. 또한 좋은 것도 부패할 수 있고 부패하면 더욱 악취가 나고 더 큰 악영향을 끼치게 된다는 것을 명심해야 할 것이다.

신성로마제국 황제 카를 5세(오스트리아 합스부르크 출신으로 16세에 스페인 왕 카를로스 1세가 되었음)는 1527년(참고로 교황 클레멘스 7세에 의한 카를 5세의 신성로마제국 황제 대관식은 1530년에 있었음) 12월 초에 스페인의 그라나다(Granada)에 있었으며, 성탄절은 왕후 이사벨(포르투갈의 왕녀)과 함께 톨레도(toledo)에서 보냈다. 그 후에는 스페인 의회(Cortes)의 개회식에 참석하기 위해서 바야돌리드(Valladolid)로 이동했는데, 그 이유는 무엇보다도 이탈리아 북부에 있는 '자신의 군대를 위한 재정적 지원'을 얻어내기 위해서였다. 아이러니하게도 세상에서 가장 막강한 통치자에게 자금 부족은 크나큰 고민이었다.

이탈리아 밀라노 남부 파비아(Pavia)에서 게오르크 폰 프룬즈베르크(G. von Frundsberg, 동생인 페르디난트 1세가 카를 5세에게 지원한 용병 부대의 대

---

51) Edward H. Carr, *What is History*, 황문식 역, 서울, 1990, 23쪽.

장이자, 카를 5세 황제군의 장군이며 독일 농노군의 아버지임) 지휘하에 황제군이 프랑스 왕 프랑수아 1세(François Ⅰ)의 군대를 대파시켰으나 황제군은 급료를 받지 못했고 몹시 초조한 상태였다. 그러면 여기서 잠시 "이탈리아를 차지하면 유럽의 패권을 장악한다"라는 당시 이탈리아의 정치적 상황을 소개하고자 한다.[52]

신성로마제국 막시밀리안 1세(Maximilian Ⅰ, 카를 5세 황제의 조부, 합스부르크가)가 이탈리아 북부의 중심지인 밀라노(Milano, Mailand)를 잘 방어했으나 프랑스 왕 루이 12세(Louis XII, 1498~1515)에게 빼앗겼고, 그 후 이를 다시 찾아왔으나 1515년 프랑스 프랑수아 1세가 합스부르크 왕가와의 전쟁에서 밀라노 공작령을 점령하였다. 1519년 막시밀리안 1세 황제가 사망하였고 손자인 카를로스 1세(훗날 카를 5세)가 오스트리아 합스부르크가의 복수를 다짐하였고 1522년 황제군이 밀라노에서 다시 프랑스군을 축출했다.

그러나 이것으로 그치지 않고 양측이 군을 강화한 가운데 프랑수아 1세가 군을 직접 진두지휘하면서 파비아를 습격하였다(일명, 파비아 전쟁). 전쟁은 마치 두 마리의 성난 사자가 싸우는 것처럼 격렬하였다. 길 위에서는 마치 냇물이 흐르듯이 피가 흘러내렸다고 적고 있다. 하느님의 가호가 있었는지 상처를 입은 프랑스 왕 프랑수아 1세는 죽지 않고 체포되었고 황제군이 전시용으로 파비아의 이 거리 저 거리로 끌고 다녔다.[53] 그러나 신성로마제국의 오스트리아 합스부르크 왕가와 프랑스 부르봉가의 이탈리아를 차지하기 위한 싸움은 이후에도 계속되었다.

---

52) Otto Zierer, *op. cit.*, p.160.
53) *Ibid.*

2) 황제군의 교황청 침입·약탈 및 교황·추기경의 감금

당시의 카를 5세 황제의 결심은 중조부 프리드리히 3세(Friedrich Ⅲ)의 '오스트리아의 세계 제일의 제국(Austria est imperare orbi universo) 건설'을 실천에 옮기려는 것이었다. 하지만 스페인 재정은 고갈되었으며, 때문에 카스티야의 대변인은 황제에게 현금 지원은 불가하고 오직 할 수 있는 것은 무기 지원뿐이라고 했다. 다른 해결책이 없는 카를 5세 황제는 자신의 동생인 독일·오스트리아(주변 국가를 합한)의 왕 페르디난트 1세(Ferdinand Ⅰ, 후일 신성로마제국 황제)에게 지원을 요청했고, 페르디난트 1세는 루터 교도들이 대부분인 14,000명의 용병을 징발하였다. 용병 부대의 지휘관은 '지방 농노의 아버지'라고 불리는 프룬즈베르크였으며 머지않아 육군 총사령관 부르봉(C. C. de Bourbon, 1523년 소유지 문제로 프랑스의 프랑수아 1세에 반발하여 카를 5세 황제 측에 가담)이 지휘하는 황제군에 합류하였다.

프룬즈베르크는 병이 났고 부르봉은 병사들에게 권위가 서지 않았다. 때문에 병사들은 현지 조달 방식으로 살아가고 있었으며, 그리고 이것은 이탈리아인들에게 커다란 공포를 안겨 주었고 로마로 진군하는데 시에나(Siena) 외에는 환영하는 곳이 없었다. 이때의 황제의 지령은 교황을 중심으로 하는 이탈리아 도시국가들과 프랑스와의 '반(反)황제 동맹'(Der Papst vereinigte sich mit Franz Ⅰ gegen den Kaiser)을 해체하라는 것이었다.

5월 초에 부르봉은 반항적인 그의 병사들과 함께 로마에 도달했으며 교황에게 반황제 정책을 포기한다는 선언을 하라고 요구하였다. 그러나 프랑스 측에 적극 가담한 교황 클레멘스 7세는 "압력하의 협상은 있을 수 없는 일이라"며 거절하고 도시의 문을 닫아 버렸다. 그 후 5월 6일 황제군이 로마를 습격하였다. 그런데 지휘관인 부르봉이 도시의 성벽을 오르다 상처를 입고 몇 시간 후에 사망하였다.[54]

지도자를 잃은 군대는 마치 지난날 동고트족인 반달족(Vandalen, 가장 야만적인 게르만족)이 로마를 황폐화시켰듯이 영원한 도시 로마를 3일간 약탈하였다. 좀 더 자세히 말하면 루터파의 지방 농노군들이 로마 안에서 발광을 한 것이다. 많은 예술품들과 문학작품들이 파괴되었고 바티칸의 공간들은 마구간이 되어 버렸다. 또한 스위스인들로 구성된 교황의 호위군은 방어하는 과정에서 최후의 한 사람까지 목숨을 잃고 말았다. 교황은 체포되었으며 추기경들과 함께 티베르(Tiber) 강가의 '천사의 성'에 감금되었다.[55]

그리고 이 소식은 6월 22일 왕세자의 탄생(스페인 왕 카를로스 1세의 아들로 후일 펠리페 2세)으로 축제 분위기에 싸여 있었던 스페인의 바야돌리드에 도착하였다. 당시의 분위기를 보면, 황제는 아들을 안고, "하느님이시여 원컨대 이 아이가 장차 훌륭한 기독교 신자가 되도록 해 주십시오. 또 이 아이가 성군이 되어 제국을 잘 통치하도록 해 주십시오"라고 기도하였다. 흰옷을 입은 소년 합창단이 축가를 부르는 속에서 왕자는 세례를 받기 위해서 상파울로 교회로 옮겨졌는데, 많은 사람들이 왕자의 이름을 외조부의 이름을 따라 페르디난트로 할 것을 강력히 요구했으나 카를 5세 황제는 자신이 거의 모르는 아버지(합스부르크가) 필립 1세의 이름을 따라 펠리페 2세(Philip II, Felipe II, 1556~1598)라고 하였다.[56]

카를 5세의 동생 페르디난트 1세(당시 독일 · 오스트리아, 그 인접 국가의 통치자)의 스페인 왕실 주재 대리인 살리나스(M. de Salinas)는 페르디난트 1세에게 "황후와 왕세자 모두가 건강하고 황제 또한 행복한 모습이며 왕자의 탄생을 축하하기 위한 축제만을 생각하고 있습니다"라고 편지를 썼

---

54) *Dtv-Lexikon, op. cit.*, p.122.
55) *Ibid*, p.128; Cf. Ernst H. Gombrich, *op. cit.*, p.171.
56) *Dtv-Lexikon, op. cit.*, p.17. 이후 펠리페 2세는 스페인과 미 신대륙의 스페인 식민지 그리고 부르군트(대략 오늘의 벨기에와 네덜란드 지역)를 통치하게 되었고, 벨기에인들과 네덜란드인들은 독립할 때까지 참으로 많은 희생과 고난을 당했다.

다. 구체적으로 말해서, "악대가 도로 위를 행진하고 있고, 광장에서는 황소 구이가 한창이며, 마치 향락의 천국과 같이 2개의 커다란 통에서는 백포도주와 적포도주가 끊임없이 흘러나오고 있고, 하늘에는 휘황찬란한 불꽃이 빛나고 있으며, 공지의 여기저기에서는 이른 아침까지 춤을 추고 있습니다"라고 보고했다.

이때 카를 5세 황제는 마상(馬上) 무술 대회를 즐기고 있었는데 전령이 황제에게 '로마의 약탈'에 관한 소식을 전하였다. 황제는 즉시 축제를 중단시켰고 궁중의 애도를 명하였다. 황제는 "이번 사건은 내가 결코 바라지 않았으며 교황이 하루빨리 자유의 몸이 될 수 있도록 노력하겠다"라는 편지와 함께 프란체스코 수도원장을 로마에 급파하였다. 그런데 교황 클레멘스 7세는 7개월 동안 천사의 성에 억류되어 있었다. 그리고 왕자(펠리페 2세)의 탄생을 축하하는 여러 곳에서 보낸 편지들이 바야돌리드에 도착했는데 그중에는 '유폐된 교황의 편지'도 포함되어 있었다.57)

스페인의 역사가이며 성직자인 산도발(P. Sandoval)은 다음과 같이 기술하였다. "카를 5세가 로마의 습격에 대해서 기뻐했다"(daß Karl sich über die Erstürmung Roms gefreut habe). 그러나 황제의 이 같은 반응은 남의 불행에 대해서 기뻐하는 것이 아니라 삶에서 절대로 필요한 정의(正義)의 입장에서였다. "이 모든 것은 황제의 지시 · 결심 · 의지 또는 인간의 힘에 의해서라기보다는 오히려 하느님의 심판이다(Alles aber als Gottesurteil gekommen ist). 그리고 우리 모두의 희망인 예수 그리스도가 우리 편에 참여한 것이다." 그리고 알폰소 데 발데스(A. de Valdés, 당시의 역사가였으며 카를 5세의 대신)는 2개의 글을 통해서 황제의 견해를 인쇄하여 다음과 같은 내용으로 발표하였다.

---

57) Heinrich Lutz, *Skripten*, Wien, 1969, p.7.

현재 로마에서 일어나고 있는 일들에 대해서 황제 카를 5세는 책임이 없다. 왜냐하면 이 모든 것은 이 도시를 벌하기 위한 하느님의 심판으로 일어난 일이기 때문이다. 다시 말해서 그곳에는 기독교의 치욕이 되는 일로서, 부드럽게 표현해서, 인간의 악한 성향이 만들어 낼 수 있는 많은 나쁜 일들이 일어나고 있는데, 이 징벌을 통해서 기독교인들을 각성시키고, 악으로부터 고통받는 사람들을 치유하여 우리가 자랑스럽게 생각하는 기독교인의 삶을 영위할 수 있게 하기 위해서인 것이다.

또한 그는 「락탄티우스」(Lactancio)란 글에서 마찬가지로 로마의 습격을 "하느님의 벌이다"라고 정당화시켰다.

전 기독교 세계에서 교황 국가와 같이 잘못 통치되는 곳은 없다. 교회의 개혁이 부패를 개선할 수 있는 유일한 수단이며 이를 위해서는 공의회(公議會, Konzil, 교회 전체에 해당하는 교리나 규율 등에 관해서 토의·규정하려고 교황이 전 세계의 추기경·주교·성직자를 불러서 하는 회의)를 소집해야 하는데 교황이 아니라 황제가 해야 한다. 그리고 공의회가 성공하려면 좋은 자문이 필요하다. 그 이유는 모든 사람들이 필요하다고 여기는 개혁을 성공시킨다면 이제까지 군왕들이 잃은 명예들 중에서 가장 큰 명예를 얻을 수 있기 때문이다. 그리고 사람들은 "예수는 교회를 세웠고 황제 카를 5세는 교회를 개혁했다"라고 말하게 될 것이다.

당시 황제의 궁전에 있었던 교황대사(Nuntius)는 카를 5세의 사적인 친구 카스틸리오네(C. B. Castiglione, 로마교황청의 외교관·작가) 백작이었다. 카스틸리오네는 카를 5세 황제를 그가 일찍이 알았던 기독교 신자들 가운데 가장 훌륭한 신자라고 생각하여 교황 클레멘스 7세의 반황제 정책을 적극적으로 수행하지 않았다. 그러나 로마가 함락되자 완전히 교황 측에 가담하였다. 즉시 그는 발데스의 반교황적 비방의 책자에 대해서 반박하였으며 황제를 방문해서 자신이 이단이라 생각하는 발데스의 2개의 글을 완전히 금지시킬 것을 요구하였다. 이에 대해서 황제는 에라스뮈스가 보름스 국회에서 "루터의 글을 읽은 바 없다"라고 한 바와 비슷하게, 발데스의 글을 읽은 바 없지만 그리고 그가 그릇된 교리를 쓰지 않았겠지만 교회 위원회에서 검토해 보라고 지시하겠다고 했다. 또한 세비야(Sevilla)의 대주교가 발데스의 글이 이단으로 고발될 정도는 아니라고 하였다. 그리고 이 같은 일련의 무죄판결은 당시 스페인의 교회 임원들이 얼마나 개혁적이었는가를 여실히 보여 주는 것이기도 하였다. '오직 예외가 되는 것'은 에라스뮈스의 사상에 강력히 투쟁했던 도미니크 수도회뿐이었다.

카스틸리오네는 발데스에 대해서 다음과 같은 비난을 퍼부었다. "새로운 종교개혁가, 새로운 입법자, 공의회의 개혁자, 새로운 풍기 단속자, 당신은 교황과 추기경을 감금해 놓고 황제가 개혁을 해야만 한다고 생각하는가? 신부가 나쁘다고 하여 교회의 보물을 훔쳐 가야만 하는가?" 카스틸리오네의 이와 같은 노력에도 불구하고 로마교황청은 카스틸리오네가 황제를 배려해서 로마의 약탈에 관해서 숨겼다고 비난하였다. 이후 민감한 성격의 소유자인 카스틸리오네는 이 같은 의심에 대해서 매우 가슴 아파했으며 교황의 대사직을 포기하고 궁전에 머물렀다.[58]

스페인의 궁전 앞마당과 도시들에서는 로마의 약탈 후에 백성들의 정서를 반영하는 다음과 같은 '민요조의 설화시(說話詩)'를 노래하였다. 이러한 상황 속에서 우리는 루터 이전에 종교개혁의 분위기가 무르익어 감을 볼 수 있다.

교황은 슬프도다. 커다란 공포·고통과 함께 천사의 성의 성첩(城堞) 안에서 교황관이 없는 머리는 온통 땀과 먼지로 뒤덮여 있네. 세상의 여왕 로마가 이

---

[58] Heinrich Lutz, op. cit., p.13.

방인들의 수중에 있는 것을 바라만 보고 있네. 추기경은 포로가 되었고 주교들은 쇠사슬에 묶여 있으며 교회는 신성을 모독당했고 십자가는 도둑을 맞았구나. 로마의 오만함은 스페인에 의해 저지되었다. 목자의 잘못으로 인해서 양들은 불쌍한 신세가 되고 말았다. 물이 계속 배 안으로 들어오고 있으니 돛을 줄여야만 하겠구나. 이 모두는 배를 운항하는 조타수의 잘못 때문이라네. 오, 성스러운 아버지! 세상에서 가장 높은 의자 위의 당신의 권세가 허망할 뿐. 무어인들이 기뻐 날뛰고 타 종파들이 커져만 가고 있구나. 정의는 사라지고 힘 있는 자들이 바다의 고래와 같이 삼켜 버린다네. 폭력이 세상을 지배하고 힘이 정의가 되었도다. (필자 역)

제 2 부

서양사의 시대구분 이론과
근세 초의 특징

제1장
시대구분 이론

1. 서양사의 시대구분 이론

 시대구분 이론은 역사에 있어서 가장 난해한 문제이고 주로 석학들이 다루는 문제라서 매우 조심스럽기만 하다.

 빈(Wien, Vienna, 비엔나)대학교의 근세 담당 세계적 석학 하인리히 루츠(H. Lutz) 교수는 근세의 시대사 강의로 바로 들어가지 않고, 유럽 근세사의 시작이 언제인가를 학술적으로 설명하고, 그로부터 나온 결론을 기초로 해서 근세의 시작을 정하고 근세 초 본 강의 내용으로 들어갔다. 이로부터 필자는 서양의 역사학 교수들이 역사를 이야기식으로 가르치지 않고(erzählende Geschichte), 합리적·학술적 바탕 위에서 강의한다는 강한 인상을 받게 되었다(한때 우리나라에서도 한국사의 시대구분을 종래의 왕조 중심 시대구분 대신에 학술적인 시대구분을 위한 열띤 토의가 진행되었으나 여러 이해관계로 인해서 사라졌는데 오늘의 상황에 대해서는 잘 모르고 있음).[1]

---

1) 재직 시절 동양사 근세사 교수 공채 시 출원자의 논문이 도쿄대학교와 교토대학교의 동양사 시대구분 중 어느 것을 따르느냐에 따라 해당 시대 범위에 속하든지 또는 결격되든지 하기 때문에 혼란과 불만이 야기된 적이 있었음.

일반적인 서양사의 시대구분 방법으로는 5가지 도식(圖式)이 있는데 다른 4가지 시대구분 도식은 가급적 간단히 다루고, 필자가 따르고 있는 루츠 교수의 시대구분 모델에 관해서 좀 더 자세히 설명하고자 한다.

그래야만이 근세 초·르네상스·휴머니즘과 그 후대 그리고 우리가 살고 있는 현대에 대해서 잘 이해할 수 있기 때문이다. 루츠 교수는 근세 초의 설명에서 「서양 근세의 시작에 관한 논의」라는 제목 아래 다음과 같이 주장하였다. 즉, 역사의 구성에 있어서 시대구분은 교과서의 편의나 알아보기 쉽도록 시대에 표지(標識)를 붙이기 위해서가 아니며 또한 기억력을 돕기 위해서가 아니라 해석 기능이 주가 된다고 하였다. 그리고 역사를 의미와 관련지어 구성할 경우 1) 세계사에 대한 깊이 있는 해석을 시도할 수 있고, 2) 역사의 의미 문제를 논할 수 있게 된다는 것이다. 같은 맥락에서 '비잔틴 제국 문화'의 연구가로 유명한 베오그라드(Belgrad)대학교 오스트로고르스키(G. Ostrogorski) 교수는 시대구분을 역사 이해의 척도로 삼아야 한다고 하였다.

따라서 종전의 시점(時點)에 따른 시대구분 방법으로서, 근세의 시작을 1453년의 콘스탄티노플(Constantinople, 이스탄불의 옛 이름)의 함락으로 인한 1453년의 동로마제국의 몰락, 1492년의 콜럼버스(Columbus)의 신대륙 발견, 1517년의 루터의 비텐베르크(Wittenberg) 성문에 「95개조 반박문」 부착 등의 해[年]를 기준으로 하는 것은 전혀 근거가 없다는 것이다. 즉, 서양의 중세와 근세의 시대구분에 관한 답이 항시 그러하듯이 '역사를 움직여 온 제반 힘[力]을 광범하게 분석하여 시대구분의 영역을 정하는 것이 가장 합당한 시대구분 방법'이라는 것이다. 또한 루츠 교수는 프랑스의 철학자·수학자이며, 사회학·실증주의의 창시자인 콩트(A. M. F. Comte)의 유명한 삼단계설(三段界說), 즉 신학적·형이상학적·실증적 역사 발전의 3단계에 관해서 자세하게 설명하였다. 나아가서 그는 자신이 독실한 가톨릭 신자이어서 그러한지 많은 학생들이 호기심을 갖고 있는 칼 마르크스(K. Marx)의 시대구분 이론에 관해서는 기대와는 다르게 다음과 같이 매우 간단히 설명하였다. 1) 계급 이전의 사회, 2) 계급사회(노예제·봉건제·자본주의 사회), 3) 공산주의 사회가 그 내용이다.[2]

2. 5개의 시대구분 도식과 루츠 교수의 모델

도식(Model) I 은 전통적인 시대구분 방법으로 '근세의 시작을 1500년경'으로 보고 근세의 끝이 미래에 무한정으로 계속되고 있다. 이 시대구분

---

2) Heinrich Lutz, op. cit., p.8.

방법에 대한 비판은, 고차적 방법론적 사고(思考)를 확인할 수 있을지라도, 르네상스 및 종교개혁 시대의 사고와 오늘의 세계 사이에는 심한 의식의 격차가 존재한다는 것이다.

도식 II는 영국의 저명한 역사가인 데니스 해이(D. Hay)가 제시한 것이다. 해이는 '중간기 1300~1700년의 전(全) 시기를 르네상스'라고 명명했다. 400년간의 슈퍼 르네상스(Super Renaissance)는 첫눈에 깜작 놀라게 하나 해이는 이 테제에 유력한 근거를 제시하고 있다. 그는 유럽의 정치 구조를 중심으로, 이 수 세기간을 '관료적 중앙집권제의 강화와 왕권의 향상'으로 인정하였다. 그런데 이 모델에 대한 반론은 시민과 하위 귀족의 성장이란 영국과 프랑스에서는 대체적으로 일치하고 있으나 결코 중구(中歐)와 동구(東歐)의 상황과는 일치하지 않는다고 보는 것이다.

16, 17세기의 중부 유럽은 이보다는 오히려 시민계급의 몰락과 중·상위 귀족의 역할이 강화되었다. 또한 해이는 종교적·정신적 특성에 대해 여러 측면에서 설명하고 있다. 이 수 세기 동안은 본질적으로 세속적이었으나 동시에 기독교적이었고, 신부의 우월한 지위는 끝을 보게 되었지만 기독교의 우월한 지위는 아직도 존속되었다는 것이다. 종교개혁과 교회의 통일성의 와해는 획기적인 것으로 보지 않았다. 이보다는 오히려 부정적으로 보았으며, 4세기 동안 모든 종교들이 무능에 빠져 있었다고 보는 것으로 개신교회도 이에 포함시켰다. 그리고 문학 생활면을 보면, 속어의 발생이 좋은 성과를 거두고 있음을 부각시켰다. 이 수 세기 동안에 국민 언어(Volkssprache)가 라틴어를 통해서 형성되고 장려되었으며, 이것이 서로 다른 국민 의식을 초래했다고 보았다.[3] 해이에 대한 비판은 주로 네 부분에서 이루어졌다.

---

3) Cf. Albert Renner, op. cit., pp.342~343.

1) 정치 구조의 문제는 원칙적으로 국내 생활 분야로 축소시켰기 때문에 여기서는 국제정치 분야와 유럽 민족의 공통성은 취급되지 않았다. 2) 교회 발전의 평가와 취급이 불만족스럽게 되어 있고, 교회의 분열이 생활의 모든 영역에 큰 영향을 끼쳤음에도 불구하고 전혀 부당하게 취급하고 있다. 3) 지역적 구별을 매우 등한시하고 있는 것으로, 14, 15세기 이탈리아의 진보적 특수 발전은 문화사의 관점에서 매우 중요한데도 불구하고 전 기간과의 관계에서 특이하게도 불분명하게 남아 있다는 점이다. 4) 이들보다도 더 문제가 되는 것은 1700년경, 즉 18세기를 시대구분의 시점으로 보는 것이 부당하다는 것이다.

도식 Ⅲ은 이탈리아인 델리오 칸티모리(D. Cantimori)와 독일인 에리히 하싱거(E. Hassinger)에 의해서 제시된 시대구분으로, 유사한 양상을 보이고 있으나 상호 무관한 관계이다. 이 도식은 중세와 현대 사이에 중간기를 삽입하고 있다. 하싱거와 칸티모리는 공히 1800년경에 이르는 중간기를 그들의 3단계 시스템 속에 두고 있다. 하싱거는 '근세의 시작을 1250년경 또는 1300년경'으로 하고, 칸티모리는 1350년경(Karl, Petraca)으로 한다. 그리고 양자의 시대가 끝나는 시기는 해이의 1700년경에서 1800년경으로 옮겨졌다. 또한 칸티모리와 하싱거는 내용 구성에 있어서 차이를 보이고 있다. 즉, 칸티모리는 정신사적 요소를 중요시한 반면, 부가적 기준인 사회경제적, 정치적, 교회의 영역을 포기하지 않고 있다. 이 종류의 독특한 강점은 정신사 부분에 대한 심사숙고에 있다. 칸티모리가 유럽 휴머니즘의 총괄적 표현에서 18세기를 포함시킨 것은 이해할 만하며, 1350년경~1800년경의 시기를 휴머니즘 시대(Eta Umanistica)라고 명명하고 있다.[4]

이어서 도식 Ⅲ에 대한 하싱거의 주장을 보면, 그의 주장은 1930~1940년

---

4) Heinrich Lutz, *op. cit.*, p.9f.

대의 독일어권의 헌법 및 사회에 관한 연구 결과에서 나온 것이다. 또한 이것은 '근대국가의 출현과 유럽 구세습 귀족의 종말(프랑스혁명)'을 중심으로 한 것이다. 즉, 1250년경~1800년경에 이르는 약 4세기는 게르만 민족의 침입과 이후 로마제국의 내적 변화를 가져온 이 시기가 1800년경에 막을 내린다는 것이다. 흥미로운 것은 종교개혁에 대해 잘 아는 그가 루터와 종교개혁을 통해서 일어난 일련의 사건들이 심층에 이르는 서구 세계의 변화를 가져오지 못했다고 보는 견해이다. 하싱거의 모델은 문화적·종교적 요소들을 모두 포함시켰음에도 불구하고 정치사적·사회사적 관점 아래 기획한 것이다. 그리고 1250년경의 시점은, 특히 정치적 논거에 의한 것이다.

이에 대한 반론으로는 다음의 내용을 들 수 있다. 1800년경을 시대가 끝나는 전환기로 보는 하싱거의 해석을 본다면 사회사적 기준이 큰 역할을 했음을 알 수 있다. 즉, 프랑스 혁명과 더불어 귀족적 구 제도의 세계가 그 시대의 세계관과 함께 몰락하고 말았다고 보는 것이다(Mit französischen Revolution versinkte die aristokratisch strukturierte Welt samt ihrem Weltbild der alten Ontologie). 그런데 하싱거의 모델은 '2개의 단점'을 가지고 있다. 하나는 종교적·사회학적 그리고 교회사적 입장에서 볼 경우, 기독교의 영향을 지나치게 과소평가한 것이고, 다른 하나는 사회사 및 정치 이념사의 입장에서 보면 중세 도제(徒弟)의 자유로부터 근대의 자유민주적 자유의 개념에 이르기까지는 중요한 발전 과정이 존재함을 간과해서는 안 된다는 것이다. 하싱거는 이 시대의 시작을 정신사적 기준을 중시하여 1250년경 또는 1300년경으로 하고 사회사적 기준하에서 이 시기가 1800년경에 끝나도록 하고 있다. 그러나 이것은 방법론적인 입장에서 볼 때 정확하지 못하다고 볼 수 있다.

이어서 도식 IV인 독일의 디트리히 게르하르트(D. Gerhard)의 모델을 보면, 이 도식은 우선 범위가 넓고 대담성을 지니고 있으며 동시에 단순하다.

구 유럽의 시작은 1200년경이고, 칸티모리와 하싱거에서와 같이 전환기가 1800년경으로 되어 있다. 그러나 게르하르트는 사회사적인 의미에서 앞서의 양인보다 한 걸음 더 나아가고 있다. 그는 사회사적 기준 속에 문화적 발전뿐 아니라 정치사를 포함시키고 있다. 그래서 시대의 기준이 통일성과 단순화란 면에서 더욱 분명해졌다고 볼 수 있다. 그리고 이와 같은 방식은 '미국의 사회사 연구에서 영향을 받았음'이 분명하다. 또한 이처럼 사회사적 요소를 현저하게 우위에 두는 것은 마르크스주의 역사 이해에서 찾아볼 수 있는 것이기도 하다. 또한 게르하르트는 1100년경으로부터 1800년경까지의 전 시기를 '올드 유럽'(Old Europe)이란 이름을 붙이고 있다.[5]

'올드 유럽'이라는 용어는 야코프 부르크하르트(J. Burckhardt)와 오토 부루너(O. Brunner)에 의해서 처음으로 도입된 것이기도 하다. 구 유럽의 시작을 1100년경으로 생각했고, 11세기 이후에야(1077년 카노사의 굴욕을 기점으로) 비로소 '독특한 서양 문화'가 형성되었다고 보는 것이다(Gerhard sagte wörtlich: Vor den elften Jahrhundert sollte man nicht von einer Geschichte Europas sprechen). 여기서 게르하르트는 심사숙고한 속에서 '유럽의 개념' (Europa Begriff)을 도입하고 있다. 이제까지 중세의 전성기 또는 전환점으로 보았던, 즉 교황 그레고리우스 7세의 개혁과 성직 서임의 분쟁으로 일어난 분열 및 의견 충돌 과정을 게르하르트는 구 유럽의 출발점으로 보고 있다.[6] 이 같은 주장은 중세 연구가들의 강렬한 반대에 부딪혀야만 했다. 한마디로 이 모델은 본래의 중세는 11세기 이전에 속한다고 보는 것이다.

이에 대한 비판은, 매우 큰 모순을 나타내는 모델에서와 같이 내적 어려움과 모순은 존재하지 않으나 대신 다른 의심이 나타나게 된다는 것이다. 그것은 8세기 동안이나 지속되는 구 유럽이 지니고 있는 비조직성 때문만

---

5) Heinrich Lutz, *op. cit.*, p.20.
6) *Ibid.*

이 아니라 이러한 사회사적 기준이 갖고 있는 설득력이 문제인 것이다.

그러면 마지막으로, '하인리히 루츠 교수의 모델(도식) V'에 관해서 알아보고자 한다. 이제까지의 모델은 그것이 의식적이건 무의식적이건, 심사숙고한 것이건 소박한 것이건 간에 1500년경, 1700년경 또는 1800년경에 시작되는 시대가 오늘에도 끝나지 않을 뿐 아니라 오늘날의 현재를 함께 구성하고 미래로 연장되고 있다. 이에 대해 루츠 교수는 아주 다른 사고를 가지고 있다. 이제까지의 유럽 역사는 프랑스혁명을 통해서 그 이전의 시기로부터 분리되었고 그 시기는 이미 끝이 났다. 다시 말해서 오늘날은 "또 하나의 새로운 역사 시기"라는 것을 의미한다. 이 새로운 역사적 시기란 제2차 세계대전 전의 유럽이 프랑스혁명이 일어난 18세기로부터 구분되는 것보다 더 궁극적으로 구분되는 시기 속에서 살고 있다는 것을 의미한다. 그리고 이 논제는 원래 사가(史家) 사회 밖에서 대두한 것이기도 하다.[7]

1917년(러시아 혁명, 미국의 제1차 세계대전 참전), 1945년(제2차 세계대전의 종식), 1950년(세계대전 후의 유럽의 안정화, 냉전, 중국의 인민공화국 탄생)과 더불어 또 하나의 시기가 시작되는데, 유럽은 최종적으로 그 지도권을 상실하고 말았다는 것이다. 그러면 다음으로 1945년에 끝난 대시기(大時期)란 관점에서 볼 때 1800년경과 1500년경의 구분 중 어느 것이 더 유럽 역사에 있어서 분명한 구분점이 되느냐 하는 문제가 대두된다. 이에 대해 루츠 교수는 1500년경을 결정적 구분점으로 보고 있다. 물론 여기에는 중세 후기의 유럽(이탈리아)의 지역적 특수 발전에 대해서 특별히 고려하고 있다. 즉, 모든 지역에 똑같이 적용되는 시대구분은 불가능하다는 것을 의미한다. 보다 구체적으로 말해서, 1350년경에 이탈리아에서는 이미 중세가 끝이 났고, 14세기 후반과 15세기는 여타 유럽의 근세로의 발전의 선취

---

[7] Heinrich Lutz, *op. cit.*, p.10.

(先取)라는 것이다(Für Italien eine Vorwegnahme der späteren neuzeitlichen Entwicklung Europas).[8]

이상의 내용을 실감할 수 있도록 앞으로 이 책의 시작이 될 그리고 이 책의 중요한 내용을 포함하게 될 근세 초기의 특징에 대해 좀 더 구체적으로 개관해 보고자 한다. 1) 한마디로 1500년대의 시기는 시대구분을 가능케 하는 여러 현상들이 중첩되어 있다. 한편으로는 중세 신분제도가 몰락되어 가고 있는 반면에 다른 한편으로는 군주 중심의 방향으로 나아갔으며, 절대 체제의 방향으로 나아갔다. 2) 1500년경에 이르러 근세적 의미의 유럽 국가 체제가 이탈리아를 중심으로 한 유럽 강대국 간의 투쟁의 시작과 함께(Karl V) 그 첫 형성을 보게 되었다. 3) 기술과 학문의 신속한 발전이 이루어졌고, 인쇄술의 발명, 항해술의 계속적 발전, 통신 및 교통수단의 비약적 발전이 이루어진 시기이다.[9]

사회사적인 입장에서 볼 때 다음과 같은 현상이 나타났다. 1) 초기자본주의는 1500년경에 이르러 전 유럽 자본의 개발 단계에 이르렀다. 2) 화폐와 금융의 발전 가능성이 과거와는 비교가 안 될 정도로 발전하였다. 3) 1500년경 시점의 교회와 종교의 의미는 분명하다. 교회의 분열은 교회·종교적 영역을 지나서 유럽 세계에 활기를 불어넣었으며, 교회의 통일성의 와해는 원심력을 해체시켰다. 이 외에도 이탈리아는 중세와 근세 사이의 대격변 가운데 매우 중요한 지역적 특수 발전을 보여 주고 있으며 이탈리아의 콰트로첸토(Quattrocento, 14세기)는 더 이상 중세에 속하지 않는다. 오직 이탈리아의 특수 발전을 고려한 속에서만이 1500년대를 근대의 시작으로 볼 수 있는 것이다. 다시 말해서 이탈리아의 르네상스는 전 유럽 발전의 선취를 의미한다.

---

8) Cf. Heinrich Lutz, op. cit., p.21.
9) Ditrich Galmeister, *Grundriß der Geschichte*, München, 1977, p.100.

제 2 장
서양의 중세로부터 근세로의 이행

1. 서양 근세의 시작·특징과 이에 대한 비판

다음의 내용은 우리나라에 거의 알려지지 않고 있으나 서양의 정치·문화·사회를 바르고 깊게 이해하려면 반드시 알아야 할 부분이므로 좀 딱딱하지만 기술하려고 한다. 서양의 근세의 시작, 르네상스(Renaissance)의 시작·개념, 중세와 르네상스의 관계와 차이, 르네상스 문화의 시대적 한계에 관한 열띤 토의가 사학자들 사이에 지난 150여 년 동안 지속되었으나 아직도 그 끝을 보지 못하고 있는 실정이다(Über den Begriff der Renaissance, über das Verhältnis und Wesensunterschiede, über die zeitliche Umgrenzung … noch nicht abgeschlossen ist).

서양사의 '학술적 시대구분'에 있어서 하싱거 교수[『16세기의 세계사적 지위』로 유명함]의 모델은 문화적·종교적 요소들을 모두 포함하고 있음에도 불구하고 '정치적·사회적 관점'에서 기획한 것이다. 특히, 그가 1250년경을 근세의 시점으로 보는 것은, 역시 다음에 자세히 소개 될, 루츠(H. Lutz) 교수가 1350년경의 이탈리아 르네상스·휴머니즘의 근세의 선취와 함께 1500년경을 근세의 시작으로 보는 것과 비슷하게 다분히 '정치적인 논거'

를 중심으로 한 것이다.[10]

 만약 정치 생활의 발전 과정에서 결정적인 전환이 1500년경에 이뤄졌다고 보지 않는다면 1250년경이라는 시점을 근세의 시작으로 보는 것이 타당하다는 주장으로서, 근세 군주 중심 국가의 경향이 대두되었고 반봉건주의 · 중앙집권제도 · 절대주의가 내적으로 성장해 갔으며, 외적으로는 왕권의 독립 요구가 나타난 시기이다. 또한 1300년경에는 중세의 2대 중심 세력이었던 황제권과 교황권이 최종적으로 몰락한 시기였다. 전 세계 기독교의 대표자인 교황 보니파시오 8세[11]가 상승하고 있는 프랑스 왕권 하에 완전히 예속되었다[1309~1377, 교황청을 프랑스 아비뇽으로 옮겼으며(일명 아비뇽 유수라고도 함), 1378~1403 기간에 대립 교황이 이곳에서 머물렀음]. 그리고 이렇게 시작된 근세는 프랑스혁명(1789)을 기해서 귀족적 사회구조가 당시를 지배한 세계관과 함께 몰락하고 새로운 시대가 시작되는 것으로 보는 것이다.

 "중세의 원대한 희망, 즉 가톨릭인 교황과 황제의 인도하에 기독교적 낙원을 건설하고자 했던 목표"가 완전히 좌절되자, 크게 실망한 14세기 초의 인간들은 기독교적 이상으로부터 벗어나 '새로운' 이상을 찾고 새로운 생활감정 속에서(Die enttäuschte Menschheit wendet sich einem neuen Bildungs und Lebensideal zu dem Humanismus), 물론 이 '새로운' 시기라는 주장이 장기간의 논쟁으로 이어졌지만, 살았던 시기이다. 그리고 새로운 시대의 젊은이들은 후광과 권세를 잃은 황제와 프랑스 왕권하에 예속되고 대립 교황(對立 敎皇)으로 혼란에 빠진 교황에 더 이상 희망을 걸지 않았고 '그들의 정신적 공백 상태를 다른 것으로 채우려 한 것'이다[이것은 우리나라의 한 당

---

10) Heinrich Lutz, op. cit., p.121~125.
11) Bonifatius Ⅷ, 1294~1303, 세속의 군주에 대한 교회 성직자의 우위를 주장하여 프랑스 왕 필리프 4세와의 투쟁에 빠졌다.

(黨)에서 불미스러운 사건이 터지면 민심이 확 이반하는 것과 같음]. 또한 이것은 이 책의 여러 곳에서 논거로서 등장하게 된 것이다.

이러한 상황 아래서 새로이 등장한 것이 르네상스 시대의 휴머니즘이다. 이때의 휴머니즘(Humanism)은 중세와 다른 새로운 지식과 척도를 제시했고, 인간의 사고가 현세에 방향을 두게 되었으며, 따라서 인간을 관심의 중심에 두었다. 또한 이 휴머니즘은 피렌체(Firenze, Florence)에서 시작해서 로마를 거쳐 알프스 이북으로 확대되어 갔다. 여기서 매우 중요한 것은 우리나라 중·고교 세계사 교재[12]에서 강조하는 "고대로 되돌아 가자"라는 상당히 애매한 말을 좀 더 자세히 고찰·정리하는 것이다(중·고교 교재에서 그 이유에 대한 납득할 만한 설명이 거의 없음). 그리고 이것은 한마디로 '고대 고전의 재발견'이었으며(die Wiederentdeckung des klassischen Altertums),[13] 현실 세계와 인간에게로의 방향 전환이었다. 또한 고전과 고전에 따르는 행위가 모범으로 인정받게 되었으며 라틴어 작가뿐만 아니라 그리스인들의 시(詩)를 다시 읽게 되었다.

그들이 재발견한 대표적 인간상은 '보통을 초월한 인간', '자유롭고 자율적인 인간'이었으며, '교회의 속박에서 벗어난 인간'이었다. 더 이상 신의 노예가 아니었으며, 건축가들은 교회와 수도원만을 위해서가 아니라 군왕의 궁전과 도시의 화려한 건물들을 짓는 사람들이었다. 인간, 인간의 가능성에 대한 예찬은 인간의 전 능력을 개발하는 데서 실현될 수 있었다. 나아가 이 상승된 생활감정의 표현은 대업적을 만들어 낼 수 있는 창조적 힘이었다. 이 새로운 형의 인간과 변혁을 맞고 있던 사회는 새로운 생활양식을 창조해 나아갔다. 그리고 고전에 대한 활기가 더욱 강해진 것은 오스만

---

12) 필자는 우리나라 중·고교 세계사 '검정교과서'의 '서양사 부문 심사위원장'을 맡은 바 있다(1989년 2월부터 7월까지 약 6개월 동안).
13) Heinrich Appelt, *op. cit.*, p.325.

제국의 침입으로 콘스탄티노플(Constantinople)이 함락되어 많은 그리스 학자들이 이탈리아로 건너왔기 때문이었다.

2. 개인의 승리

당 시대인들은 이 시대를 '개인의 승리'(Triumph des Individuums), '지식의 승리', '후견으로부터의 해방'의 시기라고 하였다. 여기서 매우 중요한 개인의 승리란 13세기 이탈리아에서 일어난 운동으로, 모든 사고와 노력이 '자기 자신을 최고로 풍부하게 하는 것'이었고(die höchst mögliche Bereicherung des eigenen Ichs), '완전한 인간이 되는 것'이었다. 그들의 목표는 내적인 잠재 능력의 조화로운 발전 속에서 위대하고 유명한 사람이 되는 것이었고, 이들은 자신들이 다른 사람들과 다르다는 것을 두려워하지 않는 사람들이었으며, 각 개인은 자신에게 어울리는 옷을 입어야 한다고 생각하였다. 바꿔 말하면, 르네상스란 심층적 변화를 가져온 생활감정의 표현이었고, 새로운 인간상, 새로운 인간과 자연과의 관계였으며, 이것은 인간의 가치를 제고(提高)하자는 데서 나온 것이었다.14)

그러면 앞에서 언급한 바 있는 '문화적 입장에서 본 중세와 르네상스의 차이'에 관해서 좀 더 세밀히 언급하려고 하는데, 이 논제를 제시하고 나면 중세의 특징에 대해서 설명해야 하고 또 위 논제의 중심인물인 야코프 부르크하르트(J. Burckhardt)15)의 주장과, 그 비판에 대해서 깊이 있게 살펴야

---

14) *Ibid.*
15) J. Burckhardt(1818~1879), 독일계 스위스인으로 베를린자유대학교 · 본대학교에서 수학하였고, 문화사가 · 미술사가로 해박한 역사적 지식과 풍부한 상상력의 소유자였으며, 필자가 바젤대학교를 방문했을 때 대학 정문 앞에서 그의 기념상을 볼 수 있었다.

한다. 부르크하르트는 종전의 '고전 연구', '고대 조형미술의 재생(Renaitre)'이란 르네상스의 일반적인 해석을 넘어서 '매우 새로운 해석'을 하였다. 그러면 부르크하르트의 '중세와 완연히 다른 르네상스의 개념'을 보다 확실히 하기 위해, 먼저 기독교가 중심이 된 중세가 가지고 있는 '여러 특징'에 대해서 짧게나마 언급하고자 한다(자세하고 구체적인 중세 전반에 걸친 내용은 제1부 "제1장 서양 근세 초와 비교를 위한 중세의 간략한 개관"에서 설명했음).

1) 중세 기독교는 흔히 그 이상주의가 지나친 나머지 현실과 우리 인간이 경험하는 감각의 세계를 부정하려 하였다. 2) 조잡한 쾌락주의나 철학적 유물론처럼 상식이나 그릇된 인간 이성이 내세우는 감각 세계를 받아들이려고 하지 않았다. 3) 기독교의 가장 뚜렷한 특징 중 하나는 '육체의 불신'으로 인간 본연의 욕망과 본능이 인간 행위의 유일한 안내자란 사상을 배척하였다. 4) 실제로 '전통적인 기독교 생활 방식은 위대한 문화를 이룩한 그리스인들의 생활 방식과 아주 다른 것'은 아니었다. 위대한 시대의 그리스인들에게는 과식과 소식, 폭식과 절식이 다 같이 악이었고 분별 있는 사람들은 알맞고 만족하게 먹음으로써 중용의 길을 걸었다. 5) 프로이트(S. Freud, 1859~1939, 빈대학교 교수로 정신분석학의 창시자) 시대에 살고 있는 현대인들은 초기의 기독교도들이 성(性)에 대한 강박관념을 가졌고 아담과 이브의 원죄가 성교였으며, 기독교가 제일 불신한 자연인의 욕망이 성교였다고 생각하고 싶어 한다 등이다.

부르크하르트는 그의 유명한 저서 『이탈리아 르네상스 문화』(Kultur der Renaissance in Italien)에서 위의 내용과 대립하는 르네상스에 대해 현대적인 의미의 해석을 내리고 있다. 그는 먼저 중세에 대해서, 인간이 신앙 · 유아적 편견 · 망상이란 베일로 가려진 시기이며 인간을 오직 종족 · 민족 · 단체 · 가정 등 집단적 개념으로만 이해하려고 했다는 것이다. 그러나 이탈리아에서 자신을 인격으로 느끼고 자신의 개성을 인정받게 하는 '새로운 인간'이 탄생했다고 보았다. 다시 말해서 개인주의를 새로운 생활감정의 특징으로 보았다.

부르크하르트에 대한 평은 다양하지만 그의 르네상스에 대한 해석이 단편적이고 과장적인 것을 제외하고는 불후의 업적으로 평가되고 있는 것이 또한 사실이다(ein Werk von unvergänglicher Größe darstellt).

이러한 불후의 업적에도 불구하고 비판자들이 주장하는 부르크하르트에 대한 "비판적 견해"에 대해서 좀 더 구체적으로 언급하고자 한다. 1) 중세 말 이탈리아의 새로운 정신운동은 전 서양의 광범한 문화적 변화 가운데 그 일부에 불과하다. 2) 르네상스를 '새로운 시대의 시작'이라 하는 것도 충분한 근거와 함께 일방적이라고 말할 수 있다. 그러나 르네상스는 다가오는 시대를 말해 주는 많은 것을 내포하고 있다는 것을 인정해야 한다. 3) 개인주의가 당 시대의 지배적 특징이었다고 보는 것 또한 근래에『중세의 가을』16)로 유명한 네덜란드의 문화·정치사가 하위징아(J. Huizinga)가 중세에도 개인주의 성격을 띤 사람들이 많았다고 반박하였다. 4) 여타 지역, 즉 프랑스·네덜란드·독일에서는 이들 국가들이 가지고 있는 전제조건하에서 문화 혁신이 이루어진 것을 볼 때 고전 연구는 충분한 근거와 함께 부분적인 현상으로 볼 수밖에 없다. 5) 오늘날 일부 역사가들의 주장은 르네상스를 중세 문화의 계속적인 성장으로 보며 고대의 요소를 받아들인 것은 부수 현상에 불과하다는 것이다. 6) 물론 르네상스는 고대로부터 교육 및 교양의 이상을 끌어냄으로써 새로운 것을 가져오기도 했으나 기독교적 가치가 항시 참여했고, 이후에는 고대화하는 요소들을 점차 제거하였다고 본다. 7) 부르크하르트의 르네상스에 대한 견해는 휴머니즘을 통해 르네상스 문화에 들어온 이교적 요소들의 과대평가가 비판을 받게 되

---

16) Jan Huizinga, *Herbst des Mittelalters*, Stuttgart 1939, 최홍숙 역, 1988.

었다. 따라서 14~15세기의 문화를 전체적으로 바라볼 때 기독교적, 심지어는 교회적이라고 할 수 있다는 것이고 심지어 이것은 일반 백성의 문화 전체를 바라볼 때 타당하리라고 보는 것이다. 8) 확실한 것은 분명히 14~15세기의 문화가 지난 시대의 전제로부터 조직적으로 계속 발전한 것이고 따라서 중세와 르네상스 사이에 시대구분을 할 수 없으며, 나아가 르네상스의 개념을 전체 유럽 문화에 적용하려면 극히 일반적인 의미에서 적용해야 한다는 것이다.

이런 이유들로 인해서 빈대학교의 세계적 석학 근세 담당 루츠(H. Lutz) 교수는 1350~1500년의 이탈리아의 특수 발전(근세의 선취)을 예외로 하고 1500년경을 전체 유럽의 '근세의 시작'으로 보았다.[17] 따라서 이것은 르네상스가 근세의 성격을 띠고 있다는 것을 확실히 말해 주고 있는 것이다. 또한 필자가 조심스럽게 살펴본 르네상스의 내용도 부분적일지라도 근세의 성격을 띠고 있는 것이 분명했다. 원래 필자는 이탈리아 르네상스 문화의 구체적인 내용과 알프스 이북의 르네상스 문화에 대해서 상세히 기술하려고 했으나 여러 사정으로 인해 이만 줄이고, 부르크하르트의 견해에 부합되는 르네상스 문화에 대해서 아주 간략히 언급하여 독자들의 느낌과 판단에 맡기고자 한다. 다만 이에 앞서 그 일부의 예로써 독일 · 스위스에서 발간된 문헌들을 보면 르네상스 · 휴머니즘에 대해 다음과 같이 기술하는 바이고 이를 결코 가볍게 여겨서는 안 될 것이다.

그 내용인즉, 절망적으로 분열되었던 이탈리아에서 모든 한계를 초월해 "완전한 인간 세계의 실현을 위한 새로운 정신이 탄생하였다"(der neue Geist, zur Verwirklichung des vollkommenen Menschtums)라고 쓰고 있다. 그리고 아래에서 그 대표적인 인물들을 그들의 주된 사상과 함께 간략히 소개한다.

---

17) Heinrich Lutz, *op. cit.*, p. 22.

3. 페트라르카

페트라르카(F. Petrarca)는 이탈리아 아레초(Arezzo)에서 태어난 계관시인(桂冠詩人)이며, '이탈리아 휴머니즘의 아버지'라 불리며, 아름답기로 이름난 남프랑스의 몽방투(Mount Ventoux)에 올라 자연의 아름다움 속에서 창조의 신비를 경험했고(die Wunder der Schöpfung in der Schönheit der Natur), 동시에 아우구스티누스의 『고백록』을 읽으면서 인간은 하느님의 '완전한 피조물'이다(der Mensch ist das vollkommenste Schöpfungswerk ist) 라고 하였다.[18] 그리고 이것은 중세의 개념으로 보면, 인간의 오만이라고 볼 수 있지만 페트라르카는 "다방면에서 완전한 인간이 되는 것이 생(生)의 임무"라고 하였다. 또한 페트라르카는 어느 날 로마 체재 중에 고대의 유물 중에서 완전한 인간의 전형을 보았다고 하였으며, 고대의 연구가 참된 행복의 가장 완전한 길이라고 예찬하였다(Das Studium des Alten als sichersten Weg zum wahren Glück).

4. 라블레

프랑스의 작가 · 휴머니스트 · 의사요 호색문학(好色文學)으로 유명한 라블레(F. Rabelais)는 그의 소설의 주인공인 가르강튀아[Gargantua, 라블레 소설 속의 경음마식(鯨飮馬食)하는 자랑스러운 거인왕]와 그의 아들 팡타그뤼엘(Pantagruel, 라블레 소설의 쾌락주의 거인)이란 두 희극적이고 위대한 거인을 만들어 냈다. 가르강튀아가 건립을 도운 텔렘 수도원(Abbey of Thélème)은

---

18) Georg Bonwetsch, *Vom späten Mittelalter bis zur Mitte des 19. Jahrhundert*, p.39f.

그곳에 거주하는 사람들에게 비수도원적이고 야생적인 생활을 권유했다 (Permits its residents a widely unmonastic existence). 즉, 그들의 모든 생활은 법률·조례·규정에 따르는 것이 아니라, 자신들의 자유의사와 마음에 드는 대로 행하는 것이었다. 그들은 일어나고 싶은 시간에 일어나고, 마음에 내키는 대로 먹고 잠자리에 드는 것이었다. 그들의 모든 규칙, 가장 엄격한 규율은 "하고 싶은 대로 하라"(Do what thou wilt)였다. 그리고 이것은 중세사회와는 거리가 멀다는 것을 의미한다.19)

그러나 라블레는 위와 같은 방종(放縱)만을 권한 것이 아니라 아들 팡타그뤼엘에게 모든 것을 배우도록 하였다. 라틴어 외에 그리스어를 배워야 하고, 신약성서를 그리스어로, 구약성서를 히브리어로 읽어야 하며, 역사·기하·건축·음악·민법을 연구해야 하며, 또한 모든 어류(魚類)와 하늘의 새들, 모든 종류의 나무들, 대지에서 자라는 모든 꽃들 그리고 땅속에 묻혀 있는 모든 종류의 금속들을 알아야 한다고 하였다. 그리고 이것은 '르네상스의 대표적 인간상'을 말해 주는 것이기도 하였다. 즉, "가르강튀아는 그대가 지식의 심연 속에 숨겨진 깊이를 알 수 없는 지식의 갱도를 보기를 원하는 것이다"라고 결론지었다.

5. 발라

이탈리아인으로 정확한 언어학자이고 비판적·철학적 두뇌의 소유자였으며, 휴머니스트요 교황의 비서(seit 1848 Sekretär am päpstlichen Hof)였던 발라(L. Valla)는 '쾌락에 대하여'란 대화에서 일상적인 감각과 성경의 불일

---

19) F. Baumer, *Main current of Western Thought*, NY, 1970, p.46f.

치를 주장했고 기독교적 도덕관을 비방하였으며 '중용적 쾌락주의'를 주장하였다. 또한 금욕을 '자연에 위배되는 쇠사슬'이라고 하여 전 스콜라철학을 공격하였고 교단 생활에 대해 강력히 반대하였다(Er wandte sich scharf gegen die Scholastik und das Ordensleben). 이 외에도 커다란 용기를 가지고 로마교황청에 유리한 지위를 부여하는 콘스탄티누스 대제(Constantine the Great)[20] 의 기진장(寄進狀)[21]이 위조된 문서임을 주장하였다.

6. 보카치오

보카치오(G. Boccaccio)는 피렌체의 상인과 프랑스 여자 사이에 태어난 사람으로 인간의 관습에 대해서 호기심과 함께 예리하게 바라보았던 관찰자이다. 피렌체의 속어를 이탈리아 국어로 승격시킨 세 번째 사람이었고, 도덕적인 것에 구애됨이 없이 실제적으로 묘사한 작가로 자신의 방자한 작품에 대해서 후회하기도 하였다. 다음의 축약된 내용은 1348년 당시 피렌체에서 유행한 흑사병(Pest)을 피하여 젊은이들이 시골의 별장으로 도피하여 피난 생활을 즐기기 위한 관능적인 이야기들[십일야화(十日夜話), 열 사람이 열 번 이야기한 100화집(話集)] 중의 하나이다.[22]

내용의 일부를 간략히 소개하면, "여러분들이 아시다시피 한때 우리 도시에는 매우 부유한 아리구치오 베르링기에리(Arriguccio Berlinghieri)라고 하는 사람이 있었습니다. 그는 시스몬다(Sismonda)라고 하는 젊은 숙녀를

---

20) 콘스탄티누스 대제(306~337), 기독교를 공인하고, 수도를 콘스탄티노플로 이전했다.
21) 기진장(寄進狀, Donatio Constantini), 콘스탄티누스 대제가 로마교회의 모든 교회에 대한 우위를 인정하고, 교황에게 로마와 서양의 모든 지역을 지배하는 권리를 인정하였다는 허위 문서이다. 750년에 만들어졌고 15세기에 위조임이 밝혀졌다.
22) Albert Renner, op. cit., p.369, 370.

아내로 맞이하였는데, 그녀는 별로 남편과 성격이 맞지 않았을 뿐 아니라 남편이 상인이라 자주 외국 여행을 떠나 그녀와 동거하는 일이 별로 없었기 때문에 루베르토란 청년과 사랑에 빠졌습니다. 아내의 부정을 알게 된 남편 아리구치오는 부인 시스몬다를 죽도록 때리기로 결심했고 컴컴한 방 속에서 대신 들어온 하녀를 몹시 때린 것입니다. 아리구치오가 이를 증명하기 위해서 처남들을 불렀지만 시스몬다는 전혀 맞은 흔적이 없었습니다. 이때 시스몬다는 형제들 앞에서, 남편이 술집에서 만취되어 음란한 여자들과 사귀면서 밤늦게까지 자신을 기다리게 한다고 비난하였습니다". 이후 시스몬다는 거짓말을 한다고 동생들에게 몹시 얻어맞은 남편을 조금도 두려워하지 않고 계속 쾌락을 즐길 수 있게 되었다. 그리고 이상의 내용들이 중세의 기독교적 모럴과 매우 다른 새로운 것이었다(Sismonda opened herself a way to do every pleasure in time to come, without evermore having any fear of her husband).

7. 알프스 이북(에라스뮈스)

피렌체에서 시작된 르네상스운동과 휴머니즘이 로마를 거쳐 알프스 이북의 여러 나라로 전파되었다. 구체적으로 말해서, 휴머니즘과 새 시대의 현실주의가 스콜라·고딕 문화를 통해서 점진적으로 전파되어 나갔다. 그리고 이탈리아에서보다는 독일에서 대학들이 새로운 정신운동에 참여하였다. 14~15세기 독일(당시 공식 명칭은 '신성로마제국'으로 독일·오스트리아 그 주변 국가들이 포함됨)은 많은 대학 건립을 통해 정신 발전 면에서 후진성을 극복하고자 했다. 참고로, 당시 건립된 대학은 다음과 같다.

합스부르크가 신성로마제국 중심지의 빈에 건립된 빈(비엔나)대학교

(1365년 창립), 하이델베르크대학교(1387), 쾰른대학교(1388), 에르푸르트대학교(1392), 프라이부르크대학교(1457), 바젤대학교(1460), 튀빙겐대학교(1472), 비텐베르크대학교(1502), 프랑크푸르트대학교(1506년) 등이다. 그리고 비교 차원에서, 하버드대학교는 독일어권에서 제일 먼저 건립된 빈대학교보다 273년 늦은 1638년에 건립되었다.

알프스 이북 여러 나라의 르네상스·휴머니즘 전체 내용을 이 책의 성격상 다 설명할 수 없으므로 그 대표적인 인물인 에라스뮈스(Erasmus, 본명은 Gerhard Gerhards)에 관해서 이 책의 논지에 합당한 내용을 들어 간략히 설명하려고 한다. 그리고 그렇게 하는 이유는 다음의 유럽 역사에서 두 번째로 위대하다는 '카를 5세 황제와 에라스뮈스의 관계'(제4부 "제2장 카를로스 1세의 스페인 입국과 반응" 참고)에서 비교적 자세히 그리고 심도 있게 다루기 때문이다.

모든 지혜를 한 몸에 지니려는 인문주의자들의 노력을 성취한 사람은 이탈리아인이 아니라 네덜란드인(당시는 합스부르크가의 신성로마제국에 속했음)인 에라스뮈스였다. 그의 뜻은 '신학을 스콜라철학으로부터 해방시키고 성경과 교부들의 신앙을 탐구하여 인문주의적 입장을 확립하려는 데' 있었다.[23] 그는 사제로서 출발하기도 하였지만 직업적 승려들을 맹렬히 비난하는 한편 개혁자들의 열광성을 싫어하고, 항상 '이성(理性)을 생활의 지도자'로 하는 입장을 고수하였다. 이러한 이유로 그는 당시 '유럽의 최고 사상가' 또는 '인문주의자들의 왕자'라 불렸다. 에라스뮈스는 성미가 급하고 허영심도 있었으며, 문체의 우아(優雅) 그 자체를 최종 목표로 하지 않았기 때문에 어법을 너무나 중요시하는 문법학자들을 공격하기도 했고 언어보다는 '종교의 갱신'을 더 중요시했다. 또한 인문주의자들의 왕자

---

23) Otto Zierer, *op. cit.*, p.264f.

로 불리는 '그는 다른 누구도 따라가지 못할 정도로 서양의 지적 생활을 지배하였다'.

에라스뮈스는 옥스퍼드 · 케임브리지 · 파리에서 그리고 이탈리아 · 스위스 · 독일에서 연구하고 가르치며 살았다. 에라스뮈스는 고대의 정신을 가급적 광범한 세계에 전하려고 했다. 또한 부단히 '원전(原典)과 바울(Paulus)에로 돌아갈 것'을 주장했고, '신약성경이야말로 경건함과 지혜로움을 위해 수정과 같이 맑은 원천'이라고 했다. 그리고 말하기를, 모든 기독교인들이 복음과 바울의 서간을 읽기를 바라며 세계의 모든 언어로 번역되기를 바란다고 하면서, 농부들은 밭을 갈면서 이를 노래하고 여인들은 베틀에서 베를 짜면서 이를 콧노래로 불렀으면 한다고 하였다(Ich möchte … daß der Bauer daraus sänge bei seinem Pflug und der Weber sich daraus vorsummte an seinem Webstuhl).

나아가 '기독교의 본래의 순수성을 위한 준비'를 위해서는 고대의 성인 · 사상가, "특히 플라톤(Platon)에 대해서 읽어야 한다"라고 하였다(이를 위해서 다음 장에서 고대 사상의 대표자 격으로 플라톤의 사상에 관해 좀 더 구체적으로 살펴보려고 한다). 그래서 에라스뮈스는 1516년에 스위스 바젤에서 그리스어로 신약성경을 번역하였고 라틴어로 된 번역본도 출간하였다. 그리고 인문주의자들은 자신들의 일을 대신한 에라스뮈스를 '세상의 빛'(Licht der Welt)이라고 찬양해 마지않았다. 즉, 그는 '고전에 대한 사랑과 기독교적인 제 가치에 대한 존경을 융합'시켰다.

또한 에라스뮈스는 르네상스 인문주의의 주요 속성을 대부분 지니고 있던 사람으로 인간의 본성에 대한 냉정한 견해와 인간의 존엄성, 적어도 소수의 개인의 존엄성에 대한 신념을 결합시켰다.

그는 스콜라철학의 번잡한 논의에 대해서는 무용지물로 단정하고, 자신이 '그리스도의 철학'이라고 명명한 철학 자체는 '예수가 가르친 자비와 사랑의 교리를 가장 인문주의적 정신으로 적용하려는 것'이었다고 끈기 있게 옹호하였다. 그러면서도 '에라스뮈스는 언제나 자기 자신을 교회의 충실한 아들'(Erasmus always considered himself a loyal son of the church)이라고 했지만 결과적으로는 가톨릭교회의 보편성에 누를 끼친 점이 있는 것이다. 즉, '그의 사상과 주장이 루터의 종교개혁의 한 원인'이 되기도 했으며, 이로 인해서 이단이란 의혹 아래 고통을 당하기도 했다. 나아가 그의 '성직자들의 방종에 대한 공격'은 교회의 이상과 부패 사이의 큰 틈을 그대로 방치할 수 없다는 의미를 지니고 있기도 하다. 이와 관련된 유명한 경구가 에라스뮈스가 먼저 생각했으나 바로 행동으로 옮기지는 못했다는 뜻으로 "에라스뮈스는 계란을 낳았으나 루터는 병아리를 깠다"(Where Erasmws laid the eggs Luther hatched the chicks)이다. 즉, 이론가인 에라스뮈스가 교회에 대한 비판과 개혁을 위한 생각에 열중하고 있을 때, 행동가인 루터는 마인츠 대주교에게 항의의 편지를 보내고 비텐베르크의 성문에 「95개조 반박문」을 붙였다는 것이다(반박문 부착에 관한 가톨릭 측의 주장은 제5부 "제2장 마르틴 루터의 종교개혁" 참고).

이 밖에도 에라스뮈스를 매우 유명하게 만든 글은 우리에게 잘 알려진, 그러나 그 내용에 대해서는 잘 모르는 『우신예찬』(愚神禮讚, The Praise of Folly, Lob der Torheit)이다. 이를 쉽게 표현하면 신을 어리석게 믿는다는 뜻이다. 제1부에서는, 기적에 대한 단순한 믿음, 면죄부, 성인숭배, 수도 성직자들의 무지와 도박벽, 스콜라철학의 궤변(ein Satire auf den einfältigen Wunderglauben, den Ablaß, die Heiligenverehrung, die Einfalt und Spielsucht der Mönche, die Spitzfindigkeit der Scholastik)에 대해서 풍자하였다. 제2부에서는 바보스러움이 인간 생활에서 없어서는 안 될 요소로 바보스러움에 대한 칭찬이다. 인간이 격정, 자신의 잘난 멋, 유머 없이 어떻게 살아갈 수 있느냐는 것으로, 우리가 오직 이성적이기만 하면 우리의 삶이 얼마나 권태로울 것이냐는 것이다. 평소에는 이성을 매우 중요시하는 사람이지만 때때로 '비이성적 힘의 옹호자'이기도 하였다.[24] 그리고 바로 이러한 사상이 휴머니즘적 성격을 말해 주는 것이다.

여기서 다시 한 번 앞의 긴 설명을 요약한다는 뜻으로 정리하고 보완·종합하면, 이상의 예에서 보는 바대로 1500년대의 시기는 중세와 확연히 구별되는 여러 현상들이 나타났다. 국내에서 일어난 현상으로서는, 국가체제가 군주 중심 체제의 방향으로 나아갔고, 절대 체제로 발전하는 현대 국가의 방향으로 나아갔다는 것이며, 마침내는 중세 신분제도의 몰락을 가져온 것이다.

이어서 국가 간의 영역을 중심으로 보면, 1500년경에 이르러 '근대적 의미의 유럽 국가 시스템'이 이탈리아를 중심으로 한 유럽 강대국 간의 투쟁의 시작과 함께(1493, 샤를 8세) 그 첫 형성을 보게 되었다. 때문에 이탈리아는 유럽 강대국이 유럽의 헤게모니를 쟁취함에 있어서 열쇠를 쥐고 있었다. 나아가 인쇄술의 비약적 발전, 통신 및 교통수단의 획기적인 발전이 이루어졌다.

사회사적인 입장에서 볼 때 다음과 같은 것들이 성취되었다. 초기자본주의가 1500년경에 이르러 전 유럽 자본의 개발 단계에 이르렀으며, 또한 화폐와 금융의 발전 가능성이 과거와 비교가 안 될 정도로 발전하였다. 1500년경의 시점에서는 교회·종교의 의미가 분명해졌다. 즉, 교회의 분열은 교회·종교의 영역을 넘어 유럽 세계에 활기를 불어넣었다는 것이다. 환언하면 교회의 통일성의 와해는 구심력을 해체시키게 되었다.

나아가 이탈리아는 중세와 근세의 대격변 사이에서 매우 중요한 지역적 특수 발전을 보여 주고 있으며, 이탈리아의 14세기는 더 이상 중세에 속하

---

24) Heinrich Lutz, *op. cit.*, p.43.

지 않는다. 오직 이탈리아의 특수 발전을 고려한 속에서만이 1500년대를 근세의 시작으로 보는 테제가 견지될 수 있는 것이다. 그리고 이탈리아의 근세의 선취는 탈봉건주의, 세속화, 이성적인 것으로의 방향 전환을 의미하는 것이다.

제 3 장
근세 초 인문주의자들이 중시하는 플라톤의 사상과 이상국가론

1. 르네상스 · 휴머니즘과 관련한 플라톤의 다양한 철학 사상

이제까지 계속 서양 근세(초)에 관해서 설명하다가(앞에서도 짧게 언급했지만) 별안간 이곳에서 플라톤(Platon)에 관해서 쓰는 이유에 대해서 먼저 간단히 밝히고, 다음에 '근세 초의 새로운 정신운동과 관계가 있는 플라톤의 사상', 특히 '당시의 비참한 상황'과 그에 대한 대응책으로서의 그의 '이상국가론'(理想國家論)에 관해서 소개하려고 한다.

그렇게 하는 특별한 이유는, 재직 시절 필자가 33년간 '서양 사상사'를 독일어 원서 중심으로 강의했을 때, 상당수의 다른 과(科) 학생들이 청강했는데, 철학과 학생들은 "처음 들어보는 내용으로 플라톤의 사상을 왜곡하는 것이 아니냐면서" 따져 묻기도 하였다. 그만큼 플라톤의 이상국가가 거의 소개되지 않고 있고, 영서(英書)에 간략히 취급하고 있는 실정이다(그래서 하버드대학교에서 1급 연구교수로 2년간 체재 시에 플라톤에 관한 강의를 열심히 청강했음). 참고로, 이 책의 전체 내용이 우리나라에 잘 알려져 있지 않으나 서양에서 매우 중요시하는 내용임을 다시 한 번 밝혀 둔다(원래 필자는 재직 시절 가르쳐 온 '서양 사상사'를 한 권의 책으로 낼 생각이었으나 안타깝게도 건강이 여의치 않아 최종적으로 포기하였음).

이어서 필자의, 이제는 매우 낡아서 잘 보이지 않는, 『강의록』 가운데 '플라톤 부분의 핵심 내용'을 다음과 같이 기술한다. 실로, 근세 초 인문주의자들이 매우 중요시했던 그리스에 관한 지식은 르네상스 시대 이탈리아의 대인문주의자 페트라르카가 예상한 것보다 빨리 당시의 지식인들에게 보편적인 것이 되었다.[25]

이제 본 내용으로 들어가면, 이슬람교도인 터키인들의 발칸반도 점령으로 인해서 그리스 학자들은 이탈리아의 여러 도시와 궁중에 피난하여 있었다. 그리고 그 가운데 몇 사람은 피렌체에 아카데미를 세우게 되었다. 그곳에서 그들은 그리스어를 가르쳤을 뿐 아니라 고전작가·시인들의 사상에 흠뻑 젖어 있었고 그들처럼 행동하였다.

이때 인문주의자들은 플라톤의 철학 속에서, '성경 속의 인간의 육체를 부여받은 하느님의 아들 예수'를 확인하게 되었을 뿐 아니라 육체·영혼·정신이 조화를 이루는 인간의 이상상(理想像)을 발견하였다. 이 외에도 앞에서 짧게 언급한 바와 같이 르네상스 시대 유럽 최고 사상가 에라스뮈스는 기독교의 본래의 순수성을 위해서는 고대의 성인·사상가, "특별히 플라톤에 대해서 읽어야 한다"라고 했다.

여기서 매우 중요한 것은 중세의 고딕 건축양식에서 볼 수 있듯이 하늘 높이 한없이 올라가는 정신만을 중요시하는 아리스토텔레스의 스콜라적 사고(철학)가[26] 아니라 '정신과 육체가 조화를 이루는, 즉 정신 못지않게 육체를 중요시하는 철학이 플라톤에 의해서 이루어졌다는 것'이다(Nun entdeckten die Humanisten in der Philosophie Platons das Ideal des nach

---

25) Hans J. Störig, *op. cit.*, p.154.
26) Otto Zierer, *op. cit.*, p.230f.

Leib, Seele und Geist harmonischen Menschen, der Ihnen zur Bestätigung der biblischen Botschaft von Mensch gewordenen Gottes Sohn wurde).

이 때문에 르네상스 시대는 아리스토텔레스의 사상이 전적으로 스콜라 철학의 중심이 되었던 중세와는 완연히 다르게 "플라톤의 철학 사상이 이 새로운 시대사상의 기초를 제공하였다"라고 보는 것이다. 이 외에 이 책에서 플라톤에 대해서만 쓰는 이유는 르네상스 시대에 인문주의자들이 하나같이 고대 그리스·로마 시대의 고전으로 되돌아가 그 사상을 배우고 그에 따라 삶을 영위하자고 주장했지만 이 작은 책에서 그들을 모두 소개할 수는 없고, '새로운 시대의 중심 사상이' 된 플라톤의 철학·사상에 대해서만 비교적 자세히 기술하기 위해서이다.

따라서 아리스토텔레스 사상의 중요성은, 그의 논리학 부분이 여전히 인정받았지만, 그의 철학의 중요성은 감소되었다. 심지어 페트라르카는 아리스토텔레스적 스콜라철학자들에 대해서 '정신이 빠진 가운데 울부짖는 천민'이라고 하였다(Dle aristotelischen Scholastiker wurden zwar schon von Petrarca als, verrückter und heulender Pöbel geschmäht).

아테네의 명문 귀족 가문에서 태어난(429~347 B.C., Platon war der Sohn des Ariston und der Periktione, aus einem der vornehmsten Geschlechter Athens) 소크라테스의 제자 플라톤은 젊은 시절에는 주로 비극에 관해 썼으나 철학으로 전환한 결정적인 계기가 된 것은 소크라테스와의 만남이었다. 그러나 플라톤은 추상적 철학보다는 우선적으로 도덕 선생으로 알려진[27] 그의 스승 소크라테스의 '개인적 개혁보다 더 큰 야망'을 가지고 있었으며, 그것은 중세와는 달리 정치 생활을 이성적 규범에 따라 변형하고자 한 것이다(Plato had a more ambitious goal than Socrates' moral reformation of the

---

27) Rober E. Lerner, *World Civilization*, London, 1986, p.191.

individual Plato tried to arrange political life according to rational rules).

　전혀 예기치 않은 가운데 스승 소크라테스가 억울하게 사약을 받고 옥사한 때 플라톤은 27세였다. 플라톤은 스승의 비극적인 죽음으로부터 큰 충격을 받고 공자(孔子)와 비슷하게 세상이 좋아질 때까지 정치로부터 물러설 것을 결심하였으며 유명한 기하학자 유클리드(Euclid)가 있는 메가라(Megara)로 피난을 떠났다. 그리고 40세경에 시칠리아(Sicilia)의 시라쿠사(Syracusa)로 갔으며 그곳에서 참주(僭主) 디오니소스 1세(Dionysius Ⅰ)를 만났고, 디온(Dion)이라는 청년을 알게 되었다. 아테네로 돌아온 후에 플라톤은 교외에 있는 아카데모스[Akademos, 신웅(神雄)의 대신전이 있었음]에 학교를 세우고 사망에 이를 때까지 이를 주재하였으며 이를 아카데미아(일종의 종합대학)라고 칭했다. 플라톤은 60세 때 옛 친구 디온의 초청으로 디오니소스 2세를 교육하기 위해서 다시 시칠리아로 갔으며 그렇게 한 이유는 철인군주(哲人君主)의 사상을 실현해 보기 위해서였다. 하지만 불과 수개월 만에 파탄이 났다. 심지어는 정쟁에 휘말려 스파르타에 노예로 팔렸으나 몸값을 내고 풀려나 아테네로 되돌아오기도 했다(soll ihn später dem spartan. Gesandten als Gefagenen ausgeliefert haben, der ihn als Sklaven verkaufen ließ. Losgekauft und nach Athen zurückgekehrt). 또한 70세경에 제3차로 시칠리아에 가서 별다른 성과가 없는 가운데 약 1년간 체재하였다. 때문에 플라톤은 이러한 실패를 통해서 그의 이상주의적 사고를 상당히 현실에 양보하는 입장을 취했다.

　그의 연구에 관해서 보면, 그가 쓰다가 죽었다는 『노모이』(Nomoi, 법률)에 이르기까지 그의 연구·집필 생활은 50년 동안 계속되었다. 초기의 저작 가운데에서는 『소크라테스의 변명』(Apologia Socratis)이 중요하고, 중기의 것으로는 죽음과 관련한 『파이돈』(Phaidon, 영혼의 불사와 이데아의 구체화), 『심포지엄』(Symposium, 향연, 선과 이를 추구하는 사랑), 『폴리테이아』

(Politeia, 국가, 즉 인간 사회에 대한 광범한 철학) 등이 유명하고, 후기의 것으로는 쾌(快)와 선(善)에 관한 『필레보스』(Philebos), 『티마이오스』(Timaios, 자연철학), 『노모이』 등이 유명하다.[28] 그리고 서간문 중에는 제7서간이 매우 유명하다.

다음으로 그의 '인간학'에 관해서 보면, 고대 그리스 최대의 관념론 철학자인 플라톤은 소크라테스의 교훈과 그의 죽음에서 깊은 감명을 받게 되면서 영혼관에 강한 관심을 가졌으며, 소피스트들(Sophist)의 상대주의와 데모크리토스(Demokritos), 기타의 유물론과 대결하면서 결국에는 플라톤주의적 철학 체계를 수립하였다. 그것은 형이상학적으로 고정화되고 완결한 체계라기보다는 오히려 변증법적으로 말년까지 부단히 진실을 추구하며 동요되고 있는 점에서 소크라테스의 비판적 정신을 이어받은 것으로 보인다. 다시 말해서 플라톤은 결코 글을 남기지 않았다는 소크라테스의 사상(특히, 소크라테스는 비록 인간이 이기적일지라도 옳음과 정의를 발견할 수 있다고 보았음)에 근거를 두고 있다고 보는 것이다.[29]

그러나 플라톤의 사상은 이데아(Idea)설을 기조로 대체로 초감각적·이성적인 일반자(一般者, 보편개념)의 실재성과 초월성을 주장하는 영육 이원론적(靈肉 二元論的)인 관념론적 철학이다(In contrast to sophistic relativism, he maintained that objective and eternal standard to exist).[30] 그리고 플라톤의 이데아론에 관해서 알기 쉽게 말하면, 플라톤은 소피스트들의 상대주의·회의론과 나아가 실재가 혼란 속의 유동(流動)이란 것을 논박하기 위해서(칸트의 생각을 감지할 수 있는) 이데아론을 개발하고 윤리와 도덕의 기초로 삼고자 했다(Platos objectives to combat theory of reality as disordered

---

28) Hans J. Störig, op. cit., p.157.
29) Ibid.
30) 여기서 육(肉)이란 영혼만이 아니라 인간의 육체를 인정하며 중요시한다는 뜻이다.

flux … univers as essentially spiritual and purposeful and to provide a secure foundation for ethics).[31] 또한 그가 쓴 자연학에서부터 인식론·국가론·신학에 걸쳐서 다수의 걸작이 완전히 후세에 전해졌고 그의 유력한 후견자로서는 수제자 아리스토텔레스와 플로티노스(Plotinus) 등과 같은 뛰어난 철학자들이 나왔다. 때문에 그 후의 모든 학문이나 사상에 공죄(功罪) 상반하는 깊은 영향을 끼쳤다.

보다 구체적으로 플라톤의 '인간학'으로 들어가면, 인간은 폴리스적 인간이며, 인간의 실체는 영혼이며, 이 영혼은 다시 세 가지로 구분된다. 먼저 육체와 결합되지 않는 '순수한 이데아적인 부분'과 '육체와 결합하는 부분'으로 나누어지는데, 전자는 순전히 개념적으로 사유하는 이성(Logistikon, reason)으로서 불사적이다. 이에 대해 후자, 즉 육체와 결합된 부분은 다시 둘로 나누어진다. 그 하위에 있는 부분은 충동적인 부분으로 감각적·육체적 욕구를 느끼는 정욕(情慾, epithymetikon)이고, 그 상위에 있는 것은 이성과 정욕의 중간물로서 이성의 명령에 복종하여 육체적 욕구를 억압하는 기개(氣槪, thymoeidos)이다. 이성은 불사적인 것이므로 이 부분은 우리가 이 세상에 탄생하기 전에도 존재한 것이며 그때의 이성은 혼탁하지 않아 이데아를 직관하였다.

그러면 다음에서는 플라톤의 사상의 본질적 내용으로 들어가기 위해서 '감각적인 세계'와 '이데아 세계'를 좀 더 자세히 알아보고자 한다. 플라톤은 감각적으로 경험하는 현실 세계는 참다운 세계가 아니며, "이성에 의해 파악할 수 있는 이데아 세계만이 절대적이고 참된 세계"로서 모든 사물의 최고 이데아인 '선(善)의 이데아'를 추구해야 한다고 주장하였다. 즉, 감각적 경험에 의한 세계인 현상계는 이데아의 모방이며 그림자일 뿐이고 가변

---

31) Robert E. Lerner, op. cit., p.192.

적 세계이며, 사물의 진실로서 사유의 눈에 의해서만 인식 가능한 이데아야말로 참다운 세계이며 초월적이고 이성적인 세계라는 것이다(He maintained that objective and eternal standards do exist. Plato advocated the life of reason and to organize society according to rational rules).[32]

또한 플라톤은 "이데아가 객관적으로 실재하며 오직 이성에 의해서만 인식이 가능하다"라고 했다. 따라서 플라톤이 주장하는 '참된 삶'이란 선의 이데아를 모방하여 실천하는 삶이었다. 플라톤은 인간의 영혼이 이성·정욕·기개의 세 부분으로 되어 있다는 삼분설을 주장했는데, 의지가 나약한 원인을 이성·정욕·기개의 부조화에서 찾았다. 자신의 저서 『국가론』에서는 철학자가 나라를 통치할 이상국가가 실현된다는 철인정치를 주장하기도 했다. 그리고 플라톤주의의 '두 개의 세계'라는 철학적 사고는 후일 종교적 사고에, 즉 철학적 신비론자들과 기독교 사상가들에게 중대한 영향을 끼쳤다(예를 들면, 아우구스티누스의 하느님의 나라와 악마의 나라, Platonism is a two-world philosophy, it has had an important effect on religious thought … on later philosopher-mystics and Christian thinkers).[33] 다시 말해서 플라톤의 사상을 한 단어로 줄이면 '이데아'이다. 플라톤에게 있어서 철학이란 완벽한 이상향인 이데아에 도달하려고 노력하는 현실계의 처절한 분투라고 여겨진다. 플라톤은 『국가』의 제7권에서 이데아의 세계와 감각의 세계와의 관계를 "동굴의 비유"로 설명하였다. '동굴의 비유'의 내용을 줄여서 소개하면 다음과 같다. '동굴 우상'으로도 잘 알려진 이 글은 현실에 묶여 아무런 생각 없이 살고 있는 인간들을 풍자한 글이다.

보라! 인간들은 일종의 지하에 있는 굴에서 살고 있다.[34] 그 굴은 입구가 빛을

---

32) Reinhold Zippelius, *Geschichte der Staatsideen*, BSR, 1970, p.10f.
33) *Ibid.*, p.48.

향해 있는데, 그들은 어릴 때부터 그곳에서 있었다. 그리고 그의 다리와 목은 쇠사슬에 묶여서 움직일 수 없으며, 단지 그 앞쪽만을 볼 수 있다(Behold! human beings "living in a sort of underground den, which has a mouth open towards the light and reaching…"). 쇠사슬에 묶여 있는 인간들은 동굴 벽에 비친 자신의 그림자를 실체라고 착각한다. 쇠사슬을 끊고 동굴 밖으로 나가 깨달음을 얻은 선각자(철학자)가 동굴로 다시 들어와 이데아의 모습을 전하며 사람들을 각성시킨다. 그렇지만 비루한 현실에서 안주하기를 바라는 동굴 속 꼭두각시들은 그 선각자(소크라테스)를 죽여 버린다.

동굴의 비유는 보통 편견과 선입견에 가득 찬 현실을 의미하는 것이기도 하다. 때문에 플라톤은 때때로 세속의 현실 속에서 악과 불의가 없는 세계로 탈출하기 위해서 신비주의에 빠지곤 하였다(At times Plato seems like a mystic seeking to escape from this world into a higher reality, a realm that is without earth's evil and injustice).

2. 당시 국가가 처한 비참한 상황

먼저 이상국가(Idealstaat)로 들어가기 전에 플라톤이 많은 노력을 경주하여 이상국가를 세울 생각을 하게 된 동기를 부여한 당시 국가·사회의 비참한 현실을 알아본다. 따라서 당시의 정의롭지 못하고 부패한 실상에 대해서 보다 구체적으로 밝히는 것이 필요하다고 본다.

당시 그리스 국가 내의 근본적 악은 불의가 국가를 지배하고 있었다는 것이며, 보다 구체적으로 말해서, 통찰력 있고 의로운 사람이 통치에 임하지 않고, 다른 사람들이 지배하고 있었다는 것이다. 예로써, 스파르타

---

34) Hans J. Störig, op. cit., p.14f.

(Sparta)와 같은 군국주의 국가에서는 명예욕이 강하고 호전적인, 즉 평화보다는 전쟁을 위해 태어난 사람들이 호령을 하게 된다는 것이다. 이들의 교육은 학문을 통한 확신보다는 강요에 의해서 이루어지며, 정신보다는 육체의 단련을 중요시하였다. 그리고 이러한 국가 체제하에서는 배움이 적고 잰 체하는 그리고 상관에게는 복종을 잘하나 그 밖에는 지배욕과 명예욕으로 가득 찬 귀족들이라는 것이다.

좀 더 구체적으로 귀족정치에서는 소유욕으로 가득 찬 부유한 사람들이 통치에 임하고 있는데, 백성은 그들이 하는 대로 따라서 흉내 낼 뿐이다. 폭리를 취하고 악덕 상행위를 하는 자가 통치에 임하면 그럴수록 윤리적이고 정신적인 것은 무시를 당하게 된다. 이것은 도덕과 부가 마치 천평칭(天平秤)의 두 접시 위에 놓인 것과 같아 한쪽이 올라가면 다른 쪽은 내려가기 마련이다. 또한 소유에 따라 정사에 참여하게 된다면, 이것은 마치 배 안의 손님들 중에서 가장 돈이 많은 사람을 선장으로 택하는 것과 동일한 것으로 위험천만이다. 그리고 이러한 공동체 내에서는 부자와 가난한 자가 대립하게 되어 항시 커다란 위험성이 잠복하게 된다는 것이다.[35]

다음으로 당시의 민주주의를 보면, 플라톤은 '이 제도의 가장 탁월한 점은 각자가 원하는 바에 따라 그리고 각자의 욕구대로 할 수 있도록 자유롭게 놓아둔다'는 데에 있다고 보았다(Die hervorstechenste Eigenschaft der Demonkratie schließlich sieht Platon darin, daß hier jeder seinem Belieben und seinem Begehr freien Lauf läßt). 그런데 이와 같은 제도 아래서는 가능한 모든 생활 방식이 허락되는 것이다. 그래서 법에 의해서 형을 받은 사람에게도 인간애를 베풀게 된다. 나아가 교육과 교양 면에서도 매우 자유로우며, 정치에 임하는 사람들의 교육과정에 관해서도 관대한 입장이다.

---

35) Hans J. Joachim, *op. cit.*, p.160f.

또한 현재의 국가 관리가 지금까지 무엇을 했는지에 대해서 무관심하고 다만 모든 사람의 친구가 된다면 존경을 받게 된다. 그래서 같고 같지 않은 것을 모두 같은 것으로 여기게 된다는 것이다. 이 제도하에서는 공손한 시민을 아첨자로 여기고 반대로 관리가 하인처럼 행동하면 박수갈채를 보낸다. 이 외에도 아들은 아버지와 형제간 같이 지내고, 선생이 학생을 두려워하여 학생으로 하여금 버릇없게 만들며, 그 결과 학생은 선생의 콧등 위에 오른다. 도처에서 남자와 여자 간에 커다란 자유와 평등이 주어지고 있다. 그리고 조용히 경청하는 진실한 교양 대신에 자기도 모든 것을 알고 있다는 오만불손한 태도로 어른들의 대화에 재빨리 끼어들기도 한다.[36]

그러나 여기에 형리(刑吏)가 기다리고 있다. 민주주의의 최고의 것인 자유에 만족할 줄 모르면 민주주의를 파멸시키고 만다. 나아가 무질서한 민주주의는 마침내 참주(僭主) 정치를 등장시키게 된다. 플라톤은 참주 정치의 역사에 관해서 다음과 같이 말하고 있다. 자유가 그 도를 넘으면 과격한 부자유로 변한다. 그리고 이것은 개인이나 국가에서도 마찬가지이다. 자유의 남용으로 인해 내적 불안이 커지면 불안을 제거할 수임자(受任者)를 임명하게 된다. 수임자가 한 번 지배권을 부여하는 임명장을 손에 쥐고 나면, 처음에는 그리고 밀월 기간에는 누구를 만나든지 웃음을 짓고 칭찬하며 자신이 절대로 참주가 아니란 것을 분명히 하고 개인과 공동체에 대대적인 약속을 하며 부채를 탕감해 주고 토지를 백성들과 자신의 지지자들에게 나누어 주며 모든 사람에게 자애롭고 부드러운 모습을 보여 준다.

일단 자신 주위의 적대자들과 화해를 하고 나면 참주는 다른 지역의 적대자들을 제거하고 일단 자신의 권력 기반을 확고히 한 연후에 아직 남아 있는 용기 있고 정신이 투철하며 돈이 많아 자신에게 위험할지도 모르는

---

[36] Hans J. Störig, *op. cit.*, p.160f.

자들에게 시비를 걸어 올가미를 씌우며 제거한다. 그리고 이 같은 일은 국내의 모든 위험스러운 자들이 숙청될 때까지 지속된다.37)

3. 플라톤의 이상국가론

플라톤은 성인인 소크라테스를 독살할 정도로 심히 불쾌하고 불만스러웠던 상태의 대안으로 이상국가를 생각하게 되었는데, 그렇게 함으로써 현실 세계를 이 이상국가에 비교할 수 있고 또 접근시키기 위해서였다.

플라톤은 인간 공동체 생활이 최선의 상황이 될 수 있도록 하려고 했고 그러한 질서는 "인간의 성향을 중심으로 하면 가능한 것"이라고 보았다. 각 개인은 여러 종류의 필요성을 가지고 있고 그러기 때문에 다른 사람들과 어울리게 되는데, 각 개인은 다양한 일이 불가능하므로 분업을 통해서만이 필요함을 충족시킬 수 있기 때문이라고 했다. 그리고 이러한 공동체 내에서는 오직 농업인·건축가·직인(職人)·구두장이·철공(鐵工)·상인 그리고 직물에 종사하는 사람들뿐 아니라 질서를 유지하는 사람들이 필요하다는 것이다.

이 같은 여러 기능의 분배는 다시 '인류학적 기준'에 의해서 이루어져야 한다는 것이다. 이 경우 각자는 '각자의 소질에 맞는 일'을 해야 한다(jeder das seine tut, nämlich das, was seiner Anlage entspricht). 인간의 성향에는 여러 가지가 있는데 크게 나누어 1) 감각적·탐욕적 인간, 2) 호전적인 인간, 3) 이성적인 인간으로 나뉜다는 것이다. 유명한 독일의 백과사전(Dtv-Lexikon)에는 이와 비슷하게 이상국가에서는 3개의 계급, 1) 지도자 계급,

---

37) Ibid.

2) 방어 계급, 3) 이성적인 인간으로 나누었고, 또한 정치 프로그램으로 뒤에 좀 더 자세히 설명할 재산·여인의 공유(mit seiner Lehre von der Güter- und Weibergemeinschaft)를 내세우고 있다.[38] 나아가 왕이 철학자가 되거나 철학자가 왕이 되어야 한다고 했다. 또한 한 저명한 영서(英書)에서는 이 중요한 문제에 대해서 다음과 같이 구체적으로 표현한다.

다시 말해서 각자는 세 가지 서로 다른 특성 중에서 한 특성을 갖기 마련인데, 첫째 영리를 추구하는 인간, 둘째 호전적이고 명예를 추구하는 인간, 셋째 지식욕이 강한 인간이다. 오늘의 한 저명인사인 슈프랑거(E. Spranger)는 서로 다른 가치를 가지고 있는 인간의 여러 특성에 대해서 다음과 같이 말한다. 즉, 경제적 인간, 권력 추구적 인간, 사회적 인간, 미(美) 추구적 인간, 이론적 인간, 종교적 인간이다. 또한 플라톤의 세 그룹 이론에 따르면, 공동체 내에서 맡게 되는 직책은 개인의 소질과 일치해야 한다고 했다. 산업[農·工·商] 활동에서 기쁨을 느끼는 사람은 상업이나 산업에 종사해야 하고, 호전적인 사람은 무사가 되어야 하며, 탐구적이고 통찰력 있는 사람은 나라를 다스려야 한다[Plato divided people into three groups; those who demonstrated philosophic ability should be rulers; those who natural bent revealed exceptional courage should be soldiers; those driven by desire, the great masses, should be producers(tradesmen, artisans, or farmers)]. 다시 말해서 모든 사람이 자기의 소질에 맞는 일을 할 때 올바른 질서가 이루어지게 되고, 인간들이 건강하고 편안한 가운데에서 살아갈 수 있게 된다는 것이다 (이를 중심으로 보면 우리의 교육제도도 계속해서 개선해 나갈 필요가 있다고 보며, 모두가 소질과 관계없이 대학에 들어가고 고급 일자리를 원한다면 필연코 청년 실업 문제 등 여러 문제를 초래할 것이며, 잘사는 서양과 비교하면 협소한 면적

---

38) Reinhold Zippelius, op. cit., p.12f.

에 인구가 너무 많다).

또한 플라톤은 특별히 국가 통치의 경우, 국가는 인식능력이 뛰어난 사람들이 통치하게 되는데 그것은 개인이나 국가에 있어서 사물의 본질(本質)을 이해하는 사람만이 가능하기 때문이다. 이리하여 국가의 권력은 개인의 인식능력과 일치되어야만 한다. 그래서 철학자가 통치자가 되거나 또한 현재의 왕과 통치자는 철저하고 진정한 철학자가 되어야 한다는 것이다(Daher müssem entweder die Philosophen Könige in den Staaten weden oder die, welche jezt die Könige und Herrscher heißen, echte und gründliche Philosopfen werden).39)

그리고 이 계급 밑의 무사 계급은 질서 유지 계급이고, 하위 제3계급은 실업에 종사하는 계층으로 국가에 안정과 질서를 요구하고 또 국가가 이를 들어주게 되지만 국정에서 제외된다. 이 외에도 플라톤이 생각하기를, 철인정치를 하게 되면 통치자가 절대 권력을 가지게 되고 백성은 정치를 위한 직접 참여권을 잃게 되지만 지혜·청렴·의무감으로 가득 찬 훌륭한 정부에 의해 보상받게 된다는 것이다(The philosophers were to be absolute rulers. Although the people would have lost their right to participate in political decisions, they would have gained well-governed state whose leaders, distinguished by their wisdom, integrity and sense of responsibility). 그리고 3계급 중에 어느 계급에 속하는가는 개인의 재능에 따라 정하기 때문에 세습적이어서는 안 되고 따라서 세대가 바뀔 때마다 소질을 다시 감사(勘査)해야만 한다.40)

탐욕 때문에 아테네의 민주주의가 부패된 데에서 심각한 충격(소크라테스의 죽음)을 받은 플라톤은 아티카(Attica)의 정치가와 국가 수호자들이 위

---

39) *Ibid.*
40) Cf, Reinhold Zippelius, *op. cit.*, p.15.

에서 본 악습에 빠지지 않도록 하기 위해서 가톨릭교의 교단과 같이 '독신제'(獨身制)를 운영하려고 한 것이다. 그들 상위 두 계급에는 가장 필수적인 것만을 소유토록 하고 생활필수품은 시민들이 제공토록 한다. 그리고 그렇게 함으로써 부족함과 과다함이 없도록 한다. 식사는 공동으로 하고 금과 은을 가지고 아무것도 할 수 없도록 한다. 이 외에도 상위 두 계급은 결혼을 못하도록 하는데, 이 같은 사고는 이후 가톨릭교회의 성직자들에게서 실현된 바로, 그것은 관직을 가진 자가 맡은 일에 모든 관심과 힘을 기울이라는 뜻에서이다. 그렇다고 해서 플라톤이 완전한 독신제를 원한 것이 아니라 '친구의 것은 공동의 소유'라는 모토 아래 여인 공동체를 도입하려고 하였다. 그런데 이것은 자유로운 섹스(Free Sex)와는 거리가 먼 것으로 우생학(eugenic)의 엄격한 규칙 아래 이루어지는 것으로, 예로써 무사와 관리가 용감한 여인들과 짝을 이루도록 하는 것이다.

그런데 그렇게 하는 이유는 인간의 육체적·정신적 특성이 부모로부터 자녀에게 유전된다는 데에서 상위 두 계급의 가장 우수한 남자들은 가장 우수한 여자들과 자주 함께하도록 하고, 가장 열등한 남자들은 아주 드물게 가장 열등한 여자들과 함께하도록 한다는 것이다(Davon ausgehend, daß sich körperliche und geistige Eigenschaften von den Eltern auf die kinder vererben, verlangt er, daß die besten Männer möglichst oft den besten Frauen beiwohnen, die schlechsten Männer aber möglichst selten den schlechsten Frauen).[41]

이를 실현하기 위해서는 책략이 숨겨 있는 추첨을 통해서 하는데, 유능하고 용감한 남자들이 유능한 여자들과 함께하도록 한다. 또한 전쟁에서 큰 공을 세운, 그리고 여타의 분야에서 탁월한 업적을 세운 남자들에게 상

---

41) Reinhold Zippelius, *op. cit.*, p.12.

을 주고 표창할 뿐 아니라 자주 여인과 잠자리를 같이하도록 하여 가능한 한 많은 아이들을 출산토록 한다. 그리고 아이가 태어나자마자 양육을 위한 국가기관에서 받아들이게 되며, 유능한 부모의 자녀들은 국가기관에서 잘 양육하지만, 열등하고 허약한 부모의 자녀들은 비밀 장소에 은폐시킨다. 그리고 국가가 양육하는 아이들은 '너와 나의 차이'를 없애기 위해서 아이들의 부모가 자식을 알아볼 수 없도록 한다는 것이다[이것이 플라톤이 후세에 끼친 공과(功過) 중에서 과에 해당함].

교육에 있어서 가장 중요한 것은 국가에 봉사하는 일이다. 즉, 교육의 중요한 목적은, 비록 소수만이 성공할 수 있지만, 현상계의 어두운 면을 보지 않고 사물의 본질을 이해하며 선(善)을 향해서 나아가도록 하기 위함이다. 보다 구체적으로 말해서 통치를 하는 철학자가 되는 것은 모든 아동들에게 열려 있으나 엄격한 교육제도에 의해서 선발된다. 이 과정에서 충분한 재능과 투철한 정신이 결여된 자들은 배제되며 적성에 따라 노동자나 병사가 된다(In the republic, philosophers were selected by a rigorous system of education open to all children. Those not demonstrating sufficient intelligence or strength of character were to be weeded out to become workers or warriors, depending on their natural aptitudes).

제 3 부

근세 초 강력히 대두하는
프랑스에 대항하기 위한
스페인과 신성로마제국의 연합

제 1 장
카를 5세의 어머니 후아나 1세의 슬픈 사랑

1. 백년전쟁 후의 프랑스와 스페인 · 신성로마제국

바로 본론으로 들어가기 전에, 본 내용과 긴밀한 관계가 있기에 이를 보다 쉽게 이해할 수 있도록 프랑스 · 영국 간의 백년전쟁과 관련하여 간단히 살펴보고자 한다. 그리고 이어지는 카를 5세 황제의 어머니 후아나 1세의 국제 정략결혼과 슬픈 사랑 이야기는 우리나라에 소개되지 않은 내용이고 서양의 이해를 위해 중요한 내용들이 내재해 있으므로 비교적 상세히 기술하려고 한다.

백년전쟁(1337~1453)은 약 100년 동안 벌어진 프랑스와 영국 간의 전쟁으로서 프랑스의 카페(Capet)왕조의 직계 남통(男統)이 단절된 후 프랑스 발루아(Valois)가의 필리프 6세와 영국 에드워드 3세(Edward Ⅲ) 간의 왕위 계승 문제로 일어난 전쟁이다. 이것이 표면상의 이유였지만, 진짜 이유는 양모(羊毛) 수출이 많은 영국과 모직물 상공업의 중심지인 플랑드르(Flanders)[1]

---

1) 플랑드르(Flanders, Flandern)는 중세기에 유럽 서부에 있던 나라로서 북해를 따라 도버해협에서 실트(Schelt)강에 이르는 지역, 현재 벨기에 서부인 동플란더즈와 서플란더즈주 및 이곳과 인접한 프랑스 북부와 네덜란드 서남부 포함, 쉽게 말하면 북해 연안 지

지역의 밀착 관계가 이루어지자 프랑스가 여러 우려 속에서 전쟁을 일으키게 된 것이다.

전쟁 중에는 양국이 번갈아 우세를 보였으나 전쟁이 장기간 지속되자 프랑스 왕가는 쇠퇴하였고 지방 세력의 강화로 왕은 부르즈(Burges) 지역 왕에 불과할 정도였다. 왕의 신변을 지켜 주는 자가 없었으며 왕국 자체의 분할은 필연적으로 무정부 상태로 이어졌지만 그사이 프랑스인들의 국민 의식이 싹트기 시작했고, 그 중심이 된 것이 우리에게 너무나 잘 알려진 오를레앙(Orléans)의 소녀 잔 다르크(Jean of Arc, Jeanne d'Arc)이다. 보다 구체적으로, 1428년 봄 농부의 딸 16세의 잔 다르크는 "프랑스를 영국의 지배로부터 해방시키고 유약한 왕자를 왕위에 오르도록 하라"는 하느님의 음성을 들었다고 했다(Sie erklärte beim Befehlshaber sie sei von Gott gesandt)[2] 그리고 그녀의 애국적인 전쟁 참여와 승리는 프랑스인들에게 용기를 주었고, 프랑스인들의 애국심을 불러일으켰다.

이 무렵 프랑스에서는 왕태자 샤를 6세(Charles VI)가 랭스(Reims)에서 대관식을 가짐으로써 프랑스왕의 정통성을 증명하게 되었다. 한편, 잔 다르크가 사형에 처해진 이후 왕에 의한 국토 회복을 목표로 삼는 국민 의식이 급속도로 커져 갔고 애국심이 강화되었으며(Und sie hatte zur Entstehung franz. Patriotismus und National Bewußtsein),[3] 이로 인해서 1436년 4월에는 파리에서 영국군을 철수시킬 수가 있었고 영국군은 칼레(Calais, 영국에서

역과 그 인근 지역이 합쳐져 있는 곳이다.
2) Albert Renner, op. cit., p.140.
3) Albert Renner, op. cit., p.143. 잔 다르크는 프랑스 왕 샤를 7세(1422~1461)를 알현하고 신앙을 조사받은 뒤 6,000명의 군사를 받아 오를레앙을 해방시켰다. 이후 샤를 7세 왕의 대관식에 갔다가 왕의 측근들인 주화파(主和波)들의 질투를 받아 브르고뉴(Burgund) 공의 군에 체포되어 많은 돈을 받고 영국군에 넘겨졌고 종교재판을 받게 되었으며, 친영국계인 루앙의 주교가 파리대학교의 지원에 힘입어 이단으로 판결했으며, 곧이어 화형(火刑)에 처해졌다. 그러나 1920년 5월 16일 교황 베네딕투스 15세에 의해 시성되었다.

가장 가까운 프랑스 항구도시)와 몇 곳을 제외하고는 프랑스 전역에서 쫓겨 났다. 다시 말해서 전쟁의 결과로 중세 후반 최대의 암(癌)이었던 영국 왕가의 대륙 소령(所領)과 그에 따르는 프랑스 왕가의 봉신 관계가 거의 해결되었다.

이후 영·불 양국은 봉건제도의 모순과 기사(騎士) 시대의 시대착오를 극복해 가면서 위 시대구분에서 분명히 말했듯이 근세적 국가 형성의 방향으로 나아가고 있었다. 특히, 프랑스에서는 '신성(神性) 왕권의 색채를 유지하는 가운데' 국민 의식이 지지를 얻어 강력한 국가로 발전해 갔다. 그런 가운데 이미 영국은 1375년 칼레·보르도·비욘느를 제외하고는 대륙에서 쫓겨났다. 에드워즈 3세의 실정에 이어 다음 왕인 리처드 3세가 미성년이라 궁정에 혼란이 일어났고 와트 타일러(W. Tyler)의 난이 일어나 혼란이 가중되자 의회가 무력으로 왕을 폐위시키고 랭커스터가[4] 헨리 4세를 즉위시켰다. 그리고 랭커스터를 물리치고 왕위에 오른 튜더(Tudor)가는 헨리 7세로부터 시작되고 근세 초 영국의 대표적인 왕은 튜더가의 헨리 8세로서 이어지는 글에서 자주 등장하는 인물이다.[5]

다른 한편 스페인과 독일(신성로마제국, 오늘날 독일·오스트리아와 그 주변 국가들)이 처한 상황을 보면, 스페인의 경우 영토의 많은 지역이 이슬람교도인 아랍인들(아프리카 북부 무어인)에 의해 통치되었고, 756년에 코르도바(Cordoba)에 이슬람 국가를 건립하여 929년에 칼리프 제국으로 승격되었다. 스페인 정부는 신대륙 발견을 위해 콜럼버스를 파견한 1492년에 서야 약 800년간의 외국인의 지배로부터 벗어났으며 국력이 매우 쇠퇴하

---

4) 랭커스터 백작(Duke of Lancaster)을 시조로 하여 헨리(Henry) 4세, 5세, 6세로 이어졌고, 요크(York)가와의 왕위 계승을 둘러싼 싸움인 '장미전쟁'(薔薇戰爭)이란 긴 내란(1455~1485)으로 발전하였다.

5) Robert Lerner, *op. cit.*, p.665.

였다. 또한 독일·오스트리아가 중심이 된 신성로마제국은 200여 개의 영방(領邦)국가로 이루어져 영주들이 자국의 세력 강화를 위해 투쟁하는 상황인지라, 백년전쟁을 거쳐 왕권이 강화되고 통일이 이루어지면서 국민 의식이 강화된 프랑스에 비하면 국력이 매우 취약한 상태였다.

그런데 본 내용으로 들어가기 전에, 당시 유럽 여러 나라들 간의 복잡다단한 관계를 심도 있게 이해하려면 부르군트(Burgund)에 관해서 아는 것이 필수적이다. 부르군트는 원래 프랑스에 속해 있었지만 중세 후기에 프랑스 왕국으로부터 분리되어 독립의 지위에 이르렀고 한때는 그 세력이 프랑스보다 강했다. 당시 부르군트의 용맹왕 칼(Karl der Kühne)은 프랑스왕국이 난국에 처해 있을 때 북해 연안 지역(Flandern, Brabant, Calais)과 공작령 부르군트와 자유백작령 부르군트를 그의 지배하에 넣게 되었다.[6] 또한 이 지역은 중세 후기에 예술이 크게 발전하여 문화의 중심이 되기도 하였다. 그런데 칼 왕은 프랑스 왕실의 음모로 낭시(Nancy) 전쟁에서 프랑스·스위스 연합군에 의해 처참하게 죽음을 당했다(1477).

이러한 상황 아래서 부르군트 조정에서는 신성로마제국에 접근하여 프랑스에 복수하고 프랑스로부터의 위협에 대처하기 위해서 상속자이며 용맹왕 칼의 무남독녀인 마리아(Maria von Burgund)를 신성로마제국의 대공(大公) 막시밀리안 1세(Maximilian Ⅰ)와 결혼시키고자 했다. 신성로마제국은 프랑스를 견제하고 영토를 확장하기 위해서 매우 좋은 기회였으므로 결혼을 쾌히 승낙하였고, 이 기름지고 광활한 북유럽 지역이 피 한 방울 흘리지 않은 가운데 오스트리아·독일 중심의 신성로마제국의 영토가 된 것이다. 그래서 역사에서는, 오스트리아(당시는 오스트리아 합스부르크가의 신성로마제국 시절이었음)는 피를 한 방울도 흘리지 않고 결혼에 의해서 대

---

6) *Dtv Atlas zur Weltgeschichte*, München, 1966, p.153.

국가가 되었다는 말이 있기도 한 것이다.

막강한 국가가 된 프랑스는 이런 억울한 상황을 가만히 바라만 볼 수 없었고 프랑스 왕 루이 11세(Louis XI)는 막시밀리안 1세에게 부르군트를 돌려줄 것을 요구했는데 막시밀리안 1세 황제가 불응하자 곧이어 양국 간의 전쟁으로 이어졌다. 그 후 1493년에 양국 간에는 '상리스(Senlis) 평화조약'이 체결되었으며, 그 내용은 신성로마제국이 "부르군트의 프랑스 인접 지역을 프랑스에 양보한다"는 것이었다.[7] 그러면 다시 본격적으로 신성로마제국과 스페인과의 관계로 들어가고자 한다.

근세 초 이같이 변화된 국제 관계 속에서 막강해진 프랑스를 이웃 국가로 하고 있는 두 나라 스페인과 신성로마제국이 긴밀한 유대 관계를 맺음으로써 프랑스로부터의 위협과 불안으로부터 벗어나고자 했다. 그리고 그것은 후일 일반화된 동맹을 통해서가 아니라 당시 유행했던 결혼[8] 방식에 따라 가톨릭 왕 부부 페르난도 2세와 이사벨 1세의 아들 돈 후안(Don Juan)과 딸 카스티야의 후아나 1세(Juana Ⅰ de Castilla)를 신성로마제국의 막시밀리안 1세 황제의 아들 필립 1세(Philip Ⅰ)와 딸 마르가레테(Margarete 또는 margarethe로 씀)와 결혼시키는 것이었다. 그런데 멀리 떨어진 두 나라 사이의 결혼인 만큼 결혼식을 거행하기가 매우 복잡했으며 이 결혼의 복잡함을 덜기 위해 양국 간에 절차에 관해서 다음과 같이 합의하였다. 즉, 먼저 카스티야의 후아나 1세를 막시밀리안 1세 황제가 있는 플란데른(플랑드르)의 겐트(Gent, 지금의 벨기에 영토)에서 막시밀리안 1세 황제의 아들 필립 1세와 결혼시키고, 그 후에 황제의 딸 마르가레테를 스페인으로 데려와 돈 후안과 식을 올리는 것이었다. 스페인의 왕실에서는 양국 간의 적대 관계

---

7) Albert Renner, *op. cit.*, p.401.
8) 1469년 아라곤 왕 페르난도 2세(Fernando Ⅱ)와 카스티야(Castillia, Castile)의 이사벨 1세(Isabel Ⅰ) 여왕이 결혼하여 스페인 군합통일국가(君合統一國家)가 되었다.

때문에 편리한 육로의 이용이 불가능하여 작은 함대를 구성했고 카스티야의 후아나 1세는 대서양과 북해를 건너 부르군트로 가야만 했다.

그런데 여기서 잠깐 '광녀(狂女) 후아나'와 관련된 '난처한 이야기'에 대해서 짧게 언급하고 넘어가고자 한다. 카스티야의 후아나 1세가 대서양의 심한 폭풍에 시달리면서 어렵게 부르군트에 도착했을 때 후아나 1세는 결혼 상대자인 필립 1세와 바로 상봉할 수 없었다. 그 이유는 필립 1세가 아버지인 막시밀리안 1세 황제와 함께 황제의 고향 오스트리아 인스부르크의 황성에 머물면서 알프스산맥에서 영양(羚羊)을 사냥하고 있었기 때문이었다. 후아나 1세는 필립 1세가 사냥을 마치고 돌아오기를 기다릴 수밖에 없었는데, 그것도 결코 짧은 시간이 아닌 2주 동안을 기다려야 했다. 그리고 이것은 후아나 1세의 기분을 몹시 상하게 하는 것이었고 이것이 바로 국제 정략결혼이 가져온 '슬픈 결혼 생활의 시작'이었다.

2. 필립 1세와 광녀 후아나

여기서 필자는 역사 연구에 있어서 가장 중요시되고 어려운, 이제까지의 필자의 연구 방식이기도 한 역사의 해석·의미·인과관계를 떠나 내용에 걸맞게 비교적 쉽고 재미있는 이야기식 역사[說話的 歷史] 기술 방법을 택하기로 한다.

설화적 역사 기술 방법에 대해서 부언하면, 전 '역사편찬위원회 위원장'을 지낸 박성수 교수는 그의 『역사학 개론』에서 "여고생들의 귀여운 함성"이란 제목하에서, 여고생들이 학생 시절 역사 수업시간에 이야기식 역사 강의를 듣고 즐거운 나머지 함성을 지르지만, 대학의 사학과에 입학해서는 인과관계·해석·의미 중심의 강의를 들으면서 심히 당황하는 모습을 보게 된다고 쓰고 있다.

이에 대해 독일의 저명한 역사 이론가 베른하임(E. Bernheim)은 이야기식[說話的] 역사에 대해 다음과 같이 설명하고 있다.9) 즉, 역사적 소재를 그 장소와 시간의 소재[예, 게르만 민족의 이동 전설 또는 국왕의 전설, 역사적 가요나 사시(私詩) 등]에 따라 이야기하거나 열거하는 것이라고 한 바와 비슷한 방식이다. 설화적 역사 기술을 하는 이유는 첫째, 사건의 내용이 이 기술 방식에 적합하기 때문이고, 둘째 역사에 취미가 없는 사람도 이야기를 읽어 가는 중에 즐거움을 느끼게 되며, 셋째 이야기식 역사가 사실을 왜곡시키지 않고 오히려 보다 진실에 가깝다는 것이다.

다음에 이어지는 후아나 1세에 관한 본격적인 내용에 들어가기 전에 복잡하게 얽힌 양가 간의 관계에 대해서 알아보고자 하며, 왜 후아나 1세에게 광녀(狂女, 미친 여자)의 칭호가 붙게 되었는지에 대해서 미리 알아보는 것이 필요하다고 본다.

먼저 다음의 도표를 잘 이해할 수 있도록 역사적 맥락과 함께 신성로마제국 프리드리히 3세10)에 대해서 간략히 서술하려고 한다. 1415년 오스트리아 인스부르크(Innsbruck)에서 태어났고 1493년에 오스트리아 린츠(Linz)에서 사망했다. 1452년 로마에서 '정식으로 황제의 칭호를 얻게 되는 대관식'을 갖게 되었다. 그의 태만한 성격과 결단력 부족으로 인해서 독일 역사상 가장 취약한 정부였기 때문에 보헤미아(Bohemia, 오늘의 체코 서북부 지역)를 상실하였으며 빈(Wien, Vienna)과 그 주변 지역을 잠시 헝가리에 뺏기기도 했다.

---

9) 조기준 역, 『사학개론』(Einleitung in die Geschichtswissenschaft), 제4판, 서울, 1993, 10쪽.
10) Albert Renner, op. cit., p.341. Friedrich III, 재위 1440~1493, 오스트리아 왕으로서는 프리드리히 5세(Friedrich V)로 동시에 신성로마제국의 세 번째 황제였다.

이에 반해서 합스부르크가의 영토 확장 정책이 크나큰 성과를 거두게 되었는데, 그것은 황태자 막시밀리안 1세와 부르군트의 상속녀 마리아(Maria)와의 결혼으로 부르군트를 얻었기 때문이었다. 보다 구체적으로 말하면, 신성로마제국 황제 후보 프리드리히 3세가 즐겨 쓴 AEIOU[Austria erit orbe ultima 또는 Austria est imperare orbi universo, 전체 지구는 오스트리아에 예속되었다가 가장 설득력 있는 추정임]가 실현되어 가는 데서 나온 말인 것이다.[11] 이를 실감케 하는 말은, 당시 유행했던 말을 한 인문주의자가 "전쟁은 다른 나라들로 하여금 하도록 하고 그대 행복한 오스트리아는 결혼이나 해라"[12](Belle grant alii: tu felix Austria nube!, Krieg läßt führen die anderen-du, glückliches Österrech heirate!)라고 기록하였다.

오스트리아 합스부르크가와 부르군트 그리고 스페인 간의 결혼 관계 도표

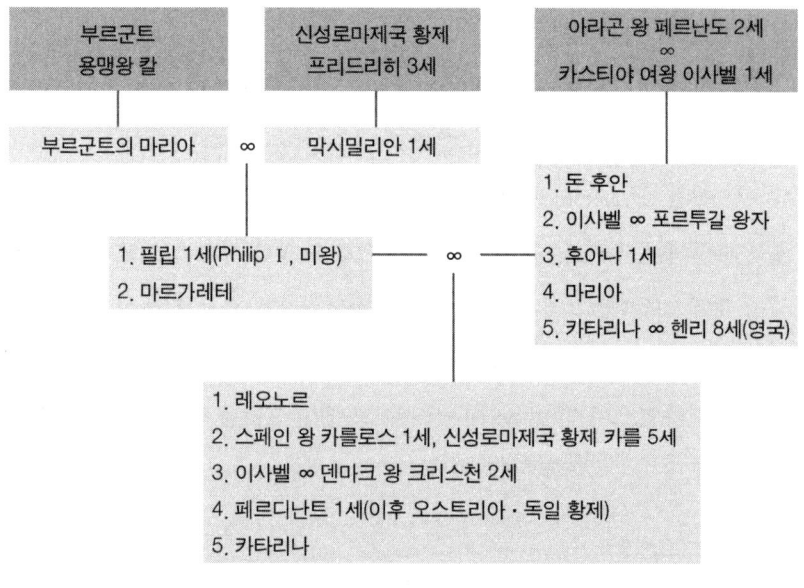

---

11) Albert Renner, *op. cit.*, p.343.
12) *Ibid.*

다음에서 스페인 왕위 계승권자들 중의 한 사람인 후아나 1세에게 광녀라는 칭호가 붙게 된 경위에 대해서 알아보는 것이 앞으로 전개될 긴 과정을 쉽고 실감나게 이해할 수 있으리라고 본다.

그 내용인즉, 스페인의 왕위 계승은 스페인 가톨릭 왕 부부 페르난도 2세와 이사벨 1세의 장남 돈 후안(Don Juan)이 조사(早死)하였고 또한 포르투갈 왕과 결혼한 장녀 이사벨(Isabel)이 일찍 죽었으며 스페인 왕위 계승 1순위가 된 이사벨의 아들 미겔(Miguel)이 어려서 죽음으로써 이사벨의 바로 밑의 동생인 후아나 1세[Juana Ⅰ de Castilla, Juana la loca(狂女)]가 스페인의 왕위에 오를 수 있게 되었으나 많은 어려움에 봉착하게 되었으며, '광녀'라는 폄하의 칭호가 붙었을 뿐 그녀의 꿈은 이루어질 수 없었다.[13]

후아나 1세가 왕이 못 되고 광녀가 된 데에 대한 한 설은, 그녀가 광기가 있었던 것이 아니라 그녀의 어머니가 그녀를 왕위 계승에서 배제하기 위해서 그렇게 소문을 퍼뜨린 데서 기인한 것이라고도 한다. 여왕이 그렇게 한 이유는 후아나 1세가 앞으로도 계속 종교적인 일에 무관심하고 스페인 국가의 기본 원칙을 등한시할까 봐 두려웠기 때문이라고 한다. 이에 대해서 다른 사람은 후아나 1세가 그녀의 아버지 페르난도 2세와 남편 필립 1세의 권력 추구 때문에 그렇게 된 것이라고 쓰고 있다. 이에 반해서 스페인의 의사 나게라(V. Nagera)는 후아나 1세의 정신 상황이 심리 분석 결과 '정신분열증'에 해당된다고 하였다. 다시 말해서 '완전한 의지의 마비 현상' 때문에 거대한 스페인 정부를 이끌어 나가기에 부적합하다는 것이었다.

그리고 이것은 스페인 국가의 안전에 책임이 있었던 사람들의 견해로, 후아나 1세가 측근들의 정치적 야욕 때문에 희생되었는가 또는 그렇지 않

---

[13] Heinrich Lutz, *Scripten, op. cit.*, p.23. 그의 막내 동생 캐서린(Catherine of Aragon)은 이혼 문제·수장령 등으로 많은 문제를 일으킨 헨리 8세의 처가 되었음. 한때는 헨리 8세의 조사(早死)한 형과 결혼한 사이이기도 하다.

앉는가의 문제가 아니라고 하였다. 실로 후아나 1세는 그녀의 의무를 소홀히 하였지만 미치지는 않았다. 그러나 통치가 가능한 것은 아니었다(Sie war nicht wahnsinnig, aber auch nicht regierunsfähig). 그러면 다음에서는 본격적으로 본 내용으로 들어가려고 한다.

후아나 1세는 1479년 11월 6일 톨레도[14]에서 출생하였다. 동시대의 한 기록자 클레멘신(Clemensin)은 다음과 같이 쓰고 있다. 하늘은 이사벨 1세 여왕에게 5자녀를 주었다. 사랑스런 장녀 이사벨은 포르투갈의 왕비가 되었고, 왕세자 돈 후안은 조사하였으며, 아래의 본 내용의 주인공 후아나 1세는 남편을 지극히 사랑하는 가문의 유전성 때문에 마침내 이성과 왕홀(王笏)을 잃었고, 그 밑의 마리아는 포르투갈의 왕비가 된 언니의 사망 후에 그 왕비가 되었으며, 경건성과 불행한 운명으로 유명한 캐서린(카타리나)은 조사한 아서 왕자의 처였으나 그의 동생 헨리 8세[15]와 결혼하였다.[16]

이사벨 1세 여왕(페르난도 2세와 함께 스페인 군합국의 공동 통치자였음)은 자신의 자녀들에게 나의 천사라고 불렀으며, 어려서부터 음악을 사랑하도록 하였다. 아들 후안은 하프를 연주하였고 후아나 1세는 만돌린을 연주할 줄 알았다. 후아나 1세는 16세의 나이에 매우 의기소침한 증세와 함께 심각한 성격이 되었고 침울해졌다.

"자신의 육체적 매력이 여형제들에 비해 떨어진다고 생각했으며" 자기보다 더 예쁜 여형제들을 질투하기 시작했다. 또한 그녀의 어머니가 강요

---

14) 톨레도(Toledo)는 B.C. 192년에 로마인들이 정복했고, 534~711 서고트왕국의 수도 · 교회 중심지였으며, 711년 아랍인들이 점령하여 1036년에 마우렌 왕국의 수도가 되었다. 1085년 카스티야의 알폰소 5세(Alfonso VI)가 다시 점령하여 수도로 정했으며 왕족, 귀족, 세력가들이 거주하던 곳이다.
15) 헨리 8세는 루터의 종교개혁에 반대하여 교황청으로부터 신앙의 옹호자(Defensor Fidei)란 칭호를 받기도 했으나 아들을 못 낳는다는 이유로 캐서린과 이혼하였고, 교황이 이혼을 허락하지 않자 로마가톨릭과 결별을 선언하고 그 수장이 되는 수장령을 발표하였다.
16) Otto Zierer, op. cit., p. 290f.

하는 '엄격한 종교적 규율'도 그녀를 의기소침하게 하였다.17)

그 당시 가톨릭 왕 부부는 마침내 통일을 이룩한 스페인을 프랑스의 공격으로부터 지키기 위해 합스부르크가에 접근하게 되었고, 마찬가지로 프랑스가 밖으로 나오는 것을 바라지 않았던 막시밀리안 1세 황제가 스페인의 요구에 응하게 되었다(⋯ die katholische Könige durch Annährung an das Haus Habsburg gegen französische Angriffe zu sichern ⋯ Kaiser Maximilian entgegen, der ebenfalls wünschte, Frankreich möge nicht aus seinem Grenzen herausdrängen. so beiderseitiger Befriedigung Doppelheirat vereinbart).

그러한 맥락의 이해를 위해서 앞에 말한 바를 짧게 되풀이하면, 막시밀리안 1세 황제의 두 자녀 마르가레테와 필립 1세를 스페인의 가톨릭 왕 부부 페르난도 2세와 이사벨 1세의 자녀 돈 후안과 후아나 1세와 결혼시키는 것이었다.

1496년 아라곤(Aragon) 왕 페르난도 2세는 왕녀 후아나 1세를 태우고 플랑드르(Flandre)로 가고 또 그곳 대공(大公)의 딸을 싣고 스페인으로 올 함대(Flotte)를 준비하고 있었다. 동년 9월 후아나 1세는 네덜란드의 미델뷔르흐(Middelburg)에 도착하였으며 폭풍우 속 도항(渡航)으로부터의 피로를 풀기 위해 2~3일간 그곳에서 체류하였다. 그 후 리에르(Lier)란 곳으로 이동했으며 그녀의 약혼자 필립 1세를 기다리면서 헛되이 2주일이나 보내야만 했다. 그렇게 된 데에는 당시 필립 1세가 아버지 막시밀리안 1세와 함께 영양(羚羊, Gemse)을 사냥하기 위해서 신성로마제국의 합스부르크가 황제 막시밀리안 1세의 고국(故國) 오스트리아 티롤(인스부르크, 황궁이 있는 곳)의 란데크(Landeck)에서 머무르고 있었기 때문이다.18)

주 스페인 베네치아의 대사 퀴리니(Quirini)는 다음과 같이 쓰고 있다.

---

17) *Ibid.*
18) Heinrich Lutz, *op. cit.*, p. 27.

"필립 1세는 미남이고, 힘이 세며, 건강하고, 결투에 능하며, 승마에 민첩하고 전쟁에서 신중하고, 모든 힘든 일을 잘 이겨 낸다. 또한 그는 정의(正義)를 사랑하고, 정의가 잘 지켜질 수 있도록 노력할 뿐 아니라 경건하고, 자기가 한 말에 대해서 신의를 지킨다. 이 외에도 그는 특별한 재능으로 사물에 대한 이해가 빠르나 대답은 느리며 약속한 일에 대해서는 결단코 실행에 옮긴다. 나아가 그는 신뢰하는 자들의 조언을 잘 듣고 타고난 성격 때문에 그가 사랑하는 사람들의 말을 따르는 경향이 있다." 또한 파딜라(L. de Padilla)는 자신의 연대기에서 미왕 필립 1세에 대해서 다음과 같이 쓰고 있다. "필립 1세는 키가 매우 크고, 힘이 세며, 동작이 민첩하고, 불그스레한 안색을 가지고 있으며, 금발이었고 부드러운 눈빛을 가지고 있었으며, 그의 두 눈이 보여 주는 고상한 아량과 부드러운 시선은 상대를 깜짝 놀라게 한다. 또한 그는 자신이 이제까지 본 것 중에서 가장 아름다운 손톱을 가지고 있다"라고 하였다. 그리고 플랑드르의 골목에서는 이 같은 내용과 어울리는 노래를 불렀다. 이 밖에도 유명한 역사가 피렌(H. Pirenne)은 "필립 1세가 불러일으킨 감동은 놀라울 정도였고 네덜란드의 첫 참된 대중적 통치자였다"(Er war der erste wirklich volkstümliche Regent der Niederlande)라고 하였다.19)

후아나 1세가 참으로 오랫동안 기다렸던 남편은 마침내 10월 16일 그녀 앞에 나타났다. 두 젊은 남녀는 만난 첫 순간부터 사랑으로 불타오르고 있었다. 그들은 교회 결혼식을 기다릴 수 없어 궁정 부사제의 간단한 의식을 거친 후 당일 저녁 함께 침소에 들었으며 결혼식은 며칠 뒤인 1496년 10월 20일에 거행되었다. 기록자는 계속해서 쓰기를, 후아나 1세는 남편을 열정적으로 사랑하고 있으나 필립 1세는 같은 정도로 응하지 않고 있다고 하였

---

19) *Ibid.*

다. 사랑을 주면서 사랑을 받지 못하는 것이 매일 같이 되풀이되었다(Zu lieben, ohne Gegenliebe zu finden, ist ein alltägliches Begebnis).

이것은 일생 동안 겪어야만 하는 일이 되었고 그것을 겪는 매순간은 쓰라린 경험이었다. 아낌없이 헌신하면 할수록 그녀가 받는 충격은 깊어만 갔다. 자신을 완전히 바치고 자신을 공허 속에 내던진 것을 알게 될 때 그녀에게 닥쳐오는 것은 극도의 충격이었다. 자신을 바쳐 사랑을 하는데 사랑하는 사람이 사랑을 받아들이지 않고 같은 정도로 깊이 간직한 사랑을 되돌려 주지 않는다면 사랑하는 사람은 마침내 자신을 상실하게 된다. 그 이유는 오직 영혼의 교환만이 육체를 결합시키기 때문이다. 그러나 필립 1세는 재빨리 그녀에게 싫증을 느끼게 되었고 향락에 빠져들게 되었으며 곧 바로 사랑 때문에 혼란에 빠진 부인을 등한시하였다(Aber Philipp wandte sich, rasch gesättigt, seinen Vergnügungen zu und vernachlässigte bald seine liebeswirre Frau).[20]

그러는 사이에 스페인 여왕 이사벨 1세는 돈 후안의 약혼녀를 부르군트로부터 스페인으로 데리고 올 함대를 기다리고 있었다. 함대는 1497년 3월 8일 스페인에 도착하였고 가톨릭 왕 부부는 마르가레테를 환영하였으며 젊고 아름다운 예비 며느리에 대해서 황홀한 느낌이었다. 이사벨 1세는 후아나 1세 대공비(大公妃)가 어떻게 지내는지에 대해서 수행원들에게 물었고 제독으로부터, 필립 1세는 신사(Gentilhomme)이며, 잘생긴 데다가 기분이 좋아 보였으며 기질이 좋아, 따님이 이보다 더 재능이 많고 아내를 사랑하는 사람을 만날 수는 없을 것이라고 말하였다.

돈 후안과 마르가레테의 결혼식은 축제 분위기 속에서 거행되었다. 결혼식 후 신혼부부가 부르고스(Burgos, 스페인 북부 해안에 가까운 지역) 대성

---

20) *Ibid.*

당 밖으로 나왔을 때, 두 사람은 금발이었고 키가 컸으며, 주위 사람들에게 마치 천사 부부 같이 보였다. 오스트리아(Austria)와 스페인의 피를 끌어당기는 마법이 다시 작용하기 시작한 것이다(Vom neuen wirkte der Zauber, der das österreichische und das spanische Blut zu einander zog). 돈 후안과 마르가레테는 서로를 너무 좋아했고, 때문에 젊은 왕자의 힘이 지나치게 소진되자 어머니 이사벨 1세는 두 사람을 당분간 격리시켰다. 그러나 서로가 너무 그리워하여 얼마 안 되어 재결합하게 되었다. 이때 이사벨 1세는 마르가레테에게 자제를 당부하였고 고해신부는 돈 후안에게 열정의 위험성에 대해서 경고하였으며 그렇지 않을 경우 생명이 헛되이 사라질 것이라고 하였다. 이후 스페인 왕의 상속자 돈 후안은 마드리드 남쪽의 살라망카(Salamanca)에서 열병에 걸려 쇠약해진 몸이 소멸되고 말았다. 당시 마르가레테는 임신 중이었는데 몇 달 후 사산(死産)하였다.[21]

이리하여 카스티야의 왕위 계승권은 포르투갈 왕과 결혼한 돈 후안의 큰 누나인 포르투갈 왕후 이사벨(페르난도 2세와 결혼한 이사벨 1세의 딸이자 돈 후안의 누나)에게로 넘어가게 되었다. 가톨릭 왕 부부는 이 젊은 부부가 카스티야 의회(Cortes)에서 선서할 수 있도록 카스티야로 오라고 초청하였다. 그러나 이 일이 있은 직후 포르투갈 왕후 이사벨은 미겔이라는 아들을 낳은 후에 사망하였다. 그리고 이 아이는 페르난도 2세와 이사벨 1세의 커다란 희망이 되었다. 그 이유는 사위 필립 1세가 프랑스 왕 루이 12세와 조약을 체결함으로써 페르난도 2세에게 불신이 생겼기 때문이다. 대공 필립 1세는 자신의 아버지 막시밀리안 1세와 장인 페르난도 2세의 바람을 저버린 채 프랑스 루이 12세와 협약을 맺고 합스부르크가의 상속인이라기보다는 프랑스의 봉신(封臣)처럼 행동하였다.

---

21) Albert Renner, *op. cit.*, p.341.

한편, 스페인 여왕 이사벨 1세는 사위 필립 1세가 그의 아내에게 돈을 주지 않아 하인들에게 줄 용돈이 없고 자선 헌금을 낼 돈도 없으며 경박한 부르군트의 궁정에서 홀로 외롭게 지낸다는 플랑드르로부터의 소문을 듣고 몹시 불안해하였다. 이사벨 1세는 1498년 초에 후아나 1세가 어떠한 상황에 처해 있는지를 알기 위해서 산타크루즈(St. Cruz) 수도원의 부원장 마티엔소(Matienzo) 수도사 신부를 파견하였다.

같은 해 8월에 마티엔소 신부는 브뤼셀에서 다음과 같이 기술하였다. "오늘 우리는 필립 대공 부인과 이야기를 나누었습니다. 그분은 우리를 반가이 맞이하였습니다. 저는 공작 부인에게 제가 온 이유에 대해서 설명하였고 부인은 우리를 환대하였습니다. 여왕께서 따님에 대해 전혀 걱정할 필요가 없을 정도로 매우 사랑스럽고 아름다우며 포동포동 건강 상태가 양호하였습니다. 그리고 임신 상태는 상당히 진행되어 있었습니다"라고 하였다. 그러나 그 후의 편지는 앞의 내용과는 다른 내용으로 다음과 같다. "오늘 저녁 세 번째로 공작 부인과 이야기를 나누었으며, 제가 전하께 보고할 수 있도록 부인의 삶에 대해서 이야기해 줄 것을 청했습니다. 부인께서는 자신이 이미 편지를 보냈기 때문에 아무런 할 말이 없다고 하였습니다. 제가 전하께 꼭 드려야 할 말은 공작 부인께서는 제가 그곳에 온 것에 대해서 별로 좋아하지 않는다는 것입니다 … 그래서 저는 심문하기 위해서 온 것이 아니라 부인의 입술을 통해서 나오는 말을 기록할 뿐이라고 했습니다. 제가 그곳에 온 때문인지, 아니면 부인의 경건치 못함 때문인지 몰라도 성모승천축일(聖母昇天祝日)에 두 고해신부가 방문했을 때 그 누구에도 고백성사(告白聖事)를 보지 않았습니다." 마티엔소의 다음 편지에서는, "공작 부인 후아나 1세는 굳고 거친 마음인 것 같았습니다. 부인의 고해신부와 다른 성직자들이 신앙으로의 복귀를 위해 노력했지만 부인은 소극적이고 저항적이었습니다"라고 썼다.[22]

1498년 11월 16일 후아나 1세는 첫 딸을 출산하였고 세례명은 막시밀리안 1세 황제의 어머니[포르투갈의 레오노르(Leonor de Portugal) 혹은 포르투갈의 엘리노어(Eleanor of Portugal)]를 생각해서 레오노르(Leonore)라고 하였다. 이때 막시밀리안 1세 황제는 세례식에 나타나지 않았는데, 그 이유는 '자신의 계획에 방해가 되는 아들의 독단적 행위에 대해서 불만을 표시하기 위해서'였다. 당시 플랑드르 화가가 그린 출산 후의 후아나 1세의 초상화는 여성스럽고 부드러운 얼굴이었으며 눈빛은 흐릿했고 외형적인 모습은 수줍으며 겸손하였다. 당시의 후아나 1세는 의지가 되는 사람의 보살핌이 전혀 없는 뿌리가 뽑힌 존재에 불과하였다. 이러한 후아나 1세는 1500년 2월 겐트에서 장차 신성로마제국(부르군트 포함)과 스페인 그리고 라틴아메리카의 스페인 식민지, 즉 해가 지지 않는 제국을 통치할 아들[1516년에 스페인 왕 카를로스 1세(Carlos Ⅰ de España), 1519년에 신성로마제국 카를 5세(Karl Ⅴ)가 될]을 낳았다. 그리고 그의 세례명은 부르군트 용맹왕 칼(할아버지 막시밀리안 1세의 장인)의 이름을 따라 '카를'(Karl)이라고 하였다.

카를이 태어난 몇 달 뒤에 사자(使者)들은 스페인 왕위에 오르게 될 미겔(이사벨과 포르투갈 왕자의 아들)이 사망하였다는 소식을 브뤼셀 궁정에 전해 왔고[23] 때문에 왕위 계승은 후아나 1세에게로 넘어가게 되었다. 그리고 1516년 마침내 16세의 카를이 스페인 왕위에 오름으로써 루츠 교수는 강의에서 역사의 '운명설'을 뒷받침하는 가장 좋은 예라고 하였다.[24] 또한 사자들은 부르군트 대공 부부(필립 1세와 후아나 1세 부부)가 카스티야와 아라곤 왕의 후계자 승인을 받기 위해서 가급적 빨리 스페인으로 오라

---

22) Heinrich Lutz, op. cit., p.49.
23) 참고로, 당시의 스페인 왕위 계승 순서는 1. 돈 후안, 2. 포르투갈 왕후 이사벨, 3. 이사벨의 아들 미겔, 4. 후아나 1세, 5. 후아나 1세의 남편 필립 1세, 6. 얼마 전에 태어난 후아나 1세의 아들 카를 순위이었다.
24) Heinrich Lutz, op. cit., p.51.

는 스페인 가톨릭 왕 부부의 뜻을 전하였다. 이때 필립 1세는 여러 구실을 대면서 날짜를 계속 지연시켰는데, 한 기록자는 이 무렵 대공은 적절히 처신하기보다는 향락에 빠져 있었다고 쓰고 있다.

1501년 7월 15일 후아나 1세는 브뤼셀에서 셋째 아이인 딸을 낳았고 자신의 어머니의 이름을 따라 이사벨이라고 정했다(이후 덴마크 왕자비가 되었음). 1501년 말경에 이르러서야 필립 1세는 스페인으로 떠날 결심을 하였다. 다행히도 이때는 막시밀리안 1세 황제와 프랑스 사이에 평화가 유지되고 있어 필립 1세와 후아나 1세는 바다 대신 육지를 통해서 갈 수가 있었으며, 12월 초에 프랑스 중부 도시 블루아(Blois)에 도착해서 프랑스 왕의 영접을 받았다. 그리고 이어지는 축하 행사는 후아나 1세의 오만 때문에 축소되고 말았는데, 사건의 발단은 프랑스 왕 루이 12세(Louis XII, 1498~1515, 발루아가)가 대공 부부에게 '프랑스의 봉신(封臣) 플랑드르(부르군트) 백작'이라는 표시로 건네준 주화(鑄貨)를 후아나 1세가 거절한 데서 비롯되었다.

그리고 이로 인해서 프랑스 왕후는 마음이 몹시 불쾌하였다. 다음날 일요일 프랑스 왕후는 손님들과 교회 밖으로 나올 때 외교상 관례에 어긋나게 후아나 1세가 선행(Vortritt)토록 하는 대신에 자신이 먼저 교회 문을 나섰다. 이를 모욕으로 느낀 후아나 1세는 뒤따라 나가는 대신에 교회 내에서 잠시 머물러 있었으며 루이 12세의 부인은 밖에서 초조한 가운데 기다려야만 했다. 이 예기치 못한 돌발 사건으로 인해서 여행 일정은 단축되어야만 했고 필립 1세와 후아나 1세 부부는 심한 언쟁을 하였다.[25]

1502년 1월 29일 대공 부부는 스페인의 땅 온다리비아(Fuenterrabía)에 도착하였다. 5월 22일 대공 부부는 가톨릭 왕 부부 · 고위 성직자들 · 고관

---

25) *Ibid.*

들이 참석한 대성당 내에서 스페인 왕위 계승자로서 선서하였다. 즉, 교회 내에서 스페인의 법률·관습·특권을 준수하겠다는 맹세를 한 것이다.

하지만 필립 1세는 심각하고 엄격한 카스티야의 궁정에서 지내는 것이 전혀 마음에 들지 않았다. '스페인의 여인들은 참으로 진실하고 도덕적이구나'하면서 명랑하고 장밋빛인 플랑드르와 오스트리아 여인들만을 생각하면서 한숨을 내쉬었다. 고향의 아가씨들은 얼마든지 자신을 가볍게 허락하는데, 이곳의 아가씨들은 얼마나 마음을 다하여 정절을 지키는지! 이곳은 마치 수도원 같으며 여기서는 더 이상 견뎌 낼 수 없겠구나 하는 생각이 들었다.

이러한 분위기 속에서 필립 1세는 자기를 동반한 친구들과 귀국하기로 결심하였다. 그 이유에 대해서는 '긴박한 정무' 관계로 지체 없이 귀국하라는 지시 때문이라고 하였다. 그런데 이때는 페르난도 2세와 프랑스 사이에 적대 관계가 재발된 상태였다. 때문에 페르난도 2세는 나의 사위가 적의 나라를 통해서 가는 것이 불가능하다고 하였고, 이사벨 1세 여왕 또한 다시 임신한 후나 1세의 건강 상태를 눈앞에 똑똑히 보여 주면서 이러한 상황하에서는 길고 힘든 여행을 하는 것이 불가능하다고 하였다. 그러나 필립 1세의 결심은 확고하였다. 필립 1세의 여행 계획이 알려지자 카스티야 의회에서는 필립 1세가 자국의 백성들이 싸우고 있는 적의 나라를 통해서 여행하는 것은 결코 있을 수 없는 일이므로 스페인에 머물러 있는 것이 좋겠다는 청원서를 필립 1세에게 제출하였다.

그럼에도 불구하고 의무를 망각한 필립 1세는 1502년 12월 19일 마드리드(Madrid)를 떠났고 프랑스를 통과할 때 리옹(Lyon) 등에서 열렬한 환영을 받았으며, 이후 오스트리아의 인스부르크에 도착하여 아버지 신성로마제국 황제 막시밀리안 1세와 상봉하였으며, "오, 나의 사랑하는 오스트리아여!"(Oh, du mein Österreich!)라고 외쳤다.

남편이 없으면 삶의 희망과 기쁨을 잃고 마는 후아나 1세는 남편의 부재중에 많은 고통을 겪으면서 지내게 되었다. 1503년 3월 10일 에나레스(Henares)에서 넷째 아이인 둘째 아들을 출산하였고 자신의 아버지 이름을 따라 페르디난트 1세(1556~1564, 이후 형 카를 5세에 이어 합스부르크가 신성로마제국 황제가 되었음. 그 이전에는 독일·오스트리아 중심 영토의 통치자)라고 명명하였다.26) 그리고 말라가(Malaga) 주교는 그의 세례 연설에서, 하느님의 많은 은총을 입은 공작 부인은 아무런 고통이 없는 가운데 아이를 낳았으며, 결코 이 세상에서 볼 수 없을 정도로 행복하게 해 주는 남편이 있다고 찬사를 아끼지 않았다.

후아나 1세는 아이를 낳자마자 남편에게로 가겠다고 하였다. 그러나 스페인이 프랑스와 전쟁 중이라서 당분간 육지를 통해서 여행하는 것은 불가능한 일이었다. 때문에 후아나 1세는 바다를 통해서 가도록 해 달라고 요구했고 어머니 이사벨 1세는 가급적 빨리 도항할 수 있도록 배를 준비하려고 하니 그때까지 잘 참으라고 하였다. 그러나 후아나 1세는 출발 일자가 계속 미루어지자 흥분하기 시작하였다. 이때 이사벨 1세는 그녀를 세고비아(Segovia)로 옮겼으며 그녀가 도주하지 못하도록 철저히 감시하도록 하였다. 이로 인해서 어머니 이사벨 1세는 난폭해진 딸과 날마다 논쟁하느라고 몹시 지쳐 버렸고 마침내는 병으로 이어졌다. 이때 의사들은 군영(軍營)에 있는 후아나 1세의 아버지 페르난도 2세에게 편지를 보냈는데, 그 속에 그들은 후아나 1세의 상태에 대해서 상세히 기술하였다.

그녀는 잠을 잘 자지 못하고 잘 먹지 못하며, 어떤 때는 전혀 먹지 아니합니다. 뿐만 아니라 그녀는 큰 슬픔에 잠겨 있고 여윈 상태이며 자주 전혀 말을 하지 않으려고 합니다. 이와 같은 상태는 오직 사랑과 위로의 말 또는 두려움을 통

---

26) Thomas Nipperdey, *Deutsche Geschichte, Band I*, München, 1992, p.138.

해서만이 치유될 수 있는 것입니다. 그런데 당부나 따뜻한 말을 듣지 않으려고 합니다. 무엇을 강요하면 매우 흥분하고 작은 강제도 그녀를 혼란하게 하며, 그러한 말을 시도하는 사람에게 불쾌감을 주기 때문에 누가 감히 하려고 하지 않습니다. 그리고 이와 같은 저의 말은 이사벨 1세 여왕이 경건치 못한 딸에게 억지로 종교적 의무를 강요하고, 후아나 1세는 영적 조언을 들으려고 하지 않는다는 것을 의미합니다.

후아나 1세가 3살 된 아들 카를의 서명이 첨부된 '후아나 1세를 부르군트로 보내 달라고 간청하는 필립 1세의 편지'를 받았다는 사실을 알았을 때 그녀는 오직 플랑드르로 가는 일에만 몰두하였다. 이사벨 1세가 그녀의 여행을 거절하자 후아나 1세는 비밀리에 그녀의 플랑드르 수행원들로 하여금 탈출을 준비토록 하였다. 이사벨 1세가 이 사실을 알게 되자 후아나 1세를 메디나 델 캄포(Medina del Campo) 성으로 데려와 코르도바 주교의 감시하에 마치 포로와 같이 대했다. 이 상황에 대해 기록자 마르티르(P. Martyr)는 보고하기를 "후아나는 자신이 그처럼 감시당하고 있다는 사실을 알고 마치 성난 암사자 같이 광란하였다"(Sie tobte wie eine gereizte Löwin)라고 했다.27) 또한 후아나 1세는 이에 대해서 "자신을 남편으로부터 강제적으로 격리시키기 위한 음모"라고 비난하였으며, 자신의 무기력 앞에 분노하였다고 하였다.

폭풍우가 세차게 몰아치는 어느 한 11월 밤에 그녀는 그녀의 방으로부터 탈출하는 데 성공하였고 성의 대문에 이르렀다. 그녀는 경비 근무자에게 문을 열라고 명령하였다. 그러나 경비가 이에 응하지 않자 필사적으로 굳게 닫힌 문을 흔들어 댔으며 피가 많이 흐름에도 두 손으로 계속 두들겼다. 연로한 주교가 성급히 달려와 후아나 1세를 진정시키고 문으로부터 격

---

27) Heinrich Lutz, *op. cit.*, p.47.

리시키고자 했으나 후아나 1세는 완강히 저항했다(Der alte Bischof eilte herbei und versuchte sie zu beruhigen. Juhanna ließ sich nicht von der Tür wegbringen).

그녀의 한 궁중 여인은 후아나 1세에게 날이 상당히 추우니 덧옷을 걸치라고 하였으나 그녀는 어떠한 권고도 들으려고 하지 않았다. 이 상황을 전해 들은 이사벨 1세가 자신의 아픈 몸을 이끌고 그녀에게 다가왔다. 이때 후아나 1세는 어머니에 대한 끊임없는 경외심으로 인해서 다시 자신의 방으로 되돌아갈 생각을 하였다. 그러나 후아나 1세는 자신의 방에서 어머니에게 이루 말할 수 없는 심한 말을 퍼부어 댔다. 이사벨은 브뤼셀에 있는 여왕의 대사에게, "후아나 1세는 나에 대한 아무런 존경심도 없이 그리고 딸이 어머니에게 해서는 안 되는 말투로 비난을 하였는데, 내가 그녀의 정신 상태를 모르고 있었더라면 도저히 용서할 수 없는 일이다"라고 썼다.

이러한 후아나 1세의 정신 상태는 여왕의 굽히지 않는 성격 때문이기도 하며, 수개월 동안의 감금 생활 중에 병적인 상태로 발전하게 된 것이다. 그리고 후아나 1세의 커다란 외침 소리는 메디나 델 캄포 성 밖으로 울려 퍼졌다. 이때부터 백성들은 후아나 1세를 '미친 여자'라고 부르기 시작했다(Von da an man im Volke, sie 'Juanna die Wahnsinnige' zu nennen).

1504년 3월 1일 마침내 후아나 1세는 메디나 델 캄포 성을 떠나 배를 타기 위해 라레도(Laredo)로 갔다. 그러나 날씨가 좋아질 때까지 그곳에서 2개월 동안 머물러야만 했다. 6월 초에 그녀는 플랑드르(브루군트)에 도착하였다. 하지만 그녀가 그처럼 애타게 그리워했던 남편 필립 1세는 그녀에게 차갑고 무관심으로 일관했다. 후아나 1세는 "아! 장기간의 별거가 나와 남편 사이를 소원하게 만들었구나"라고 생각하였다.

무엇이 냉담의 직접적인 원인이었을까? 후아나 1세는 남편 필립 1세가 아름답고 사랑스런 귀족 출신의 여인을 친구로 사귀고 있다는 사실을 알게 되었을 때 격분하였으며 거친 암사자와 같이 그녀에게 달려들어 머리를 뽑고 얼굴을 할퀴었다. 기록자 에스탕크(Estanques)는 이 돌발 사건에 대한 기술에서 다음과 같이 첨언하였다. "필립 1세는 후아나 1세에게 다가가 심한 말과 질책을 했으며, 심지어는 때리기까지 하였다"(und man sagt auch, daß er schlug). 감수성이 예민하고 여린 후아나 1세는 자신에 대한 대공의 좋지 않은 행위로 말미암아 "심한 고통을 받게 되었고 병이 났으며 이성을 거의 잃게 되었다"(daß sie erkrankte und fast den Verstant verlor).

이 사건은 입에서 입으로 퍼져나갔고 유럽의 모든 궁정에서 비판의 대상이 되었다. 사람들은 말하기를, 후아나 1세가 필립 1세의 두 팔에 안겨 있는 여인을 덮쳤다고 하였고, 다른 사람들은 이 사건은 궁중의 축제 중에 일어났는데 후아나 1세가 그녀의 따귀를 때렸다고 하였으며, 필립 1세는 사람들의 면전에서 부인에게 심한 모욕을 주었으며 더 이상 아내와 할 일이 없을 것이라고 하였다.[28]

그럼에도 불구하고 후아나 1세는 남편으로부터 두 아이를 더 얻었다. 그래도 두 사람 사이에는 이성의 매력이 작용한 것이다. 그러나 두 사람은 여전히 적대시하였다. 후아나 1세의 실망한 사랑은 악의 방향으로 나아갔으며 끊임없는 흥분과 저항으로 나타났다. 필립 1세는 장인인 페르난도 2세 스페인 왕에게 "저는 후아나 1세를 정치에 참여시키려 하지만 그녀는 모든 것에 대해서 아니라고 하였으며, 그녀를 자극시키지 않기 위해 그녀가 하고 싶은 대로 하라고 하였습니다"라고 자신의 행위를 정당화시키는 편지를 썼다. 마침내 후아나 1세는 자신을 궁정 생활로부터 격리시키기 시작했다. 그녀에게는 주위의 모든 것이 허깨비처럼 보였으며 실제적인 것은 이따금 필립 1세가 그녀의 침소를 찾는 것뿐이었다. 후아나 1세는 모든 플랑

---

[28] Heinrich Lutz, op. cit., p.51.

드르 궁녀들과 작별하였으며 대신에 필립 1세가 그들의 외모를 혐오하는 몇 명의 무어인(아프리카 북부 베르베르인과 아랍인의 혼혈인 이슬람교도) 시종만을 두게 되었다.29)

한 기록자는 필립 1세의 반성을 바라는 뜻에서 다음과 같이 썼다. "젊은 시절의 남녀들은 온갖 종류의 쾌락을 추구하고 특히 여성에 있어서는 더욱 그러하다. 만약 남편이 다른 여인들에게 마음을 뺏기고 기만하며 주위 젊은이들의 조언에 따라 더욱 심해진다면 세상에서 가장 어진 여인일지라도 질투하고 심한 고통을 받게 될 것이다. 3년 동안 후아나 1세는 편할 날이 없었으며 마치 저주받고 정신이 나간 사람처럼 보였다. 아, 가련한 후아나 1세, 한 남자의 사랑을 지키는 것이 그토록 힘이 드는구나! 미지의 여인의 뺨은 필립 1세에게 아름답게만 보였고, 이방인의 눈빛은 커다란 희망이었지만 이제는 참고 견디는 것이 그녀의 운명이 되었도다, 참고 견디는 것이."

사랑이란 것은 사랑하는 사람의 약점을 이해하고 용서하는 것이다. 그러나 동물적인 수준에서는 모든 것이 투쟁이며 투쟁은 최후의 순간까지 화해할 수 없는 것이고 복수를 바라는 것이다. 이런 관점에서 보면 후아나 1세의 사랑은 자기 보존 욕구였고 무분별했으며 맹목적이었다. 그래서 "질투는 무덤과 같이 무서운 것이다"(Eifersucht ist grausam wie das Grab)라는 노래가 떠돌아 다녔다. 기록자 에스탕크는 "그녀가 자신이 그 누구보다 더 사랑하는 남편 곁에 있고 싶어 했고 그녀가 남편 곁에 있으면 남편이 편한지 아니면 불편한지를 생각하지 않았다"라고 쓰고 있다.

스페인의 시인 폴로(G. Polo)는 '질투'란 현재 있지도 않고 앞으로도 있지 않을 그 무엇에 대한 부당한 공포심이며 자기 자신에 대한 과소평가로 대단히 위험한 것이라고 했다. 그리고 프랑스의 수학자·근대 철학의 아

---

29) Heinrich Lutz, *op. cit.*, p.56.

버지 데카르트(R. Descartes)는 그의 열애론(熱愛論)에서 이 사건에 대해서 "그것은 올바른 방식으로 사랑하지 않는다(Qu' on n'aime pas del la bonne sorte)는 증표이고 자신과 남에 대한 나쁜 생각이며, 비록 천하게 느끼지는 않을지라도 이것을 버리는 것을 두려워할 필요는 없다"고 하였다. 나아가 데카르트는 열등의식·콤플렉스가 질투의 원인이라고 하였다.[30]

이사벨 1세는 마침내 근심 때문에 앓게 되었는데, 득병의 원인이 후아나 1세의 지나친 흥분이 정신병이 때문이라는 데에 있었으며, 이에 대해서 마음이 아팠기 때문이었다. 이러한 상황에서 여왕은 자신이 죽으면 후아나 1세는 멀리 바다 건너 스페인 식민지까지 이어지는 제국의 통치자가 된다는 데서 고민이 더욱 깊어만 갔다. 이사벨 1세는 자신에게 죽음이 다가오는 느낌을 갖게 되자 유언장에 만약 딸이 통치 능력이 없을 경우 "남편 페르난도 2세가 외손자(후아나 1세의 아들) 카를이 20세가 될 때까지 스페인을 통치한다"라는 글을 남겼다.

큰 한을 안은 채 이사벨 1세는 1504년 12월 28일 메디나 델 캄포에서 세상을 떠났다. 같은 날에 페르난도 2세는 그의 딸 후아나 1세를 여왕이라고 선포하였다. 전령관들은 "카스티야, 카스티야 우리의 통치자 후아나 1세를 위한 카스티야"(Castilla, Castilla für die Königin Dona Juana, unsere Herrin)라고 외쳤다.

그러나 페르난도 2세는 남편 필립 1세에 매달려 있는 딸에게 정권을 넘겨주려고 하지 않았다. 그다음 해(1505년 1월) 의회를 소집해서 자신을 스페인 통치자로 인정토록 하였으며 딸 후아나 1세는 병으로 인해서 나라를 다스릴 능력이 없다고 선언하였다. 이때 후아나 1세에게 심한 정신적 갈등이 생겼는데 그 이유는 그녀가 아버지와 남편 간의 권력투쟁에서 친정

---

30) Rene Descartes, *Geschichte der Philosophie*, VII, München, 1978, p.18.

아버지의 편을 들었기 때문이다. 왜냐하면 영혼이 용해되는 곳에서는 이 성스러운 불에 의해서 과거의 모든 유대가 사라지기 때문이다. 그러나 후아나 1세의 사랑은 한 번도 이런 정도의 변화에 이르지 못한 것이다. 이제 후아나 1세는 '남편을 배신한 것이 되었고 정신적인 배신은 남편의 외도보다 훨씬 무거운 것'이었다.

마침내 4월 말에 부르군트 대공 부부(필립 1세와 후아나 1세)는 스페인의 라 코루냐(La Coruna)에 도착하였다. 필립 1세는 당시 많은 수행원들을 동반하였으며 카스티야의 최고위 귀족들로부터 그 나라의 군주로서 환영을 받았다. 곧이어 필립 1세의 추종자들은 한 나라를 정벌할 수 있을 정도로 강화되었다. 필립 1세는 후아나 1세가 스페인에 입국하자마자 아버지 페르난도 2세에 밀착되어 있었으므로 공적인 협상에서 후아나 1세를 완전히 배제하기 위해 노력하였다. 당시 후아나 1세는 아버지의 승인 없이는 어떠한 일에도 서명하지 않았기 때문에 필립 1세의 모든 계획은 좌절되고 말았다. 그녀는 남편이 하는 말에 모두 반대한다고 말하였고 그녀의 적대 행위는 필립 1세의 수행원에게까지 미쳤으며, "스페인에서 아무것도 찾을 것이 없는 플랑드르인"이라고 까지 하였다. 이런 가운데 필립 1세와 후아나 1세는 한 천개(天蓋) 아래 나란히 앉아 바야돌리드(Valladolid)에 도착하였다. 이때 후아나 1세는 베일로 얼굴을 가렸고 모든 축하 행사에 불참하였다. 7월 1일에 후아나 1세는 의회로부터 충성 서약을 받았으며 필립 1세는 합법적인 '남편', 카를 5세는 합법적인 '아들'로서 왕위 상속자로 인정받았다(als Thronerbe anerkannt).[31]

필립 1세는 마치 포로와 같이 후아나 1세의 곁에 앉아 함께 말을 타고 다녀야만 했다. 그리고 그녀는 어떠한 여자도 필립 1세의 주위에서 어른거리

---

31) Heinrich Lutz, *op. cit.*, p.63.

는 것을 용납하지 않았으며, 때로는 후아나 1세가 수천 명의 수행원들 가운데 유일한 여자로서 필립 1세 옆에서 말을 타고 다녔다(oft einzige Frau in einem Gefolge von vielen tausend Mann). 이와 같이 그들은 왕과 여왕으로서의 충성 맹세를 받기 위해서 카스티야의 도시에서 도시로 이동하였다.32)

이러한 상황에서 페르난도 2세는 게임에서 자신의 패배를 인정하게 되었고 속령(屬領) 나폴리[Napoli, 149년 아라곤의 알폰소 5세(Alfonso V)가 전쟁 끝에 나폴리 왕이 되었음]로 물러나 있었다. 이제 필립 1세는 자신이 스페인의 유일한 통치자라는 느낌을 갖게 되었으며 페르난도 2세의 결정과 후아나 1세의 반대에 구애됨이 없이 독자적으로 행동할 수 있게 되었다.

이 자의적인 행위는 필립 1세가 구기 놀이를 하고 나서 한 잔의 냉수를 마신 다음에 열병에 걸렸고 수일 후인 1506년 9월 25일 28세의 나이로 사망함으로써 끝을 보게 되었다[독살설이 있음, als Philip plötzlich, nach einem Ballspiel ein Glas kaltes Wasser getrunken hatte, an einem Fieber erkrankte und nach wenigen Tagen am 25. September im Alter von acht und zwanzig Jahren starb. 일본 문헌에는, 夫の死後 發狂し、父フエルナンドが摂となり、自分はトルデシリャスで廢人の生活写送った(후아나 1세가 남편의 사후 발광하여, 아버지 페르난도 2세가 섭정을 하게 되고 그녀는 토르데시야스에서 폐인 생활을 하였다)].33)

필립 1세가 1주일간 병을 앓고 있는 동안 후아나 1세는 필립 1세 곁을 떠나지 않았다. 필립 1세의 와병 중에 후아나 1세는 밤낮을 가리지 않고 간호하였으며 필립 1세에게 가져오는 모든 약을 스스로 맛보기도 하였다. 후아나 1세는 필립 1세가 죽을 때까지 침착했고 눈물이 없었다. 그리고 이 같은 그녀의 정숙(靜淑)함은 주위 사람들을 당황케 하였다. 드디어 필립 1세가

---

32) *Ibid*.
33) 岩波, 『西洋人名辭典』, 東京, 1956, p.1142.

죽자 후아나 1세는 허물어졌으며 필립 1세의 죽은 몸에 키스를 퍼부었다. 때문에 그녀는 그녀의 방으로 옮겨졌고 며칠 동안 옷도 갈아입지 않고 잠도 자지 않은 채로 뻣뻣이 굳은 몸이 되어 침대에 누워 있었다.

그사이 필립 1세의 사체는 방부 처리하여 인근의 수도원에 옮겨졌다. 그녀는 매주 수도원으로 가 필립 1세가 들어있는 관을 열도록 하여 죽은 자에게 키스하였다. 혹 필립 1세가 자고 있는 것이 아닐까? 당시 후아나 1세는 이교도 여자가 그에게 마법을 걸어 가사 상태이며 곧 다시 숨을 쉬게 될 것이라고 생각하였다. 그러나 이러한 기적이 일어나지 않자 동년 12월 말에 필립 1세의 마지막 소원인 그라나다 왕실 묘지로 옮기기로 하였다.

1507년 장례 행렬은 추운 밤에 이루어졌는데, 그 이유는 삶의 태양을 잃은 여인이 밝은 날의 빛을 보는 것이 어울리지 않는다고 생각했기 때문이었다. 4명의 주교, 4명의 신부 그리고 수도자 수사들이 장례 행렬에 동참하였다. 그리고 만삭이 된 후아나 1세는 4살 된 아들 페르디난트 1세를 동반하였다(글이 너무 길어지지 않도록 매우 줄였음).

1555년 후아나 1세가 죽었을 때 카를 5세 황제(Karl V, 1558년에 사망)는 브뤼셀에서 어머니 후아나 1세가 자신을 부르는 소리를 들었다고 한다. 서로가 멀리 떨어져 있을지라도 오직 심적으로 가까운 사람들만이 다른 사람의 영혼의 진동을 느낄 수 있기 때문이다. 어머니의 암울한 영혼 상태를 아는 것은 아들인 카를 5세 황제에게는 내밀한 큰 고통이었다. 카를 5세가 구교(가톨릭)를 위해서 전력을 기울이게 된 것은 아마도 자신의 통치권의 당위성을 위해서였으며, 어머니의 속죄와 구원을 위해서였을 것이다.[34]

---

34) *Ibid.*

제 2 장
근세 초 영국의 정치 상황과
크롬웰의 스페인·네덜란드와의 전쟁

1. 헨리 8세가 왕위에 오른 이후부터 크롬웰 등장 전까지 영국의 정치와 사회

1) 헨리 8세의 로마교황청과의 결별

 1509년 아버지 헨리 7세의 뒤를 이어 18세의 나이로 헨리 8세가 왕위 (1509~1547)에 올랐을 때 영국의 재정은 매우 안정되어 있었다. 영국, 특히 수도인 런던은 경제적 번영을 누리고 있었고, 인문주의자들은 그의 젊고 활달하며 사교적인 모습으로부터 기대에 부풀어 있었으며 황금시대가 도래할 것으로 생각하기도 했다. 그러나 왕은 이러한 기대와는 반대로 사냥·운동·축제 등을 즐기는 등 향락에 빠져 있었다. 그리고 정치는 무려 20년 동안이나 울지(T. Wolsey) 추기경이 마지막 성직 대법관(Lord Chancellor)으로서 전담했다. 그런데 추기경은 화려함과 군사적 명성이란 르네상스적인 의미에서 왕을 보좌함으로써 나라보다는 자신의 위치를 확고히 하려는 입장을 취했다. 이리하여 인문주의자들이 바랐던 '학문의 장려'는 이루어지지 못했으며 북아메리카로의 탐험 여행도 중단되고 말았다.[35]

이어 대외 관계를 중심으로 보면, 대불전쟁(對佛戰爭)과 그 후의 합스부르크가(Habsburg)와의 전쟁으로 말미암아 많은 돈을 소비했고 대외무역을 황폐화시켰으며 아무런 성과를 거두지 못했다. 그러나 지속적인 중요성을 지니게 된 것은 소(小)전투함대를 창설한 것이었는데 지중해의 둔중(鈍重)한 배보다 대서양에 더욱 적합했다.

그런데 헨리 8세의 가장 큰 고민은 후계 문제였다. 헨리 8세는 앞서 스페인의 후아나 1세의 결혼에서 보다시피 정략결혼으로 로마교황청으로부터 어렵게 사면(Dispens)을 받아 과부가 된 형수, 즉 스페인의 가톨릭 왕 부부 이사벨 1세·페르난도 2세의 딸 캐서린(Catherine of Aragon, Kathria, 후아나 1세의 여동생이며 카를 5세 황제의 이모)과 결혼하였다[Heinrich war mit Katharina von Aragonien verheiratet, der Witwe(과부) seines älteren Bruders; sie hatte ihm eine Tochter, aber keinen Sohn geboren]. 그러나 불행히도 헨리 8세가 간절히 바랐던 아들은 낳지 못했고 메리(Mary)만 제외하고 다른 딸들은 어려서 죽었다.36)

헨리 8세는 남통(男統) 후계자가 없어(Since Henry needed a male heir to preserve the succession of his Tudor dynasty) 자신의 왕조가 그의 적대자들에게 뺏기고 영국이 다시 혼란에 빠지는 것을 두려워하여 교황에게 형수 캐서린과의 결혼이 원천 무효임을 선언할 것을 간청하였다(The King hence appealed to Rome to allow the severance of his marriage to Catherine so that he could make Anne his queen). 또한 재미있는 것은 헨리 8세가 대륙의 신학자들에게 많은 돈을 주고 형수 캐서린과의 결혼이 무효인지 아닌지에 대해서 소논문(小文論)을 써 평해 달라고 했다(답변은 모두가 무효라고 했음).

---

35) Albert Renner, *op. cit.*, p.419.
36) 뒤에 언급될 것이지만, 이 딸이 왕위에 오른 후에 가톨릭화 과정에서 300명의 프로테스탄트 교도를 처형하여 역사상에서는 피[血]의 메리라 칭한다.

그러나 이 일로 인해서 교황 클레멘스 7세는 매우 난처한 입장에 빠지고 말았다.37)

그 이유는 다음과 같다. 첫째, 형수와의 결혼을 사면(Dispens)을 통해 허락해 놓고 이제 와서 그것이 잘못되었다고 하면서 다시 사면하는 것은 모순에 빠지고 교황청의 체면을 손상시키는 일이었기 때문이었다. 둘째, 앞에서(황제와 교황의 대립) 자세히 언급한 바와 같이, 교황이 카를 5세의 황제군에 의해 구금된 바 있는데 헨리 8세의 왕후 캐서린이 카를 5세 황제의 이모이기 때문에 두려워서도 허락할 수 없었다. 이와 같은 이유로 마침내 결혼 무효 선언을 거부하였다. 당시 영국 국민들은 캐서린 편에 서 있었으며 이혼을 강력히 요구하는 헨리 8세의 애첩(캐서린의 시종이자 헨리 8세의 두 번째 아내가 되는 앤 불린)을 증오하였다. 이 무렵 로마교황청이 헨리 8세에게 로마에 출두하여 교황청의 결정을 받아들일 것을 요구하자 헨리 8세뿐만 아니라 전 국민이 격앙되었다.

1529년 헨리 8세는 교황청에 압력을 가하기 위해서 의회를 소집했다. 의회는 교회에 대한 평신도들의 불평을 청취했고, 교회의 남용을 비난했으며, 성직자들의 수입을 감소시켰고, 교회가 왕의 허락 없이 법률을 공포하는 것을 금했으며, 성직자들이 대보속(大補贖)을 이행토록 했다. 이 같은 결의는 왕의 희망사항이었고, 의원들의 뜻과 일치하는 것이었으며, 로마를 적대시하는 일반 대중의 의사와도 동일한 것이었다.38)

이때 영국의 성직자들은 국가적으로 또 실제적으로 사고하고 있었다. 그들은 힘의 대결을 시도하지 않았으며 때문에 국민들로부터 동정을 받게 되었다. 그런데 1531년 한 영국 교회 회의에서 헨리 8세가 영국 교회의 수장임을 선언하였다. 이즈음 앤 불린은 출산을 기다리고 있었고 헨리 8세는 그

---

37) Egon Friedel, *op. cit.*, 349f. Conf. 岩波, 『西洋人名辭典』, 東京, 1956, p.1395.
38) *Ibid.*

녀와 비밀리에 결혼하였다. 그리고 캔터베리 대주교는 헨리 8세의 캐서린과의 결혼이 무효라고 선언하였으며 앤 불린은 새로운 왕후가 되었다. 이어 헨리 8세는 교황의 파문에 대해서 전혀 두려워하지 않는 가운데 1534년 의회로 하여금 두 번째 결혼에서 출생한 아이들만이 상속권을 가진다고 선언토록 하였다. 또한 교황의 칙서를 낭독하는 것과 로마에 돈을 보내는 것을 금지시켰다. 이러한 일련의 새로운 규정 때문에 주교와 대주교들은 교황이 아니라 황제에게 충성을 맹세해야만 했다[Next he induced Parliament to enact a series of laws abolishing all payments to Rome and proclaiming the English Church an independent, national unit, subject alone to royal authority. With the passage of the parliamentary 'Act of Supremacy(1534)', declaring "the King's highness to be supreme head of the church of England]. 이로써 영국 교회는 로마와 관계를 단절시키고 말았으며, 헨리 8세가 로마로부터 독립한 영국교회의 수장(首長令, Act of Supremacy)이 되었다. 나아가 헨리 8세를 교회의 우두머리로 인정하지 않는 자는 대역죄로 다스리기로 했으며, 그 한 좋은 예가 자신의 친구요, 자신이 영국 최고의 관직 대법관에 임명한 친구 토머스 모어(T. More)를 런던 타워에 감금하고 수장령과 이혼을 반대한다는 이유로 처형한 것이다.39)

로마와의 관계를 단절하면서 헨리 8세와 의회는 루터의 종교개혁에 합류하지 않았으며, 국가의 텅 빈 금고를 채우기 위해서 교회의 수장은 수도원을 철폐시켰고, 수도원의 재산을 몰수하였다. 그리고 대륙의 예와는 달리 그것이 사회적·교육적 목적에 이용되고 있을지라도 매각 처분했다. 이때 신흥 사업가들이 이 좋은 기회를 재빨리 포착하여 토지를 취득하게 되었고, 이로 인해서 1066년 이래 최대의 재산상의 이동이 이루어졌다.

---

39) 필자가 런던 피트먼컬리지 영어 고급반에서 대륙에서 온 영어 선생들과 연수를 할 때 사용한 교재가 『위대한 토머스 모어』(The Great man of all seasons)였음.

당시 수도원 재산으로 부자가 된 모든 사람들은 미래의 영향력 있는 계층이 되었으며 그 후의 모든 재가톨릭화 시도(Rekatholisierungsversuch)에 대해서 물질적인 이유 때문에 강력히 저항했다.

불운하게도 앤 불린(A. Boleyn)이 1533년에 출산한 아이는 큰 실망을 안겨다 준 여아이었다. 헨리 8세는 3년 후에 다른 여자를 취하기 위하여 앤을 부정(不貞)을 이유로 고발하여 처형하였다. 다음으로 왕후가 된 제인 시모어(J. Seymour)는 1537년에 그간 오랫동안 기다린 아들(9살에 헨리 8세의 뒤를 이어 왕위에 오른 에드워드 6세)을 낳았으며, 출산 시 사망하였다. 그리고 마지막 여섯 번째 처는 1547년에 죽은 헨리 8세보다 더 오래 살았다. 그리고 역사상에서는 이러한 헨리 8세를 부정적인 입장에서 '르네상스 스타일 왕'이라고 호칭하기도 했다.

2) 엘리자베스 1세 여왕에 대한 가톨릭 측의 공격

교황과 스페인 그리고 예수회(Societas Jesu, Jesuit)는 계속해서 가톨릭 과격분자들로 하여금, 엘리자베스 1세(Elizabeth Ⅰ, 1533~1603, 헨리 8세와 앤 불린의 딸)를 반대하고 튜더가의 헨리 8세의 사촌이며 스코틀랜드의 여왕(1542~1587, 재위 1542~1568)이 영국 여왕의 자리에 오를 수 있도록 봉기를 일으키라고 고무하였다. 1569~1570년에 스코틀랜드의 봉건귀족들이 드디어 봉기를 일으켰으나 이 최후의 봉건귀족의 반란은 쉽게 진압되었다. 그 이유는 남부 영국인들이 여왕에게 충성을 다하였고 북부 사람들이 귀족을 따르는 것을 주저했기 때문이었다. 봉기가 실패하자마자 교황 비오 5세(Pius V)는 엘리자베스 1세 여왕을 파문에 처했고, 영국의 가톨릭 신자들이 그들의 신앙을 택하거나 아니면 여왕을 택하라고 강요하였다.[40]

엘리자베스 1세 여왕은 살해되어야 하며, 영국의 가장 강력한 대공(大

公, Duke, 가톨릭) 노퍽(Norfolk)을 헨리 7세의 증손녀이며 스코틀랜드의 여왕 메리 1세와 결혼시키려고 했다. 그러나 이 계획은 실패로 돌아갔으며 노퍽은 1572년 처형되었다. 이에 예수회에서는 벨기에·로마·스페인과 함께 섬나라 영국을 재가톨릭화하기 위해서 새로운 기구를 창설하기도 하였다. 그리고 1574년에 선교사로 가장한 50명이, 1580년에는 100명 이상이 영국에서 활약했으나 그 효과는 미미했으며 심지어는 가톨릭 신자들까지도 외국의 사자(使者)들에 대해서 불신하게 되었다.

3) 엘리자베스 1세 여왕의 국내외 정책

엘리자베스 1세 여왕은 자신의 가까운 친척으로 스코틀랜드 여왕인 메리 1세(Mary Ⅰ, Mary Tudor, Bloody Mary)가 부단히 잉글랜드 여왕이 되려고 시도하는 어려운 여건에서도 현명한 정책으로 정치적 안정을 되찾을 수 있었고, 이루 말할 수 없는 빈국이었던 나라를 유럽 최강국이 되도록 하는 데 성공했다. 그래서 영국 역사상 가장 위대한 왕들 가운데 한 사람이란 평가를 받게 되었다.

좀 더 자세히 말해서 엘리자베스 1세 여왕은 사려 깊은 대내외 정책을 통해서 가톨릭 측의 공격으로부터 자신을 안전하게 지킬 수 있었다. 과격한 가톨릭과 프로테스탄트들을 멀리하는 대신에 온건한 가톨릭과 개신교 신자들이 자신의 주위에 모이도록 하였다. 앞서 통치했던 이복 언니 메리 1세 여왕(헨리 8세와 캐서린의 딸, 가톨릭계)으로부터 받은 것은 텅 빈 금고와 크나큰 부채 그리고 혼란에 빠진 화폐 등이었다. 그리고 이때는 생필품이 바닥이 났고, 대량의 실업 사태가 발생했으며 빈곤에 허덕이는 자가 늘

---

40) Elze Repgen, *Studienbuch Geschichte*, Stuttgart, 1989, p.558.

고 부랑자가 날로 증가했다.[41]

　이러한 영국이 처한 최악의 상황에서 벗어나기 위해서 엘리자베스 1세 여왕은 화폐개혁을 단행했고 화폐개혁의 성공으로 경제의 안정화를 위한 새로운 기초가 만들어졌다. 또한 의회는 이상적인 입법을 통해 농업·어업·상업·광업·해운업의 발전을 이룩했다. 특히, 산업 면에서 보면 벨기에 북부 앤트워프(Antwerp) 항구도시에의 의존도가 매우 낮아졌다. 그리고 치안관들이 가격과 임금을 감독했으며, 도제제도·구빈제도를 감독하였다. 나아가 노동 의무제를 실시했고 수공업자들에게는 7년간의 견습기간을 의무화시켰다.

　이 외에도 엘리자베스 1세 여왕 치하에서는 길드(Guild, 동업조합) 대신에 국가의 경제적 감독을 전 국민의 복지에 목표를 두었으나 개인과 기업가와 상인에게는 충분한 활동의 자유가 보장되었다. 그뿐 아니라 동업조합보다는 외국인과 새로운 경제 기획에 대하여 매우 관대하였다.[42]

　의회는 그 중요성이란 면에서 볼 때 약화되었으며 아버지 헨리 8세보다 덜 소집했고 소집 기간도 짧았으며, 의회에 제시되는 안건은 여왕 스스로 결정하거나 거부권을 행사할 수 있도록 하기도 했다. 한마디로 여왕은 지극히 독재적이었으나, 그것은 영국인들이 바라는 것과 일치했다. 즉, 여왕은 국민에게 가장 영국적인 여왕으로 비쳤다(Sie erschien ihnen als "The most English woman of England").

　다음으로 엘리자베스 1세 여왕의 대외 정책을 보면, 집정 초에 대단한 성과를 거두었다. 1535년 헨리 8세에 의해서 켈트족의 웨일즈(Wales)가 합병된 데 이어서 여왕은 이제까지 프랑스와 동맹 관계를 유지하고 있었던 스

---

41) *Ibid.*
42) Hans Fenske, Dieter Mertens, Wolfgang Reinhard, Klaus Rosen, *Geschichte der politischen Ideen*, Frankfurt, 1987, p.312.

코틀랜드(Scotland)와 타협과 조정을 통해서 양국 간의 오랫동안의 분쟁을 해결하게 되었고, 영국(England)과 웨일스와 스코틀랜드가 통합됨으로써 그레이트브리튼(Great Britain)이란 통일국가가 형성되었으며 그레이트브리튼으로서 역사를 창조해 나갈 수 있게 되었다[참고로 그레이트브리튼에 북아일랜드를 합한 명칭이 유나이티드 킹덤(United Kingdom)이다].

대외 관계에 있어서는 스페인과 프랑스에 대해 엘리자베스 1세 여왕은 매우 조심스런 태도를 취했다. 또한 여왕은 자국의 스페인 통치에 반대해서 반란을 일으키고 있던 네덜란드로의 스페인 항로를 차단함으로써 스페인에 대한 압력 수단을 소유하게 되었다. 또한 여왕은 때때로 프랑스의 제독으로 프랑스의 위그노(Huguenot)를 이끌고 있었던 콜리니(G. de Coligny) 장군과 위그노들을 지원하였고 네덜란드인들에게 군사적 지원을 아끼지 않았으나 대륙의 분쟁에 결코 적극적으로 가담하지 않았다. 대신에 여왕은 국력을 잘 비축해서 반종교개혁적 가톨릭인 스페인과 대결전을 벌여 해상 지배권을 차지하고자 했다.[43]

다음으로 엘리자베스 1세 여왕의 해상권 장악을 위한 스페인과의 전쟁을 보면, 본래 영국인들은 알렉산더 대제와 같이 세계 대제국을 건설하려는 것이 아니었고, 무역을 통해서 이익을 얻으려는 것이었다. 따라서 영국의 해외무역의 주역은 국가적 기획이 아니었고 비용과 부담을 공동으로 하는 개인들의 사적 회사였다. 그리고 이들은 상행위와 약탈 행위를 함께 하였다. 또한 1580년 스페인 왕 펠리페 2세가 포르투갈의 통치자가 되었을 때 영국과 스페인 관계가 첨예화되었다.

프로테스탄티즘의 옹호자였고 네덜란드의 통치자였던 오라니엔의 윌리엄 1세(Prince of Orange William)가 스페인의 펠리페 2세의 법적 보호박

---

43) *Ibid.*

탈로 광신적 반종교개혁 운동가에 의해 죽자(1584) 네덜란드 내에서 스페인의 입지가 더욱 강해졌고 이에 불만을 품은 엘리자베스 1세는 네덜란드와 조약을 체결하고 군대를 지원했다. 이에 당황한 펠리페 2세는 영국에 선전포고를 하였으며, 영국을 침입하기 위한 계획안을 로마교황청에 제출하였다. 그러나 교황은 조심스런 입장에서 스페인에 대한 재정적 지원을 스페인군의 성공적인 영국 상륙 후에 허락하였다.

이러한 상황하에서 엘리자베스 1세 여왕은 싸울 준비가 되어 있었고 군을 노예 상인이며 제독인 호킨스(J. Hawkins) 휘하에 두었고 호킨스는 군대를 자신의 경험을 바탕으로 재편성했다. 영국에 대한 스페인의 선전포고가 있은 후 영국의 탐험가이며 함대사령관인 드레이크(F. Drake) 제독은 스페인이 지배하는 서인도 제도와 플로리다로 약탈 행각을 벌이기 위해 떠났고, 1587년에는 23척의 배(6척은 왕실의 함대에 속하고 나머지는 상인과 해적에 속했음)로 카디즈(Cadiz, 스페인 서남부)를 공격해서 30여 척의 배를 파괴했고 스페인의 성을 공격했으며 4주 동안 포르투갈의 수도 리스본(Lisbon)을 봉쇄하였다. 그리고 이베리아 반도 서부 아조레스(Azores) 제도를 약탈하여 항해에 소요되는 비용의 2배를 얻기도 하였다.[44]

결정적인 해인 1588년 130척의 스페인 배가(본래 40척은 전함) 영국을 향해서 출정하였다. 이 스페인의 '무적함대'(無敵艦隊, Invincible Armada)는 2만 5,000명의 군인을 배에 싣고 있었으며 영국으로 출발하기 전에 스페인의 지배하에 있는 네덜란드에서 같은 수의 군대를 태우도록 되어 있었다. 그런데 불행히도 얼마 전에 해군 사령관이 죽음으로써 육군의 장군이 함대를 지휘하게 되었다. 이에 대해 영국 또한 비슷한 정도의 전함을 보유하고 있었으며 호위함은 스페인보다 많았다. 영국의 남해안 주민들은 그

---

44) *Ibid.*

들의 후예가 열심히 싸운 것과 마찬가지로 전쟁에 임했다. 그리고 서서히 그리고 잘 훈련된 항해를 통해서 스페인의 무적함대가 있는 칼레(Calais, 영국에서 제일 가까운 프랑스 항구)에 도착했다. 바로 거기에서 영국인들은 밤을 이용하여 불타오르는 8척의 배를 적진에 투입하였고 스페인 군대는 이루 말할 수 없는 공포에 휩싸이게 되었다. 커다란 혼란에 빠진 스페인군은 다음 날(7월 28일) 일대 격전을 벌였고 8시간의 전투 끝에 큰 손실을 보게 되었다. 살아남은 군인들은 순풍이 불어 북해를 통해 귀국 길에 올랐고 일부는 해안으로 밀려 살해되었다. 남은 60척의 배를 타고 스페인으로 돌아온 사람들도 기진맥진한 상태였다.45)

이로써 스페인 무적함대의 패배로 끝난, 카를 5세 아들 스페인 왕 펠리페 2세와 영국의 엘리자베스 1세 여왕 간의 싸움은 서양 역사상 가장 격렬한 전쟁이었고(the defeat Spanish Armada was one of the most decisive battles of Western history), 이로 인해서 세계의 바다가 영국에 활짝 열리게 되었다. 이러한 유리한 여건 속에서 1600년 런던에서 동인도회사(東印度會社)를 창설했으며 네덜란드와 함께 포르투갈인들을 인도양에서 축출했다. 또한 가톨릭 측의 프로테스탄티즘의 요충지 영국에 대한 공격이 실패로 끝남으로써 반종교개혁의 주 목적인 개신교의 완전 제거는 이루지 못했다.

만약 스페인이 영국을 지배할 수 있었더라면 스페인은 자국의 통치하에 있는 네덜란드를 붕괴시키고 아마도 모든 곳에서 프로테스탄티즘을 파괴해 버릴 수 있었을 것이다. 그러나 스페인이 총력을 기울인 전쟁에서의 패배로 프로테스탄티즘이 구해졌고 스페인은 점차 몰락의 길을 걸었으며, 이후 영국·네덜란드의 배들이 바다를 지배하게 되었다. 스페인과는 반대로 영국에서는 애국심이 더욱 강화되었고, 과거 어느 때보다 인기가 높아

---

45) Albert Renner, *op. cit.*, p.346.

진 엘리자베스 1세 여왕은 1603년 죽을 때까지 국민들로부터 진정으로 존경받게 되었다(popular even before then "Queen Bess" was virtually revered by her subjects until her death in 1603).

이와 비슷하게 약 200여 년 후인 1805년에 영국의 넬슨(H. Nelson) 제독은 스페인의 서남단 트라팔가르(Trafalgar)곶에서 벌어진 트라팔가르해전에서 프랑스・스페인의 연합군을 대파시켜 나폴레옹(Napoléon)에 대항해서 제해권을 차지하게 되었다. 전쟁에서 패배한 나폴레옹은 프랑스 황제가 된 지 2년 후인 1806년에 영국에 경제적 타격을 줌과 동시에 자국의 산업을 발전시킬 목적으로 대륙봉쇄령(Continental Blockade)을 내렸으나 큰 성과를 거두지 못했으며, 이탈한 러시아를 정벌키 위해 진군했으나 실패하였고 자신 또한 몰락하게 되었다.

4) 크롬웰과 당시 영국의 복잡한 상황을 잘 이해할 수 있도록 하는 개관

영국의 군인이요 정치가인 올리버 크롬웰(O. Cromwell, 1599~1658)은 헌팅던(Huntingdon)의 지방 귀족의 아들로 태어나 1640년에 의회 의원이 되었고, 영국의 내란(English Civil Wars)이 발발한 이후에는 퓨리턴(Puritan, 淸教徒)[46] 정신으로 무장된 철기군(Iron Sides)을 양성하여 혁혁한 전과를 올렸으며 마침내는 당시 영국의 전제 군주 찰스 1세(Charles Ⅰ)를 체포・처형하였다(Oliver Cromwell engl. Staatsmann trat 1640 im Parliament gegen König Karl I. und ließ ihn hinrichten).[47]

---

46) 16세기 후반 영국국교회에 반항하여 생긴 개신교회의 한 교파로 칼뱅주의를 바탕으로 모든 쾌락을 죄악시하고 사치와 성직자의 권위를 배격했으며, 철저한 금욕주의를 주장했다.

다음에서도 언급되겠지만, 영국의 헨리 8세(튜더 왕조)의 딸로 영국 역사상 지대한 업적을 이룩한 엘리자베스 1세 여왕의 후사가 없어 헨리 7세와 혈연관계가 있는 스코틀랜드 스튜어트가의 제임스 1세(James Ⅰ)가 영국의 왕이 되었다. 제임스 1세 왕은 『자유로운 군주국의 참된 법』이란 책을 내면서 "왕이란 신(하느님)에 의해서 지배권을 받았으므로 인간의 어떠한 법률에도 구속을 받지 않는다"라고 했다. 그리고 왕이 가뜩이나 어려운 상황에서 새로운 징세를 추진하게 되니 의회와 자주 충돌할 수밖에 없었다. 게다가 제임스 1세는 국교회를 강력히 옹호하고 가톨릭과 여타의 개신교파를 탄압하는 정치를 폄으로써 국교 이외의 교파들이 크게 반발하였다. 심지어는 왕을 암살하려는 시도가 있었다. 또한 장로교회가 지배적이었던 스코틀랜드에서 반발이 심했고 1620년에는 청교도들이 메이플라워(Mayflower)호를 타고 아메리카로 집단 망명하기도 했다. 그리고 이런 것들이 누적됨으로써 왕의 아들 찰스 1세 때 반란, 즉 내란이 발생한 것이다.

제임스 1세의 사망 후 찰스 1세 시대에 들어와서도 전제정치가 여전히 계속되었으며 불만이 누적되는 상황에서 큰 반란이 일어났다. 이 반란을 진압하기 위한 자금을 마련하기 위해 1640년 찰스 1세가 11년 만에 의회를 소집했으나, 의회가 승인의 전제 조건을 내세우자 개회 3주 만에 의회를 해산시켜 버렸다(단기의회, Short Parliament). 그리고 동년 가을에 다시 열었던 의회는 폐회되는 1653년까지 장기간 지속되었다(장기의회, Long Parliament, 크롬웰은 이 단기·장기의회의 의원이었음). 또한 찰스 1세는 프랑스 출신 귀족(루이 14세의 숙모)과 결혼하여 친가톨릭계 로드(Laud) 대주교를 캔터베리 대주교로 임명하였다. 로드 대주교가 영국의 국교를 로마의 교회(가톨릭)와 동일화하는 정책을 펴 나가자 대부분의 영국 국민은 경

---

47) Dtv. *op. cit.*, p.189.

악을 금할 수 없었다(Erzbischof Laud … anglikanische Kirche der römischen bis zur fast vollkommenen Identität anzunähren, … ein Greuel war).[48]

이렇게 상황이 악화된 가운데 아일랜드에서 인기가 많았던 스트랫퍼드(Strattford)를 의회가 체포·화형에 처함으로써 반란이 일어났고, 이를 계기로 왕당파와 의회파 간에 전쟁이 일어났으며 영국의 내란이 시작되었다. 처음에는 전쟁이 왕당파에 유리하게 진행되었으나 크롬웰이 60명의 기병대로 전쟁에 참여하여 위기에 빠진 의회군을 구출했다. 의회군의 지휘관이 되면서부터, 크롬웰은 케임브리지대학교를 나와 고향에서 지주로 조용히 지내던 생활을 청산하고, 자신이 직접 선발해서 훈련시킨 기병 위주의 군을 새롭게 조직했다. 그리고 그의 신형군(또는 신모범군, New Model Army)은 무서운 공격력 때문에 '철기군'이란 별명을 얻기도 했다. 이 신모범군이 강력했던 이유는 철저한 퓨리턴이었던 크롬웰과 같이 엄격한 규율과 종교적 열정으로 무장되어 있었고 성능이 뛰어난 장비를 지급받았으며 최고의 봉급을 받았기 때문이다. 절대로 양민 학살·음주·도박을 못 하도록 했고 병사들이 기도서와 찬송가를 들고 다니면서 전투 중에도 틈만 나면 기도회를 가졌다. 크롬웰군의 대부분은 "찰스 왕은 사탄의 부하이며 왕당파를 타도하는 것이 하느님의 명령"이라고 생각하였다.[49]

마침내 크롬웰은 군사 쿠데타를 일으켰다. 크롬웰의 병사들은 1648년 12월 의회를 기습하여 온건파 의원 약 200명을 내쫓거나 투옥시켰다. 그리고 크롬웰은 자신을 지지하는 약 3분의 1의 의원으로 의회를 운영(잔부의회)하였고, 1649년 1월 30일 찰스 1세를 처형하였다. 크롬웰은 내란의 종식과 왕의 처형 후에도 계속되는 반란을 진압해서 브리튼 전역에 평화를 가져오는 공을 세우기도 했다. 그러나 이 과정에서 그의 잔인무도한 행

---

[48] Albert Renner, *op. cit.*, p.159.
[49] *Ibid.*

위는 많은 사람들을 경악케 했다. 1649년 8월, 즉 대륙에서 신·구교 간의 싸움인 30년전쟁이 종식될 즈음 아일랜드 드로에다(Drogheda)를 점령해서는 남녀노소를 가리지 않고 약 2,000명을 무자비하게 살해했으며, 주민들이 교회로 도피했을 때 크롬웰은 교회 문을 잠그고 불을 질러 불태워 버리기까지 했다. 때문에 사람들은 크롬웰을 일컬어 '피에 굶주린 광신자'라고도 했지만, 장기화된 내란을 종식시키기 위해서는 충격과 공포를 통해서만 할 수밖에 없었다고 하기도 했다.

아무튼 평화가 회복되자 크롬웰은 공화국(Commonwealth of England, 1653~1658)을 선포한 다음 로마의 '호민관'에서 따온 호국경(護國卿, Lord Protector, 오늘날의 대통령과 유사함)에 취임하여 독재적으로 나라를 통치하였다. 한편, 측근들이 왕위에 오르라고 권유하기도 했으나 그리고 그럴 생각이 있기도 했지만 주위 여건이 여의치 않아 포기하고 말았다.

그런데 이러한 많은 대가를 치르고도 영국 사회체제는 혁명 전이나 후나 별로 달라지지 않았다. 그리고 이것은 크롬웰 스스로 "귀족·젠트리·자유농민이란 계급 구성이 공화국의 기초다"라고 말한 데서 짐작할 수 있는 것이다. 즉, 그는 소시민들의 권리 신장과 평등을 주장했던 수평파(水平派, Leveler)를 철저하게 탄압했다. 따라서 특권층, 즉 봉건귀족 체제를 파괴하려고 했던 프랑스혁명과는 달리 청교도혁명은 진정한 의미의 근대 혁명이 아니라고 보기도 하고, 왕당파와 의회파의 싸움은 민주주의·자유주의 이념의 대립이라기보다는 종교적인 문제였으며, 유럽 대륙에서 벌어졌던 종교전쟁의 마지막 모습처럼 보인다.[50]

이러한 5년 동안이나 계속된 철권통치의 결과로 인기가 바닥까지 떨어졌고 독재자, 반역자라는 비방이 난무했으며 마침내 말라리아에 걸려 사망

---

50) J. Diettrich, *op. cit.*, p.96ff.

하였다. 이에 아들 리처드 크롬웰이 호국경이 되었으나 멍크(G. Monck)에 의해 1660년 왕정복고가 이루어져 처형당한 찰스 1세의 아들 찰스 2세가 왕위에 오름으로써 10년 동안 계속된 영국 내전은 막을 내리게 되었다. 그러나 본격적인 민주화는 제임스 2세의 사위 빌헬름 3세가 영국의 왕(1668~1702)이 되면서 권리장전(權利章典)을 승인함으로써 이루어졌다.

크롬웰에 대한 평가는 다음 글의 마지막 부분에서 하기로 하고, 다음에서는 성과가 매우 컸다고 평가받는 크롬웰의 대외 정책에 대해서 알아본다. 그중에서도 크롬웰의 「항해조례」(航海條例, Navigation Act, 1651) 발표 후 영국과 네덜란드와의 전쟁과 영국과 스페인 간의, 지금은 영연방이며 서인도제도의 중심 국가인 자메이카(Jamaica)를 중심으로 한 전쟁에 대해서 고찰해 보고자 한다. 그리고 본문에서는 그의 어떠한 경제·통상 정책이 영국으로 하여금 네덜란드를 제치고 해상 지배 세력이 되었고, 영국의 계속적인 발전에 도움이 되었는지와 크롬웰이 되풀이해서 영국 국민이 선민족(選民族)이라고 주장한 것에 대해서도 간단히 살펴보고자 한다.

2. 크롬웰의 대외 전쟁

1) 서 언

먼저, 필자가 본 내용으로 들어가기 전에 위 제목 아래 글을 쓰게 된 동기에 관해서 앞의 설명에 간략히 부연하려고 한다. 즉, 위 테마, '영국(Cromwell)과 스페인·네덜란드 간의 전쟁'이 당시 서유럽 열강[영국·스페인·네덜란드(부르군트)·신성로마제국·로마교황청]의 정치·경제·외교·문화의 현실과 상호 간의 관계가 어떠했는지를 잘 보여 주고 있기 때문이다. 그리고 르네상스, 근세 초가 실제로 중세와 어떻게 다르고 어떠한 모습이었는지에 대해서 분명히 말해 주고 있기에 이에 대해서 쓰게 된 것이다. 또한 필자의 빈대학교 박사 과정 부전공(副專攻)이 '서양 경제사'였는데, 그 담당이었던 호프만(F. Hofmann) 교수의 이 강의는 인기가 대단했고 필자가 열심히 청강했으며 마침내는 이 글로 이어지게 되었다.

근세에 들어와 서양에서는 현대적 의미의 국가 형성이 시작되어 여러 면에서 큰 변화가 시작되었는데, 16세기와 17세기의 서구와 영국을, 그중에서도 특히 그 전형이 되는 영국의 국가 구조 변천 과정을 고찰하는 것은 근대국가 형성 과정을 이해하는 데 크게 도움이 되리라고 본다.

대륙에서는 가톨릭교회가 반종교개혁으로 구축된 강력한 힘을 배경으로 프로테스탄트와 최후의 결전을 겨루는 소위 '30년전쟁'이라는 종교적 대분쟁이 일어났고, 이것이 신성로마제국 내에서는 황제와 제후 사이의 세력 신장을 위한 정치적 투쟁으로 나타났다. 그리고 근세 초 이래 대륙과 밀접한 관계하에 놓여 있는 영국에서는 헨리 8세(Henry Ⅷ)와 엘리자베스 1세(Elizabeth Ⅰ) 여왕에 의한 영국 국교혁명[51]과 스코틀랜드를 중심으로 한 청교도혁명이라는 두 종교 혁명이 이루어졌으며, 새로 등장한 시민계급은 국왕의 전제정치에 반기를 들어 국왕의 독선적 정치로부터 자신들을 보호하려는 정치적 활동을 강력히 펼쳐 나갔다. 스튜어트(Stuart)왕조 시절의 제임스 1세와 찰스 1세는 왕권신수설을 주장하여 '왕의 무책임 이론'을 근거로 하여 임의로 세금을 징수하여 군왕을 지지하는 군을 유지시키고 정치적 · 종교적 반대 세력에 대응하려 하였다. 그러나 시민들이 국왕에게 자신들의 의사를 대변해 주는 의회의 동의를 강력히 주장함으로써 수차 국왕과 의회가 크게 충돌하게 되었다. 이 충돌이 마침내는 정치적 ·

---

51) G. M. Trevelyan, *A History of England*, London, 1967, p.265f.

종교적 분쟁인 제1·2차 영국 내전(Civil War)으로 확대되어 왕은 청교도인 올리버 크롬웰에 의해서 참패를 당하였고, 찰스 1세는 크롬웰군에 의해서 200명이 숙청된 잔부의회(殘部議會, Rump Parliament)의 결의로 처형되었다. 왕정이 타도되고 처음으로 공화국이 탄생되었으며, 상원을 폐지하여 하원만으로 통치했는데 국무회의 고문(Staatsrat)에 이어 호국경이 된 크롬웰은 약 10년간 전제적인 방법으로 통치하였다. 그의 업적에 대한 사가들의 평가는 잔 다르크나 나폴레옹에서와 같이 일정치 않다.[52] 그를 '최대의 위선자요, 음모가'로 낙인찍는 역사적 해석이 있는가 하면, 그를 '가장 위대한 영국인'(der größte Engländer)이라 하고, '헌신적이고 근면하며 활동적이고 현명한 국가의 보호자'라고 하는 평을 내리기도 하였다.

다음으로 크롬웰 치하의 10년의 통치 기간에 퓨리턴은 어떠한 역할을 맡게 되었고, 사상과 결합된 영국 국민의 의지가 크롬웰의 대외 정책과 어떠한 관계를 맺었는가에 관해서 알아보고자 한다. 또한 16~17세기 중 영국의 전체 생활 영역에 구조적인 대변혁이 이루어지고 있는 동안 국내 사정이 영국의 대외 정책에 어떻게 작용했는가에 대해서 살펴보고자 한다. 그리고 영국 자본계급이 내전 중에 와해된 봉건적 초기 절대주의의 억압

---

52) Egon Friedell, *Kulturgeschichte der Neuzeit*, München, 1964, p.9ff; Fritz Wagner, *Geschichtswissenschaft*, München, 1966, p.1f. 역사의 이해와 평가에 객관과 정확을 기하기는 매우 어렵다. 카이사르(Cäsar)가 부르투스(Brutus)나 폼페이우스(Pompeius)보다 위대하다는 증명을 내세울 수 없고, 당 시대의 사람들은 괴테(Goethe)보다 불피우스(Vulpius)가 더 위대하다고 평하였으며, 가장 양심적이고 지적인 연대기 기록자였던 샤스텔랭(Chastellain)이 찰스 7세에게 바친 백년전쟁 용장 명단에는 잔 다르크의 이름이 빠져 있으며, 헤겔은 나폴레옹을 세계이성의 대변자라고 하였으나, 괴테는 그를 사탄으로 비유하였으며, 가장 아름답고 젊고 싱싱한 것을 거부하고, 살인과 약탈만을 일삼았다고 평하였다. 따라서 역사적 사실의 평가는 사가의 시각과 깊이와 시대에 따라서 달리 평가되는 것인데, 사회의 도덕규범에 응하지 않고는 생존하기 어려우니 객관적이 되기는 매우 어렵다. 인간은 오직 죽음 앞에서 객관적일 수도 있으나 사람들은 그것을 흥미 없게 받아들일 것이다.

에서 벗어나 영국의 정책 결정에 어떠한 영향을 끼쳤으며, 영국의 대외 정책 수행에 어떻게 참여했는가에 대해서 '네덜란드 및 스페인과의 전쟁'과 종교적인 면을 중심으로 고찰해 보고자 한다. 이 외에도 이 글을 쓰는 이유는 이 시기는 영국이 스페인·신성로마제국과 다양한 관계를 맺고 있었기 때문이다. 또한 영국이 대륙과 여러 면에서 밀접한 관계가 있었기 때문에 근세 초 이후에 대한 충분한 인식이 있어야 서양사 내지는 서양의 정치·문화·경제를 제대로 이해할 수 있기 때문이다.

2) 크롬웰 정부와 네덜란드와의 관계 및 전쟁

막시밀리안 1세 치하에서 신성로마제국에 병합되었던 네덜란드가[53] 카를 5세(Karl V)의 퇴위 후 그의 아들 펠리페 2세(Felipe II)의 통치하에 들어갔는데, 펠리페 2세의 '획일주의의 통합정책'에 대항해서 강력한 독립투쟁을 전개하였다.[54] 알바(F. Alba)와 파르마(Parma)의 잔혹한 탄압 정책 때문에 네덜란드 독립운동이 더 이상 계속되기 어려운 상태에서 독립운동을 지지해 준 나라는 프로테스탄트를 옹호하고 있었던 영국이었다. 위치로 볼 때, 네덜란드는 영국과 같이 중서 유럽 변경의 비호된 장소에 놓여 있어 이베리아반도의 식민국가와 중부 유럽 사이의 중개상의 지위를 차지하기에 매우 적합하였다.

---

53) Eduard Tunk, *op. cit.*, p.87ff. 부르군트의 칼 왕이 낭시 전쟁(1477)에서 사망한 뒤 왕의 유일한 상속자 마리아(Maria)가 신성로마제국의 막시밀리안 1세(Maximilian I) 황제와 결혼함으로써 이후 제국에 병합되었다.

54) Albert Renner, *Das Zeitalter Spanien-Habsburgs*, München, 1964, p.232ff. 카를 5세의 퇴위 후 네덜란드가 스페인에 속하게 되자, 펠리페 2세는 산업이 발달하였던 이 지역을 경제적인 이유로 아버지인 카를 5세와는 달리 완전히 통합하려고 하였다. 네덜란드의 독립운동은 애국지사 에그몬트(Egmont)·호른(Hoorn)·몽티니(Montigny)의 사형을 기점으로 1648년 베스트팔렌 조약에서 독립이 인정될 때까지 계속되었다.

마르틴 루터(M. Luther)의 「95개조 반박문」 이래 네덜란드는 이웃의 벨기에와는 달리 칼뱅주의가 지배적이었다. 그런데 네덜란드는 반종교개혁의 선봉이었던 펠리페 2세 치하의 스페인과는 정치적·재정적 이유 이외에 종교적인 문제로 적대 관계가 지속되었으나, 영국과의 사이에는 심한 대립이 없었기 때문에 이상적 우호 관계의 전제가 주어져 있었다. 네덜란드가 자국의 독립전쟁 당시와 영국의 내전 중 그리고 그 후에 우월한 경제적 지위를 구축해 놓고 이를 견지하기 위해 전력을 기울이고 있었는데, 영국은 자국보다 강한 통상 경쟁자의 경제적 우월성을 질시하였고, 급기야는 격분하기까지에 이르렀다.

당시의 영국과 네덜란드의 상황을 비교해 보면, 17세기 최강의 해상 무역 국가로 성장하였던 네덜란드는 자국의 선박이 비록 영국 항구를 출입하는 일이 거의 없었지만 이익이 많은 '남북 화물운송과 식민지 통상에 있어서는 7배' 정도로 영국을 능가하고 있었다. 제임스 1세 치하의 영국의 재정 정책은 왕실의 독점으로 왕실에 가까운 상인단만이 특혜를 받을 수 있어 경기의 후퇴를 가져왔고, 이런 이유로 인해서 수상 베이컨(F. Bacon)은 물러서야만 하였다. 이와 같은 상황하에서 영국의 대외 통상은 1616년 이래 가장 심한 수입초과를 초래하였고, 이것이 계속적인 경제위기를 유발시켰다.

게다가 스튜어트왕조 초기 대외무역 간섭의 과오로 직조물류(織造物類)의 수출이 4분의 3으로 감축되었다. 반종교개혁에 의한 가톨릭의 세력 강화로 야기된 "프로테스탄트와의 최후의 결전인 30년전쟁"은 전 유럽 본토를 전장화하여 '유럽 본토 인구의 3분의 1의 감소와 경제의 피폐'를 가져왔을 뿐 아니라, 중부 유럽 시장의 상실로 영국의 대외무역도 치명적인 타격을 받게 되었다. 당시 영국인의 생활은 도시와 농촌으로 나누어 볼 때, 생활양식이 뚜렷이 구별되고 있었다. 그중에서도 산업에 종사하고 있는 도시민들과, 직조 공업의 중심지 런던의 빈곤해진 프롤레타리아는 역시 경기 불황으로 위협을 당하고 있던 '하위 중산층, 즉 수공업자들'과 함께 현존 지배 사회체제에 부단한 위협이 되었다. 특히, 런던에서 평상시에 시민의 8%가 최저 생활수준 이하의 생활을 영위하였는데, 1640년대 이르러서는 시민의 20%가 이에 해당되었다.

1649년 2월 찰스 1세 처형 1주일 뒤 군주제가 폐지되고 크롬웰이 주도하는 공화정부가 탄생하였다. 이 새로운 '국무회의 중심의 공화국'에 대한 국민 각계각층의 이해관계로부터 나오는 요구는 다양하였으나 공화정부는 연승의 전과를 올린 퓨리턴 혁명군에 참여하고 있는 하위 중산층을 위해서 재정적인 문제를 시급히 해결해야만 하였다. 나아가 퓨리턴군에 의해서 의회의 장로파·향신들·런던의 토착 상인단이 제거된 뒤에 왕과의 투쟁 중에 생겨난 자유대상인 계급에 속하는 시민들에게 그들의 경제적 이익을 대변해 주는 적합한 체제를 만들어 주어야만 하였다.

이리하여 그 시대 사람들이 제2차 내전에서 크롬웰이 승리한 뒤, 장로파 의원들이 대거 제거되고 군부의 지지 의원으로 구성된 잔부의회를 '통상의회'(Trading Parliament)라고 한 것은, 영국의 경제에 활기를 불어넣어 주려는 새로운 대외 통상정책을 의미하는 것이었다. '공화정부는 그 집행부가 고위 군관과 영향력이 큰 대토지 소유자로 구성'되긴 하였지만, 실제로는 혁명 질서의 유지를 맡고 있는 군과 금전 조달의 책임을 맡고 있는 런던시에 종속되어 있었다. 당의 계획이나 헌법 제정 등 먼 앞날을 내다보는 정책 수립보다는 당면 문제 해결에 급급한 크롬웰은 '국민경제위원회'의 구성과 '해군의 재강화'를 통해서 경제계에 활기를 불어넣으려고 했으며, 이것은 상사(商社) 안의 전통적 상인들의 요구에도 부응하는 것이었다.

왕당파의 함대가 네덜란드로 탈출한 뒤 강한 함대의 구축을 위해서 많은 투자를 하였고, 용선선원(傭船船員)들에게 많은 급료를 지불하였던 것은 대체적으로 볼 때 다음과 같은 세 가지 고려에서 나온 것이다. 첫째, 당시 전 세계에서 가장 강한 육군을 보유하고 있던 영국은 '군 내부의 이질적 정파'와의 다양한 관계가 사회적·정치적 불안 요인이 되었으므로 경우에 따라서 이에 대응할 세력으로서 강한 해군이 필요했기 때문이었다. 둘째, 해운 통상을 통해서 수입품을 중심으로 한 수익성이 큰 특수 산업을 확장하기 위해서였으며, 셋째, 아메리카·아프리카·아시아와의 통상에 있어서 상인을 보호하고 통상 운항의 확대를 위한 것이었다.

정책 수립에 있어서 먼 미래를 예견하기보다는 부딪치는 사건과 사태의 강요로 인해서 순간적인 것에 주력했던 크롬웰에 있어서 당시의 유리한 여건은 영국의 내외 정책 수립 과정에서 중대한 역할을 한 것이다. 이후 이것은 미래의 산업화 시대에 해상무역 국가들이 필요로 하였던 중공업과 해군 간의 협력의 선례가 되었다. 또한 1651년의 「항해조례」도 상사를 비롯한 대자유상인들의 무역을 지원하기 위해서, 리스본(Lisbon)으로 탈출한 왕실의 잔여 함대와 네덜란드로 건너간 왕당파 함대 및 왕자의 반혁명을 분쇄하기 위해서, 그리고 실제 존재하고 있었으나 간과되었던 모든 수입에 대한 해운 규정을 활성화하고, 국내 어획 산업의 보호를 위해서였다.[55]

찰스 1세 사후 왕의 살해자 '크롬웰의 공화국에 반대의 입장을 취하였던 나라들'은 많았으며, 그중에서도 특히 신성로마제국·덴마크·스웨덴·네덜란드 등이 영국의 신체제에 반대하였다. 그중에서도 네덜란드 왕가의 윌리엄 2세(William II)는 찰스 왕의 사위로서 스튜어트왕조를 옹호하였으며 재정적인 후원을 아끼지 않았다. 왕당파들이 찰스 2세를 왕으로

---

55) G. M. Trevelyan, *op. cit.*, p.309. Navigation Acts, to set a limit to foreign shipping in English ports, had been passed by English parliaments as long as ago the reign of Richard II (1377~1399, but owing to the scarcity of English shipping it had not been possible to enforce them. There was, therefore, nothing new in the principle of the Act of 1651.

옹립하려고 하였으며, 1650년 이래 당시 네덜란드에 거주하고 있던 젊은 왕이 스코틀랜드와의 협력하에 영국 본토를 점령하려고 시도하였으나 실패로 돌아간 것은 「항해조례」가 최종적으로 신정부의 정치적 안정을 유지시키는 데 크나큰 기여를 한 때문이다.

이상에서 살펴본 대로 여러 가지 목표를 겨냥한 크롬웰의 「항해조례」는 본래 의도한 바와는 달리 영국의 해상 세력의 강화라는 필연적인 결과로 이어졌고 네덜란드와의 경쟁을 야기시키게 되었다. 더불어 「항해조례」를 위시한 영국의 신항해 정책에 따라 네덜란드의 '수송 독점권이 붕괴'되었고, 네덜란드 대안(對岸)까지의 해협을 영국의 영해로 하여 영국인에 의한 어획만을 인정하였다. 나아가서는 이 해역에서 모든 타국 선박들이 기를 내려 영국 선박에 경의를 표시해야 하는 의무 등으로 자주 충돌하게 되었으며 마침내 1652년에는 양국 간의 전쟁으로 확대되었다. 그럼에도 불구하고 스페인 왕 펠리페 2세의 네덜란드에 대한 획일주의적 통합 정책에 대해서 영국이 네덜란드 독립운동을 적극 지원하였던 것은 가톨릭의 강화에 대한 대응책이기도 하였지만, 종교적인 면에서 볼 때 네덜란드가 프로테스탄트 국가이기 때문이었다.

마찬가지로 크롬웰에 의해서 시작되었고 과격종파(過激宗派)에 의해서 주장된 '반네덜란드에 대한 범국민적 전쟁'에 대해서 영국인들이 별로 동조하지 않았는데, 이것 또한 프로테스탄트인 인국(隣國)을 공격할 수 없다는 데 그 이유가 있었다. 그런데 최종적인 전쟁 결의는 부르군트를 거쳐 스페인의 펠리페 2세 치하에 들어간 대안(對岸)의 덩케르크(Dunkerque)를 외교적 노력을 통해 영국에 예속시킬 수 없었던 데서였으며 이보다 더 결정적인 다른 원인은 '피폐된 국가재정' 때문이었다.

당시 영국의 어려운 경제 상황은 '4만 4천 명이나 되는 세계 최강의 육군'의 필요에 대응해 나갈 수 없었을 뿐 아니라 내전의 결과로 일어난 사회 문제 해결에 많은 재정적 지원이 필요하였으며, 1652년 해군 예산 가운데 50만 파운드가 보전 불가능 상태에 있었다. 그러나 의회의 결의를 거치지 않은 세금의 징수 문제로 의회와 자주 충돌해 온 상황에서, 그렇지 않아도 대중들이 꺼렸던 소비세 증액은 불가능해지고 말았다. 이리하여 엄청난 채무를 진 정부가 혁명적 시스템을 계속 유지시키고 부유층의 신뢰를 얻어 파탄 상태하의 국가재정을 구제하며 유동적 정세하에서 병사들의 신뢰를 확보하기 위해서는 전쟁을 택할 수밖에 없었다.

1652년 영국의 블레이크(R. Blake)는 '네덜란드와의 수차의 전쟁'에서 네덜란드의 제독 트롬프(M. H. Tromp)의 선전으로 영국이 분명한 우월권을 확보하지 못한 채 자국에 많은 재정적인 부담만을 안겨다 주었다. 기대하였던 만큼의 전과를 거두지 못하자 적의 무조건 항복에까지 전쟁을 주장하는 상인과 해군을 비롯한 반대 세력을 이를 불신하는 육군의 지원을 얻어 제거하였고, 상인·수공업자와 과격종파의 일치된 항의에도 불구하고 1654년 웨스트민스터(Westminster) 평화조약을 체결하였다. 그리고 이 같은 사실은 독·영 문헌에 동일한 내용으로 나타나고 있다(Cromwell desired protestant cooperation throughout the world. One of his first acts as protector was to make peace with the Dutch on good terms for England).

네덜란드는 크롬웰이 프로테스탄트 적수인 네덜란드를 동맹의 상대로 비호하려는 정책을 폈기 때문에 유리한 조약 체결 조건을 맞게 되었다. 한편 영국은 전쟁 발발 전부터 자국의 헤게모니하에 프로테스탄트의 우월한 지위를 획득하기 위해 이미 네덜란드에 동맹을 제의하였고 전 세계에 산재해 있는 스페인·포르투갈 식민지의 공동 점령을 제안하기까지 하였다. 그러나 크롬웰이 영국국민을 선민족으로 여겨 이를 프로테스탄트 교계의 정상에 올려놓고 '전 세계의 프로테스탄트를 통합'하려고 한 계획은 실패하고 말았다. 이 거대한 계획의 실패는 영국국민이 선민족이 아니었고 또 선민족이려고 하지 않은 데서일 뿐만 아니라 실제로 부르봉(Bourbon)가와 합스부르크가(Habsburg)가 분쟁 중에 있는 동안 프로테스탄트는 그러한 동맹을 필요로 하지 않았기 때문이었다. 때문에 네덜란드는 크롬웰의 이와 같은 제안에 대해서 깜짝 놀라 후퇴하였고, 이어 크롬웰이 프랑스를 옹호하는 정책을 폄으로써 세력 안배 면에 있어서 프로테스탄트 국가들에 불리한 결과를 초래시키기까지 하였다.

네덜란드와의 제국주의적 전쟁에서 경제적인 면에서 성과를 거두었더라면 국가 재정을 안정시키고 자신의 인기를 유지할 수 있었으나, 이의 실패로 막대한 비용을 추가시킬 뿐이었다. 그 결과 깊은 신앙심으로 군무에 종사하고 있던 하위 중산층의 크롬웰의 '신의 의지에 따른 지도적 역할'에 대한 신뢰감을 잃게 하였으며 상인의 대부분을 '민주적 혁명 이념'으로부터 멀어지게 하였다.

크롬웰 자신은 의회를 합법적인 최고의 주권으로 인정하고 군을 잠정적 보조 세력으로 하는 자유국가하에서 공화국 체제를 실현하려고 하였다. 그러나 적대적 그룹과 당파로 인한 총화의 와해 그리고 의회 내의 반대 세력 때문에 실현이 불가능해졌고, 그 결과 의회를 해산하고 신의 뜻에 맡기는 방향으로 나아가게 되었다. 이와 같은 상황하에서 일반 국민들이 항구적 질서와 안정을 약속해 줄 합법적 정치체제를 희망하였기 때문에 크롬웰은 불안한 정세의 안정화를 도모하는 수단으로 호국경보다는 군왕(Monarch)의 법적 지위가 유리하다는 견해에 따라 왕관을 얻기 위해 도모하였으나 실패하였다.

다시 말해서 의회와 호국경 사이의 오랜 대화 끝에 1657년 크롬웰이 최종적으로 이를 거절한 것이다. 정치적 견해가 대립되고 의회로부터 충분한 협력을 얻지 못하여 국민의 분열이 더욱 심화되어 갔는데, 신정부는 이를 극복할 수 있는 유일한 길을 '재정 문제를 원만히 해결해 줄 수 있는 대외 정책'의 시행이라고 보았으며, '스페인과의 전쟁은 이와 밀접한 관계'를 갖고 있었다.

3) 크롬웰 정부와 스페인과의 관계 및 전쟁

크롬웰과 '네덜란드와의 전쟁 이후 영국의 재정 문제로 일어난 영국·스페인 전쟁' 이전 튜더(Tudor)왕조 시의 영국과 스페인의 관계는 주로 종교적·정치적 관계라고 볼 수 있다. 프랑스를 견제하기 위해서 합스부르크가가 성립시킨 헨리 8세와 캐서린(Catherine, 스페인 가톨릭왕 부부의 딸)과의 결혼이 그런 것이었고,[56] 또한 메리 1세의 가혹한 반프로테스탄트 정책 뒤에 남편인 펠리페 2세가 프랑스를 제압하기 위해서 스코틀랜드 여왕 메리 1세 대신에 프로테스탄트교임에도 불구하고 스코틀랜드 여왕 메리 1세의 적대자인 엘리자베스 1세의 왕위를 지지해 준 것이 또한 그러하였다.

튜더왕조 시기에는 스페인이 주가 되어 외교 관계를 이끌었다면 스튜어트왕조 시기에는 영국이 주가 되어서 스페인과의 관계를 유도해 나아갔다. 스튜어트왕조의 창시자인 제임스 1세(스코틀랜드 왕으로서는 제임스 6세)는 유럽평화정책을 내세워 가톨릭과 프로테스탄트 사이에 중재자로 등장하였다. 그는 자신의 장녀를 칼뱅주의자인 신성로마제국 팔츠(Pfalz) 선제후 프리드리히 2세(Friedrich II)와 결혼시킴으로써, 왕자를 영국 하원의 강력한 반대에도 불구하고 가톨릭인 스페인 왕가의 메리 1세와 결혼시킴으로

---

[56] *Ibid.*, p.148ff. 신성로마제국과 스페인이 프랑스를 견제하기 위해서 실현한 결혼 정책은 다음과 같다. 독일 황제 막시밀리안 1세(Maximilian I)의 자녀 마르가레테(Margarethe)와 필립 1세(Philipp I)를, 스페인의 페르난도 2세(Fernando II)와 이사벨 1세(Isabel I)의 자녀 돈 후안(Don Juan)과 후아나 1세(Juana la loca)와 결혼시켰고, 필립 1세와 후아나 1세 사이에서 난 카를 5세의 이모 카타리나(Katharina, 캐서린)를 처음에 아서 왕자와 결혼하게 하였고, 그의 사후 헨리 8세와 결혼시켰다(헨리 8세는 뒤에 이와 같은 교황청의 사면을 통한 결혼을 이혼 조건으로 내세웠다).

써 정책을 실현하려고 하였다.

그러나 스튜어트왕조가 가톨릭과는 불가분의 관계를 가지고 있는 데에 반해 크롬웰은 청교도로 "프로테스탄트를 중심으로 세계 제국 건설"을 실현하려고 하였기 때문에 반스페인 정책으로 기울어졌다. 이미 이와 같은 반스페인 정책은 세계 도처에서 영국 상인들을 지원해 주기 위해서 네덜란드와의 평화조약 전에 강력한 영국의 육·해군을 배경으로 나타났으나, 당시 영국의 힘이 스페인과 대등하였기 때문에 영국 측에 유리한 기회가 올 때까지 기다려야만 하였다.

공화정부가 고대하고 있던 기회는 30년전쟁에서 스웨덴의 지위가 약화되자, 프랑스 재상 리슐리외(A. Richelieu)의 본격적 전쟁 참여로 서부 유럽 주도권을 둘러싸고 '10년간이나 계속된 스페인-프랑스 전쟁'이 시작됨으로써 도래하였다. 당시의 상황하에서는 '서인도제도'에 있는 스페인의 식민지를 점령하는 것이 가장 많은 이익을 약속하는 것으로 판명되었다.

그리고 이와 같은 결정에는 반네덜란드 정책에서 보여 주었던 경제적 이유와 이와 밀접한 관계가 있는 안정된 통화 구조 구축 문제 그리고 프로테스탄트 중심의 세계 제국 건설이라는 크롬웰의 사상이 결정적인 역할을 하였다. 이미 스튜어트왕조 시기에 영국의 스페인 식민지 공격이 시작되었으며 선박의 나포를 비롯한 많은 피해를 안겨 주었다. 영국과 스페인 사이의 전쟁은 펠리페 2세가 약 20년 동안 엘리자베스 1세 여왕의 구금하에 있던 '스코틀랜드 여왕 메리 1세를 해방시키고 엘리자베스 1세를 살해하기 위한 시도가 실패로 돌아간 뒤 도리어 스코틀랜드 여왕 메리 1세가 살해된 데에서' 연유되었다. 이 때문에 스페인이 무적함대를 파견하여 일대 격전[57]을

---

57) Albert Renner, *op. cit.*, p.245. 1588년 6월 160척의 아르마다에 3만 명의 병사와 2천 4백 문의 포를 싣고 도버해협을 향해서 출발하였고, 네덜란드 해안에 스페인의 파르마 장군 지휘하의 군이 도해(渡海)를 기다리고 있었다. 엘리자베스 치하 전 국민이 일치단결된

일으킨 것은 종교 분쟁과도 관련이 있지만, 경제적 측면에서 보면 '영국인에 의한 스페인 식민지 잠식'이 더 큰 이유가 되었다.

엘리자베스 1세 여왕 시대의 약탈 행위, 프로테스탄트에 가까운 대토지 소유자, 자유런던상인의 결합은 그곳 섬에 거주하고 있는 영국인들의 적극적인 지원을 얻어 스페인의 서인도제도 가운데 바베이도스(Barbados)를 쉽게 점령할 수 있었다. 그러나 공화정부 시대에 있어서 영국의 계속적인 스페인 식민지 약탈 정책은 순조롭게 진행되지 않았다. 이 당시 영국의 아메리카 대륙 식민지는 서로 상이한 사회체제가 형성되어 있었는데, 북에는 퓨리턴적 종교단체가 주를 이루는 자유 농민층이 지배적이었고, 남에는 대토지 소유자들이 이익 추구에 진력하고 있었다. 또한 아메리카 대륙 식민지 내의 상이한 체제는 체제의 차이에 그치지 않았다. 제2차 영국 내전으로 스튜어트왕조가 타도되자 미국 남부 식민지는 계속 왕당파에 속하였고 공화정부의 승인을 거부하였으며, 나아가서는 「항해조례」를 무시하고 네덜란드 화물선을 이용하여 그들의 생산품을 수출하고 있었다. 연초와 사탕 수입이 인도의 후추 수입과 똑같은 수익을 올릴 수 있게 되고, 많은 위험을 안고 있는 긴 항로의 모험이 없는 이점 때문에, 공화정부는 식민지에 수출 정지를 명하는 동시에 잃어버린 통상권을 재장악하기 위하여 서부 대서양에서 「항해조례」 준수를 전제적인 방법으로 강요하였다.

이런 점에서 볼 때 공화정부는 「항해조례」의 준수를 네덜란드의 운송 독점권을 분쇄하는 데 이용했을 뿐 아니라 정치적 규제 수단으로 이용하게 되었다. 그러나 아메리카 식민지에 대한 이 같은 규제가 네덜란드와의 전쟁 중에도 철저하게 집행될 수는 없었다. 스페인과의 전쟁을 유리하게 이끌기 위한 프랑스와의 동맹 관계는 덩케르크를 탈취하는 데는 성공할 수가 있었

속에서 8천의 병력과 기동력이 좋은 190척의 함대로 하워드(C. Howard)와 레스터(R. Leicester) 지휘하에 파르마와 메디나 시도니아(M. Sidonia) 등을 격파시켰다.

다. 그러나 서인도 가운데서 가장 부유하였고 가장 광범위하게 개발되었던 에스파뇰라(아이티공화국과 도미니카공화국)로의 침입은 식민지와 모국 스페인과의 유대 관계를 더욱 강화시키는 결과를 초래했을 뿐이었다.

그 밖에 에스파뇰라를 점령하려고 한 것은 약 1세기 이래 유럽의 통화질서를 지배해 온 남아메리카로부터의 스페인의 은(銀) 수입을 보다 확실히 규제할 수 있었기 때문이었다. 내전 동안에 당시의 영국인의 생활은 일부 부유층을 제외한 각계각층의 생활이 매우 불안정한 상태였고 생활필수품의 가격이 급등한 반면, 특히 하층민의 생활이 큰 위협을 받게 되었는데, 이것은 스페인의 중금속이 영국 시장에 무제한 유입되었기 때문이었다.

이와 같이 혼란 상태에 처해 있는 화폐 문제 해결책으로서는 환시세의 평준화에 의한 외환 관리의 통제를 주장하는 상인들로부터 자본의 해외 투자에 의한 대외무역 적자를 통해 해결하려는 견해에 이르기까지 다양한 주장이 대두되고 있었다. 그런데 크롬웰 정부는 빈민과 실업자를 위한 구제 사업 대신에 서인도제도에 큰 관심을 가지고 있는 상인단과 함께 스페인의 은을 들여와 영국의 금융유통질서를 회복시키려고 하였다. 그러나 이 소규모의 그룹과는 반대로 그동안 도시 내에서 정권을 장악하고 있던 전통적 런던 상인단은 그들의 통상의 대상인 스페인과의 전쟁을 적극 반대하였고 크롬웰이 사망하는 시점에까지 모든 대부를 거절하였다.

당시의 경제 상황을 보면 정부는 크롬웰 정부의 기반으로 되어 있는 3만 명의 육군과 무장 함대를 유지하기 위해 1654년 최고의 세금을 징수하여 거의 그 전액을 군사유지비로 충당하는 실정이었다. 때문에 크롬웰의 정책은 인기가 없었으며, 주된 원인은 많은 비용 때문이었다(Olivers Militarism and Imperialism became increasingly unpopular, not only for political reasons, but because they cost too much).[58]

크롬웰의 재정은 파산 직전에 놓이게 되었고 그 재정적 위기가 네덜란드와의 전쟁 시보다 훨씬 더 심각한 상황이어서 크롬웰은 공화정부와 그 지주인 군사력을 유지하기 위하여 스페인 식민지를 탈취하여 은광을 약탈하는 것이 불가피해졌다. 내용 면에서 약탈 행위를 위한 침략이 외형상으로는 원주민을 학대하고 근절시키려는 친교황 세력인 스페인에 대한 십자군전쟁으로 장식되어 토착 향신(Gentry)과 도시 대중의 전쟁 지지를 얻게 되었다. 따라서 크롬웰의 히스파니올라섬 침공은 크롬웰 정부의 파탄을 구제하기 위해서만이 아니라, 경제개발이 아직 후진 상태에 머물러 있는 지역으로의 프로테스탄트 선민족인 영국 국민의 포교 미션으로 인식되기도 하였다(Die Schaffung einer umfassenden protestantischen Vereinigung, die England als auserwähltes Volk an die Spitze der protestantischen Christenheit bringen sollte und Wirtschaftsimperialismus wurde Exportartikel Kromwells).

그러나 크롬웰의 큰 기대 속에 이루어진 미션 행렬이 에스파놀라에서 대파당하고 소수의 스페인군이 영국의 대신군(大神軍)을 패주시켰다. 우연에 의해서 자메이카(Jamaica)를 점령하게 되었으나 전쟁은 크롬웰 정부의 점진적인 와해를 숙명 짓게 하였다. 또한 이것은 1653년 이래 점진적으로 약화되어 가는 크롬웰 정부 권위의 쇠락을 촉진시켰고 스튜어트 왕정 복귀의 주원인이 되었다.

4) 결 어

크롬웰 자신의 성격이 입증해 주듯이 크롬웰의 업적은 그와 비슷한, 인물 못지않게 긍정적인 면과 부정적인 면을 가지고 있다. 즉, 그가 영국사에 끼친 큰 긍정적인 영향과 그가 범한 심한 과오 때문에 크롬웰 자신과 그의

---

58) G. M. Trevelyan, *op. cit.*, p.311.

업적에 대한 평가는 쉽게 끝을 맺지 못하고 있다. 찰스 1세를 처형한 뒤 공화국을 건설하여 자신이 호국경이 되었고 그 뒤 국내 재정 문제 타개를 위한 대외 전쟁은 퓨리턴적 신앙과 사상이 원동력이 되었는데 그의 종교적 사상은 퓨리턴이 아닌 모든 사람들을 적극 배제하는 정책으로 이어져 너무나 배타적이고 편파적이었다(The great fault of Cromwells was that they tended to exclude all who were not Puritan from power and influence in the State).[59]

비록 크롬웰이 매우 독재적인 방법으로 통치한 대신에 양심의 자유를 포기치 않고 모든 사람에게 각 개인의 입장에서 진실을 추구할 수 있도록 권한을 부여하기도 하였지만 그의 관용의 이념은 오늘날의 기준에서 보면 너무나 편협한 것이었다. 유대교와 퀘이커교를 옹호하면서도 영국 국교와 가톨릭교를 제외하였고, 퓨리턴 교회만을 비호하는 대신, 성공회 기도서(Common Prayer Book)를 폐지하였고, 가톨릭교도들은 그들이 공개 미사에 참여하지 않는 한에서만이 일상생활에서 고통을 면할 수 있었다.

그가 59세로 사망했을 때 영국 국민이 한 영국 국왕의 궁중상보다 더 큰 비통에 젖어 있었다고 할지라도, 1660년 왕정복고 시 찰스 2세는 전 국민의 광신적 환영 속에서 재집권하게 되었다. 그리고 이 왕정의 재건이 바로 국민의 지지를 받고 있던 '온건주의적 퓨리턴의 업적'이었다. 따라서 크롬웰의 퓨리턴적 편협과 공화국의 과격주의는 막대한 군사 유지비로 인한 재정파탄 못지않게 공화정부 와해의 근원적 원인이 되었으며 또한 이로 인해서 퓨리턴적 이념하의 영국의 선민사상도 사라지게 되었다.

다음으로 크롬웰 시대는 영국 역사 내에서 크롬웰의 대개혁에 의해서 획기적인 시대가 되지는 않았다. 그러나 획기적 분기점을 맞아 경제적 위기에 직면해서 과감한 타개책을 실시한 결과 정치·사회·경제 면에서 새

---

59) *Ibid.*, p.313.

로운 대변혁의 과정이 시작되었고, 크롬웰 자신이 중요한 촉매 역할을 하였다고 볼 수 있다.

"나는 영국의 명성을 옛 로마제국의 명성보다 더 빛나게 할 것이다"(Ich werde den englischen Namen so groß machen, wie es der römische nie gewesen ist)라고 한 크롬웰의 주장에서 짐작할 수 있는 바와 같이, 크롬웰은 자신의 정부 시스템을 확고히 하고 국내 정치의 목적 달성과 재정 난국 타개를 위해서 헌신적인 노력을 기울였다. 또한 그는 일정한 경제 그룹과 함께 종전의 특혜 상단 대신 범국민적 대외무역을 적극 지원 육성함으로써 영국의 정치·사회·경제에 중대한 영향을 미치게 되었다. 나아가서 왕정복고 이후의 스튜어트왕조도 국가의 이익추구라는 관점에서 크롬웰의 정치적 노선을 계속 추구했다. 그 결과 네덜란드의 통상 독점권을 분쇄시켰고, 영국 대안의 덩케르크를 얻었으며, 서인도제도의 자메이카를 점령하였고, 이것을 통한 영국의 해상권 및 통상권 장악은 영국의 계속적인 대발전을 가져다주었다.

제 4 부

근세 초 신성로마제국
카를 5세 황제 시대

제 1 장
후아나 1세의 아들 카를 5세 황제 시대의 유럽

1. 근세 초 젊은 왕들의 등장과 정치 구조

16세기 초에 유럽에는 여러 젊은 왕들이 왕위에 올랐으며 이로 인해서 유럽은 활기를 띠게 되었다.

프랑스: 1515년 프랑수아 1세(François Ⅰ), 발루아가(Valois)
영국: 1509년 헨리 8세(Henry Ⅷ), 튜더가(Tudor)
폴란드: 1506년 지그문트 1세 스타리(Zygmunt I Stary)
스페인: 1516년 카를로스 1세(Karlos Ⅰ, 오스트리아 합스부르크가; 합스부르크가는 스페인을 1700년까지 84년간 통치), 신성로마제국(독일·오스트리아와 그 인근 지역 및 라틴 아메리카 식민지)의 황제가 되었음; 1519년 스페인 왕 카를로스 1세가 19세의 나이로 신성로마제국의 황제 카를 5세로 피선(스페인 왕으로서 Karlos Ⅰ, 신성로마제국 황제로서 Karl Ⅴ).

스페인은 1492년 자국에서 이슬람 세력을 모두 축출하였고, 그 여세를 몰아 신대륙 발견을 위해 콜럼버스(Columbus, 제노바에서 출생한 이탈리아인임)를 파견하였다. 그리고 이보다 조금 전에 카스티야의 이사벨 1세

(Isabel Ⅰ) 여왕과 아라곤의 페르난도 2세(Fernando Ⅱ) 왕이 결혼함으로써 군합국(君合國, Personal Union)이 되었으며, 펠리페 2세 시에 실질적인 연합국이 되었다.

또한 유럽 국가 세계는 위에 나열한 젊은 세대의 등장으로 인해서 구조적인 변화가 이루어지기도 하였다. 그리고 이 시대의 특이한 점을 보면 다음과 같다.[1]

1) 새로운 기술(技術)의 물결은 구 생활양식을 변화시킴에 있어 그 전제가 되었다.
2) 인쇄술의 발명은 1510~1520년대에, 특히 여론 조성 면에서 중요한 역할을 했고, 이제 대중은 선전에 의해 영향을 받게 되었으며, 종교의 분열이 처음으로 이를 통해서 가능하게 되었다.
3) 통신 시설이 크게 확장되었으며, 당시의 투른(Thurn)과 탁시스(Taxis)의 우편제도는 19세기에 이르러서도 보존될 정도였다.
4) 국제적 금융 제도는 이탈리아에서 현금 없는 유통으로 발전하였으며, 재력(財力)이 기동력을 갖게 되었다.
5) 전쟁에서는 처음으로 화약이 결정적인 역할을 했고 포병의 양성은 강대국의 대재력(大財力)을 통해서만 가능하였다[프랑스, 막시밀리안 1세의 신성 로마제국, 이탈리아 제국 등].
6) 스위스의 근대적 보병은 매우 강했고(부르군트 · 오스트리아군을 대파시킬 정도였음), 독일 남부에서는 용병이 발생했으며, 이에 따라 스페인에서는 보병 제도가 이루어졌다.[2]

---

1) Heinrich Lutz, *op. cit.*, p.73.
2) *Ibid.*

2. 부르군트

부르군트(Burgund, 오늘날의 베네룩스 및 그 인근 지역)는 중세 후기에 프랑스 왕국으로부터 분리해 나왔으며 정치적으로는 프랑스로부터 독립적 지위에 있었다. 부르군트의 당시 가장 부유하고 명예욕이 가장 강했던 용맹왕 칼(Karl der Kühne)은 북해 연안 지역(Flandern, Brahant, bis zum Calais)의 공작령 부르군트와 자유백작령 부르군트를 그의 지배하에 넣었다. 이 지역들은 세습 권한 문제에 있어서 부분적으로는 로마 왕실, 또 부분적으로는 프랑스에 속하는 풍요로운 지역으로 중세 후기에, 특히 예술이 발전하였고 당시 문화의 중심지였다.[3]

1477년 낭시 전쟁에서 용맹왕 칼이 '프랑스·스위스 연합군'에 의해 처참하게 죽자 그의 무남독녀 마리아 폰 부르군트(Maria von Burgund)가 신성로마제국 합스부르크가의 막시밀리안 1세와 결혼함으로써 부르군트는 신성로마제국의 속령(屬領)이었고, 그 결과 '오랫동안 신성로마제국과 스페인의 지배'를 받게 되었으며 우리나라에는 거의 알려지지 않은 일로 장기간의 독립을 위한 투쟁에서 최대의 희생을 치러야 했다. 이때 프랑스 루이 11세(Louis XI)는 부르군트를 요구했고, 이에 응하지 않자 전쟁으로 이어졌으며 1493년 마침내 상리스(Senlis) 평화조약이 이루어졌다. 이에 따라 프랑스는 피카르디(Picardie)의 제 도시와 공작령 부르군트를 차지하였고, 신성로마제국은 백작령 부르군트와 네덜란드를 소유하게 되었으며, 양측은 이 평화조약을 휴전으로 간주하였다.[4]

---

3) Jan Huizinga, *Herbst des Mittelalters*, Stuttgart, 1939, 최홍숙 역, 『중세의 가을』, 1988.
4) Albert Renner, *op. cit.*, p.320.

3. 이탈리아를 차지하기 위한 주위 강국들의 투쟁

15세기 말 이탈리아는 유럽에서 가장 부유한 나라로, 전성(全盛)의 상업 도시들이 있었고 타와 비교를 불허하는 문화의 발전이 있었으나 이에 반해서 정치적 통일이 이루어지지 않았다. 프랑스 왕 샤를 8세(Charles Ⅷ, 1483~1498)는 처음으로 앙주(Anjou)가의 상속권을 근거로 유럽의 정원(Garden of Europe) 이탈리아를 요구하기 시작했다. 그는 성전(십자군전쟁)과 유럽에서의 패권을 위한 기점으로 삼기 위해서 이탈리아를 필요로 한 것이다.

아라곤(스페인)의 페르난도 2세 왕은 '시칠리아의 만종(晩鐘)'[5] 이래 시칠리아와 나폴리를 차지하고 있었는데, 새로 등장한 프랑스 왕 샤를 8세의 요구에 의해서 그의 지중해 전략은 위협을 받게 되었다. 1515년 프랑스 왕 프랑수아 1세의 '북이탈리아 지배 체제가 성립됨으로써' 이탈리아는 1516년 이래 불안정한 국면에 빠지게 되었다. 이에 대한 대극(對極)으로 스페인 왕 페르난도 2세는 남이탈리아에 세력을 구축하였으며, 스페인의 소유지를 카를 5세 황제가 상속받았고 이 지역에 대한 신성로마제국의 요구권을 내세움으로써 불안한 상황이 끝이 보이지 않게 되었다.

---

[5] 1282년 3월 30일, 시칠리아인이 시칠리아를 다스리던 앙주가의 압제에 대한 불만으로 일으킨 봉기로, 저녁 기도 종소리를 기점으로 일으켰다. 이후 시칠리아인들이 시칠리아의 왕 카를로 1세(Carlo Ⅰ)를 대신해 아라곤 왕 페드로 3세(Pedro Ⅲ)에게 왕위를 제안하며 전쟁으로 번졌고, 결국 페드로 3세가 시칠리아를 정복하게 되었다.

4. 신성로마제국은 어떠한 나라인가

일반적으로 말하기를, 현대적인 개념으로는 이 국가상(國家像)을 이해할 수 없는 것이라고 한다. 때문에 신성로마제국(영, Holy Roman Empire; 라, Sacrum Romanum Imperium Nationis Germanicae; 독, Heiliges römosches deutscher Nation)을 부분으로 나누어서 그 개념을 명백히 할 필요가 있다. 아마도 다음의 신성로마제국의 뜻에 관한 설명은 아직 우리나라에는 없는 것일지도 모른다.

1) 신성한

국가의 명칭 앞에 '신성한'(Holy, Sacrum, Heiliges)이란 말을 붙인 것은 역사상 유래를 찾아볼 수 없는 일로, 여기서 '신성한'이란 말은 1157년 이래 교황권에 대한 정치적 선전의 의미로 교회에 대한 제국(신성로마제국)의 종교성을 강조하기 위해서 로마제국(독일·오스트리아·독일 및 그 주변지역, 전체 존속 기간 800여 년 중 오스트리아 합스부르크가가 약 600년을 통치했음) 앞에 공식적으로 붙이던 수식어였다. 그리고 이것은 이 책의 모두에 있는 "황제와 교황의 충돌"에서 확인할 수 있다.

2) 로마제국

'로마제국'이라는 말은 1043년부터 나타나기 시작했으며, 간단히 말하면 '로마제국'(Imperium Romanum, Römisches Reich, Roman Empire)의 연속으로서의 신성로마제국(통치 지역으로 보자면 오늘날 독일과 오스트리아 및 그 인근 지역)을 뜻한다. 이 개념은 인문주의자들에 의해 신성로마제국의 왕을 로마 황제의 연속으로 보아 그 의미가 심화되었다. 그 뜻은 로마인들이 카롤루스 대제(Charlemagne, Karl der Große, Charles the Great, 742~814)를 통해 로마 기독교 보호를 위해 독일인들에게 로마제국을 이양함을 뜻하며, 독일인의 정치적·군사적 지배를 인정한 것이다(Translatio Imperii, Die Übertragung von den Römern auf die Germanen durch Karl den Großen).

또한 이것은 제국의 교황에의 종속관계를 강조하고 있다.6) 이로 인해서 로마에 한 번도 간 적이 없는 막시밀리안 1세 황제는 자신에 대해 '신성'이란 말을 사용하지 못하고 '피선(被選)된 황제'라고 칭하였다(erwählter römischer Kaiser). 그리고 아헨(Achen)에서 대관식을 가진 바 있는 카를 5세(Karl V) 황제 또한 이 약속을 지켜야만 했다(카를 5세 황제는 교황을 유폐시킨 바 있는 로마 대신에 이탈리아의 북부에서 신성로마제국의 관을 교황 클레멘스 7세로부터 받은 바 있음). 나아가 신성로마제국의 황제는 유럽 '제(諸)군왕의 정상(頂上)이라는 영예의 우선권'을 가지게 되었다. 중세 시대에 중요한 역할을 했고 커다란 의미를 지니고 있었던, 그리고 프랑스 여행 중 후아나 1세와 프랑스 왕비 사이에서 분쟁의 원인이 되었던 선행(先行, Vortritt)이 신성로마제국 황제와 그의 외교관 및 사절에 인정되었다.

3) 독일 국민의

'독일 국민의'(Natiois Germanicae, Deutscher Nation)라는 말은 15세기 후반에 'Deutscher Nation, 즉 독일 국민의'이란 2격(格) 수식어를 추가한 것이다. 이를 통해 게르만족이 사는 지역을 여타의 지역(즉, 독일·오스트리아 외의 스위스·헝가리·폴란드·부르군트·이탈리아 북부·스페인·스페인 식

---

6) Heinrich Lutz, *op. cit.*, p.79.

민지 등 신성로마제국의 속령)으로부터 분리시키게 되었다. 또한 16세기에 이르러 '독일의 민족의식'이 이루어지기 시작했고, 17세기에 이르러 민족의식의 결정이 이루어짐을 의미한다. 따라서 원래의 신성로마제국7)이 민족국가로 발전해 가는 것을 말해 주고 있다.8)

4) 신성로마제국의 헌법

이 구 제국, 즉 신성로마제국9)의 헌법은 제국에 관한, 부분적으로 제국의 기본법(Reichsgrundgesetze)에 들어 있는 국내법상의 기본 규정이다. 이 헌법은 베스트팔렌 조약(Treaty of Westphalia)에서 보완되었고, 부분적으로는 '일반적으로 인정된 법리와 관습법'으로 되어 있다.

신성로마제국의 헌법은 제국의 기본법으로서 라틴어로 쓰여 있고, 황금의 인장을 사용하였으며, 31장으로 되어 있고, '7선제후의 특별한 권한을 확정'하였으며 대공위 시대 이후의 독일의 정치적 혼란을 해결한 독일제국의 선거 규정을 확립시켰다.

제국회의는 프랑크푸르트(Frankfurt)에서 개최하고, 표결은 다수결로 하였으며, 신왕(新王)의 대관(戴冠)은 고도(古都) 아헨(Aachen)에서 하고, 로마교황의 승인을 필요로 하지 않는다(그러나 교황에 의한 대관식이 있어야만

---

7) (기독교의 보편성에 따른) 초국가적 성격으로 인해서, 카를 5세가 황제가 되기 위해서 출사표를 낼 때, 프랑스의 프랑수아 1세와 영국의 헨리 8세도 함께 신성로마제국 황제 후보로 나섰다.
8) Arthur Mojonnier, *Ilustrierte Weltgeschichte, in 3 Bänden, Band II*, Zürich, 1966, p.316.
9) 962년 오토 대제(Otto Ⅰ, der Große 936~973)에 의해서 창설되었고, 1806년 나폴레옹에 의해서 폐지되었으며 독일 '제1제국'이라고도 한다. 제2제국은 비스마르크가 주도한 보불전쟁(普佛戰爭), 즉 독불 전쟁의 승리 후 이루어진 독일제국, 제3제국은 오스트리아인 히틀러에 의해서 만들어진 제국이다.

완전한 신성로마제국의 황제가 되었다. 그 예를 막시밀리안 1세와 카를 5세에서 볼 수 있음).

또한 신성로마제국 황제를 선거하는 7선제후(選帝侯, 일반적으로 7인이었음)는 많은 제후들(200여 명) 중에서 최상위를 점유하고, 최고 재판권(裁判權)·광산 채굴권·제염권(制塩權)·화폐 주조 특권을 가지고 있었다. 그리고 자국의 영지 내에서는 장자상속으로 하였고 영지의 분할은 불가하였다. 제후 상호 간의 동맹체결이 금지되었고, 도시 구역의 확장이 금지되었으며, 자력방위(自力防衛, 복수, Fehde)가 금지되었다. 이로써 국내의 공안(公安)의 기반이 확립되었다.[10]

5) 제국회의

독일의 의회(Reichstag)로써 프랑크 왕국(Frankenreich)과 신성로마제국 초기에 제국의 황제는 중대한 사안에 대해 자문코자 임의로 회의를 개최하였는데 12세기부터 평상시에도 제국회의가 개최되었다. 이것의 성문화(成文化)는 1356년 금인측서에 기록되어 있고, 이에 따른 제국회의의 참가 자격은 제후들과 제후 직속의 자유도시였다. 또한 이것은 황제의 권한을 제한하는 합법적인 기구였으며 제국의 제 문제의 토의 시에는 다수결로 하였다. 황제가 제국의 도시 또는 주교의 도시에 소집하는 제제국회의에서는 제국의 전쟁, 전쟁 참여(제후별로 전쟁 참여), 세금, 법률 제정, 영주에로의 승격 문제 등을 다루었다.

제후들 외에 제국회의에 백작과 자유도시 대표들이 참석했는데 13세기에 처음으로, 1498년 이후로는 상시 제국·주교의 도시들이 참석하였으며,

---

10) Heinrich Lutz, *op. cit.*, p.93.

1648년의 베스트팔렌 조약 이후에는 완전한 동등권을 갖게 되었다. 또한 1498년 이래 3부가 분리해서 토의하여 의결하였고, 선제후(選帝侯, 황제를 선출하는 7인 제후) 회의는 제국의 재상이 주재하였으며, 제후 회의는 오스트리아와 잘츠부르크(Salzburg)가 교대로 주재하였다.

그리고 16세기의 종교개혁 시에는 가톨릭파와 프로테스탄트파가 분리해서 회의를 개최했으며 양자 전원 합의에 의해서 의결하였다. 제국회의 장소는 1663년 이래 바이에른주의 레겐스부르크(Regensburg)로 고정되었다. 1871년 제2제국(비스마르크가 주도하여 창건한 프러시아제국) 시에는 보통선거에 의해 선출된 제국회의가 성립되어 법안의 제출과 청원의 전달이 주요한 임무였으며 연방 참의원에 대해서 하원(下院)의 역할을 하였다.11)

제국회의 결의를 좀 더 상세히 설명하면, 3부의 합의로 이루어지고 황제의 승인을 거쳐 발효되었다. 1648년 이래 각 부에서는 다수결로 의결하였으며 종교에 관한 사항은 별도의 규정에 따랐다. 또한 이 의회는 중세적 성격을 띠고 있었던 것으로 '황제가 낭독하는 의사일정'에 따라 이루어졌다. 토의는 개개의 쿠리아(Curia)에서 하고 쿠리아 간의 일치가 이루어질 때까지 협상하였다.12) 제국의 황제는 제국 내에서 직접적인 권한은 별로 갖지 못했고 공공생활의 대부분의 영역은 '영방국가(領邦國歌, Fürstenstaat)의 지역적 자치(自治)'로 이관되었다. 제국 자체로서는 '관리와 군대'를 갖지 못했으며 제국의 수장은 개별적 이익을 대표하는 제후에 대립되는 위치에 있었다.

---

11) Dtv, op. cit., p.113.
12) 그 의결 사항은 제국의 문서(Reichsakten)에 종합하고, 편집자는 랑케(독일 최고 역사학자)의 제자 바이체커(J. Weitzeeker)였으며, 17권이 출판되었다. 1928년에 시작된 제2부의 편집 내용은 카를 5세 황제의 선거와 대관식으로 시작된다.

6) 선제후의 구성

신성로마제국의 황제를 선출하는 7인의 선제후[13]는 3인의 성직자 선제

[13) 그러면 7선제후와 관련된 '나에 관한 작은 에피소드'에 관해서 중요한 7선제후에 대해 관심을 갖고 또한 필자와 같이 독일 연구비를 받는 데 도움이 될 수 있도록 하기 위해서 망설인 가운데 다음과 같이 적어보기로 한다.
베를린자유대학교의 냉전(冷戰)의 세계적 석학 놀테(E. Nolte) 교수가 라인 강변의 본(Bonn, 당시는 서독의 수도)대학교에서 전(全) 서독의 김나지움(Gymnasium) 역사 교사들을 상대로 특강을 하게 되었을 때 나는 처음으로 놀테 교수에게 인사를 하게 되었고 우리 5사람(놀테 교수와 그 부인, 놀테 교수의 친구인 라인 지역 교장과 부인, 그리고 필자)은 특강 전에 바로 본대학교 앞의 라인 강변에서 세차게 흐르는 라인강을 바라보면서 잠시 산책을 하였다. 대화가 자연스럽게 라인강에 관한 이야기로 흐르자 나는 재빨리 라인강과 관련이 있는 위의 7선제후가 생각이 났고 틈을 보아 그분들의 대화에 가담했다. 그래서 위에 쓰여 있는 순서대로 신성로마제국의 7선제후가 누구인지에 관해서 차례로 이름을 정확히 말했다.
게다가 추가적으로 마인츠 대주교가 제일 먼저 투표하러 나간다는 말을 덧붙이기도 하였다. 마치 교수들 앞에서 '근세사 초기'에 관한 구두시험(口頭試驗)을 보는 것 같아 좀 쑥스럽기는 하였지만 나의 외로운 처지에서의 기발한 순발력이기도 하였다. 나의 뜻밖의 선제후에 대한 설명에 대해서 교장 부인은 재치 있게 "우리도 전혀 모르는 7선제후의 개개의 이름에 대해서 외국인인 한국인이 어떻게 아는지 모르겠다"면서 어안이 벙벙해 하였다. 실로 당시 4사람 중에 7선제후의 이름을 댈 수 있는 사람이 몇이나 되는지는 모르는 일이었다. 교장 부인의 찬사에 대해서 나는 빈대학교 루츠 교수(전 독일어권을 대상으로 공모한 교수로 루터의 종교개혁의 세계적 권위자로 알려져 있음)에게 배웠으며 구두시험에 A 플러스 학점을 받았다라고 답변하였다. 그리고 이 순간 나에게는 "명문 대학이 되기 위해서는 실력 있는 교수와 열심히 공부하는 학생이 필수적이다"라는 생각이 들었다.
그리고 기발한 순발력 때문에 좋은 첫 만남이 되었고 이후 좋은 관계로 이어져 나는 독일의 연구비, 즉 독일 초대 대통령 '에베르트(Ebert) 재단 연구비'로 베를린자유대학교에서 연구할 수 있게 되었다. 그때 연구한 '독일의 분단'(The Division of Germany, Die Teilung Deutschlands)은 독일의 연구비로 1년간 뮌헨의 유럽 최대의 '현대사 연구소 및 뮌헨대학교'에서 연구한 테마로 그 내용을 우리나라 서양사학회 대표적 학술지「서양사론」(西洋史論)에 게재했다(「서양사론」 제21집, 1981년). 논문에 대한 학술원의 좋은 평가로 이후에 우리나라 학술원 · 교육부의 지원으로 '독일 통일'(The Unification df Germany)에 관해서 우리나라 대표 격으로 베를린 · 본 · 프랑스의 스트라스부르(Strasbourg)대학교에서 1년간 연구할 수 있었고, 서울대학교 대학원에서 발표하였다. 그리고 이 글을 잘 아껴 두었다가 '독일 분단' 논문과 같이 중앙학회지에 게재하지 않고

후와 4인의 세속 선제후로 구성되었다. 3인의 성직자 선제후는 다음과 같다.

① 마인츠(Mainz) 대주교(Erzbischof von Mainz), 이는 또한 제국의 대재상이 됨.
② 쾰른(Köln) 대주교(Erzbischof von Köln), 이는 또한 이탈리아의 대재상이 됨.
③ 트리어(Trier) 대주교(Erzbischof von Trier), 이는 또한 부르군트의 대재상이 됨.

4인의 세속 선제후는 다음과 같다.

④ 팔츠(궁중) 백작(宮中伯爵, Pfalzgraf bei Rhein), 황제의 지방 주재 대리인, 소재지는 하이델베르크임.
⑤ 작센 선제후(Kurfürst von Sachsen), 비텐베르크와 라이프치히가 정부 중심지임.
⑥ 브란덴부르크의 선제후(Kurfürst von Brandenburg).
⑦ 보헤미아 왕(König von Böhmen).

이들을 아울러 7선제후라 이른다.

국내 저명 교수들과 9인의 외국 석학 교수들이 기고한 나의 『세계 역사의 만남과 이해』에 게재하였다.

제 2 장
카를로스 1세의 스페인 입국과 반응

1. 카를로스 1세의 스페인 입국 후의 정책과 스페인 국민의 두려움과 불만

스페인의 추기경이었으며 섭정이었던, 그리고 북아프리카 이슬람의 무어(마우렌)족을 스페인으로부터 축출하는 데 지대한 공을 세운 81세의 히메네즈(Jimenez de Cisneros, Jimenez, Ximenes; 톨레도 대주교)는 새로이 스페인 왕이 된 오스트리아 합스부르크가의 부르군트 대공(大公) 카를로스 1세가 1517년 9월 스페인의 아스투리엔(Asturien) 항구에 도착한다는 소식을 듣고, 스페인의 왕위 계승자가 된 카를로스 1세를 맞이하기 위해 출발하였다.

이 고령의 독립투사 히메네즈는 17세의 이국의 젊은 왕이 스페인을 잘 다스려 주었으면 하는 각별한 심정에 사로잡혀 있었다. 이에 반해서 카를로스 1세의 젊은 시절에 브뤼셀(Brüssel) 궁정에서 영리하고 복종을 잘 했던 그래서 카를로스 1세의 신임을 얻어 수석 고문이 된 쉬에브르(Chievres)는 대단한 카리스마와 영향력을 가진 히메네즈 추기경과의 접촉을 피하기 위해서 험한 산길이라 느릴 수밖에 없는 속도를 일부러 더 느리게 하였다.

히메네즈 추기경은 노령과 험난한 산길로 인해서 도중에 병(病)이 발생하였고 곧이어 여행을 포기해야만 했다. 대신에 그는 계속해서 카를로스 1세 왕에게 간절한 조언과 함께 편지를 보냈다. 그렇게 한 이유는 카를로스 1세 왕이 플랑드르 궁정인들로 둘러싸여 있다는 소식을 듣고 오직 스페인 조언자들의 말을 따를 것을 부탁하기 위해서였다.

그런데 히메네즈 추기경은 동년 11월 8일에 사망하였다. 그리고 이 날은 마르틴 루터가 「95개조 반박문」을 부착하였다는 날의 8일 후가 되는 날이었다. 바로 이 시점은 새로운 시대가 시작되는 문턱이었고, 자신의 나라를 새로운 사람에게 직접 넘겨 주기 전이었으며, 많은 어려움과 고통 속에 이룩한 스페인의 통일이 안전한지를 확인하기 전의 일이었다. 일설(一說)에 의하면, "그간의 노력에 대해 감사하지만 너무나 고령이기 때문에 직위를 해제했다"는 카를로스 1세의 냉정한 편지를 받고 실망 끝에 사망하였다고 한다. 그러나 카를로스 1세가 쓴 편지가 히메네즈 대주교에게 이르지 못했다고 보는 견해도 있다.

젊은 왕 카를로스 1세는 사거(死去)한 대주교의 조언을 바람에 날려 버리고 히메네즈 추기경의 후계자로 쉬에브르의 어린 조카 21세의 크로이(W. von Croy)를 톨레도의 대주교로 임명하였다. 그리고 플랑드르의 한 젊은 귀족을 새 대주교에 임명한 것은 노령의 히메네즈 추기경의 걱정이 얼마나 지당했는지를 잘 말해 주고 있으며, 스페인인들이 그들의 합스부르크 왕이 완전히 한 정치고문의 영향하에 있다고 불평한 것이 근거가 없는 것이 아님을 잘 입증해 주었다. 이런 상황에서 인문주의자 마르티르(P. Martyr)는 "스페인이 실제 통치에 임하고 있는 쉬에브르 재상과 카를로스 1세의 젊은 궁정 동료들에 의해서 착취당하고 있다"라고 말하였다. 당시 스페인의 기록자들은 하나같이 "카를의 정신(廷臣)들이 스페인으로부터 돈[錢]을 빼앗아 갈 생각만 하고 있다"라고 불평하였다(Geld aus Spanien zu erpressen). 그러나 실제로는 플랑드르인들의 유별난 소유욕보다는 스페인과 부르군트(플랑드르) 양 국가의 문화적 차이와 이국인의 스페인 입국에 대한 불만이었다.

『중세의 가을』로 유명한 벨기에의 대석학 피렌(H. Pirenne, 1862~1935, 중세사의 거두이자 아날학파의 창시자임)의 흥미로운 관찰은, 당시 궁중의 호화로운 생활 양상은 부르군트 전성시대의 화려한 서품식(敍品式)에 비견될 수 있는 것으로 검소한 생활에 익숙한 스페인인들에게는 커다란 충격이었을 것이라고 했다. 그리고 이것은 화려한 마상(馬上) 무술 경기 대회, 연회의 긴 식단, 사치스런 옷들, 이 모두를 위해서 스페인인들이 지불해야 한다는 인상을 받았기 때문이었다. 이 때문에 카스티야의 귀족들과 백성들의 불만은 날로 커질 수밖에 없었다. 이러한 상황하에서 스페인 사람들의 마음은 가톨릭 왕 부부의 후계자로 스페인에서 태어났고 성장했으며 외조부 아라곤 왕 페르난도 2세의 총아(寵兒), 카를로스 1세의 동생 페르디난트 1세[14]를 더 선호하였다.

그리고 이러한 분위기는 바야돌리드(Valladolid)의 지방의회가 열리고 있을 때 카를로스 1세가 공공연한 냉대를 받았는데, 이에 반해서 동생 페르디난트 1세가 대대적인 환영을 받은 데서 분명히 드러났다. 이에 대해서 쉬에브르는 민첩하게 대응했다. 즉, 페르디난트 1세 왕자는 즉시 스페인을 떠나라는 명을 받았다. 보다 구체적으로 말해서, 페르디난트 1세 왕자는 모든 스페인 수행원들을 스페인에 그냥 두고 플랑드르 귀족들의 동반하에 1518년 3월 27일 플랑드르로 가기 위해 승선하였다. 참고의 말을 덧붙이

---

14) 카를 5세 황제의 동생으로 카를 5세 황제에 이어 신성로마제국 황제(향년 1503~1564)가 되었고, 보헤미아·헝가리를 상속받았으나 거의 전 지역을 터키에 빼앗겼으며, 1531년 독일 왕(그 후 신성로마제국 왕)으로 피선되었으며, 트리엔트 공의회에서 사제의 독신제 폐지와 평신도 성배(Laienkelch, 성찬식에서 일반 신도들이 받아 마시는 포도주)를 폐지하려고 했으나 실패했다. 이 지역에서 과격한 개혁운동을 주도한 프라하의 후스 대학총장의 콘스탄츠에서의 화형(火刑)으로 이어졌고 반란이 계속된 바 있다. 이에 관해 필자의 저서인 『서양 견문 연구록: 지산 이규하 박사의 저작과 생애』(703쪽)에서 읽을 수 있다.

면 동생 페르디난트 1세는 앞에서 언급된 바대로 오스트리아의 세속령(보헤미아·헝가리)을 위임받게 되었고, 이를 통해서 후스(J. Huss)의 영향하에 있는 이 지역에 스페인의 가톨릭주의가 들어가게 되었다.

이즈음 카를로스 1세 왕이 스페인에서 한 사적 행위는 어머니 후아나 1세의 남편, 즉 카를로스 1세의 젊은 아버지 필립 1세가 횡사(橫死, 제3부 "제1장 카를 5세의 어머니 후아나 1세의 슬픈 사랑" 참고)한 이래 토르데시야스(Tordesillas) 성에서 침울함 속에 살아가고 있는 어머니를 방문하는 일이었다. 카를로스 1세는 브뤼셀에서 함께 내려온 누나 레오노르(Leonor)를 동반하고 어머니의 어두운 방에 발을 들여 놓았다. 이때 한 궁신(宮臣)이 촛불을 켜려고 하자, 카를로스 1세 왕은 우리는 빛이 필요 없다고 하면서 제지시켰다. 오랜 세월 떨어져 살아온 어머니와 아들, 우울증이란 베일에 싸여 있는 어머니를 다시 알아보기 위해서 빛을 필요로 하지 않는다는 것이었다.[15]

2. 스페인 왕 카를로스 1세의 첫 독일 나들이와 황제로 피선

톨레도에는 알카자르[Alkazar, 무어인의 'Al-Kasar'에서 유래한 것으로 궁전(Palast)의 뜻임] 궁전이 있는데, 여기서 서고트족이 이베리아 반도(스페인의 별칭)를 통치하였고, 다시 아랍인들이 이 성을 개축했으며, 그 뒤를 이어 카스티야의 알폰소 6세가 같은 곳에 왕궁을 세웠다. 그런데 이보다 먼 훗날인 1521년 스페인 봉기자(蜂起者)들인 코무네로스(Comuneros)들이 이곳에 피신했을 때 친왕 세력이 이 성을 포위함으로써 알카자르가 합스부르크의 역

---

15) Heinrich Lutz, *op. cit.*, p.89.

사에 처음으로 등장하게 되었다. 봉기는 톨레도에서 일어났는데, 이는 스페인 왕 카를로스 1세가 독일(독일·오스트리아 중심) 국민의 신성로마제국의 황제가 되기 위해서 스페인에 머문 지 채 2년이 안 되어 스페인을 떠나려고 했을 때 스페인의 의회가 젊은 왕의 의도에 항의한 데서 시작되었다.

1519년 1월 자신의 조부(합스부르크가) 신성로마제국 황제(1493~1519)인 동시에 오스트리아 왕(1493~1519)인 막시밀리안 1세가 사망했다는 소식을 듣고 카를로스 1세 왕은 황제의 위에 오를 결심을 확고히 하였다. 당시 카를로스 1세는 브뤼셀에 있는 자신의 고모 마르가레테(Margrete)[16]에게 "나는 이것(황제)만을 바랄 뿐이다"라고 쓴 편지에서, 이것은 어디까지나 "나의 명예와 영광을 위한 것인 만큼 비용을 절약하지 말라"라고 브뤼셀의 대신들에게 지시했다.

자주 자신의 직할령 오스트리아의 인스부르크(Innsbruck)에 머물렀던 막시밀리안 1세 신성로마제국 황제는 생의 말년에 '거의 모든 재산을 손자 스페인 왕 카를로스 1세가 신성로마제국의 황제에 선출될 수 있도록 하기 위해서' 사용했다.[17] 이 때문에 말년에 황제가 그토록 사랑했던 인스부르크를 방문하려고 했을 때 화려한 입성을 원했지만 그에 필요한 자금이 없어 아무런 축하 행사 없이 방문해야만 했다.

---

[16] 부르군트 대공 미왕 필립 1세의 여동생으로 스페인의 왕세자 후안과 결혼했으나 후안과 너무나 짙은 사랑으로 몸이 쇠약해져 조사했고, 운명적으로 대공 카를이 스페인 왕위(카를로스 1세)에 올랐다. 자세한 내용은 제3부 "제1장 카를 5세의 어머니 후아나 1세의 슬픈 사랑" 참고하기 바란다.

[17] 신성로마제국의 황제는 영·불과 같이 세습제가 아니라 앞에서 언급한 7선제후에 의해서 선출하는 선거제였으며, 약간의 예외와 함께 1806년 나폴레옹이 이탈리아를 거쳐 빈에 입성한 후 황제 프란츠 2세를 겁박하여 신성로마제국을 폐지할 때까지 지속되었다. 나폴레옹의 강압에 의해서 신성로마제국 황제의 관을 잃은 프란츠 2세는 이를 미리 알고 2년 전에 오스트리아제국 황제라는 칭호를 만들었다. 이는 제1차 세계대전 말까지 지속되었으며 황제는 그때까지 2년 동안 신성로마제국 황제와 오스트리아제국 황제의 관 2개를 쓰게 되었다.

당시 신성로마제국의 성격을 잘 이해할 수 있는 내용을 부연하면, 루터의 종교개혁으로 분쟁이 격화되자 루터파 측에서는 카를 5세(카를로스 1세) 황제가 진정한 독일 황제가 아니라고 맹렬히 비난하였다. 그 이유는 카를 5세가 독일에서 태어난 것이 아니라(이에 비해 카를 5세의 조부 막시밀리안 1세는 빈 근교에서 태어났고 빈 근교에서 사망했음) 당시는 부르군트, 지금의 벨기에 겐트(Gent)에서 태어났고, 또 스페인의 왕이 된 이래 장기간 독일이 아닌 스페인에서 살았으며 불어와 스페인어는 잘 구사하지만 독일어를 잘 구사하지 못하였고, 황제로 피선될 때 앞서 언급한 대로 거액의 돈을 들여 7선제후를 매수했기 때문이라는 것이다.[18]

막시밀리안 1세 황제는 황제의 선거에서 무엇보다도 많은 돈, 즉 금으로 된 굴덴(Gulden, 14~19C까지의 독일의 금화 이름)이 필요하다고 하였다. 그 이유로 프랑스 왕이 신성로마제국 황제 선거에 입후보했는데 그의 대리인들이 너무나 능수능란하기 때문에 금으로만 이들에 대항할 수 있기 때문이라고 하였다. 프랑스 왕과 영국 왕이 신성로마제국의 황제(zum deutschen Kaiser)로 피선되기를 원했던 것은 르네상스·휴머니즘 시대에 이르러 기독교적 보편주의에 입각한 제국의 초(超)국가적 성격이 다시금 강조되었기 때문이었다.

다시 말해서 르네상스 시대의 고대의 부활이라는 사고와 함께 '신성로마제국이 유럽 각개 국가를 하나의 제국으로 통합하였던 통합이념(Einheitsidee)'이 되살아난 것을 의미한다. 그리고 이것은 카롤루스 대제[19]의 제국 이념이기도 한 것이다. 다시 말해서 프랑켄 왕국의 후계자인 프랑스의 왕 프랑수아 1세가 황제의 자리를 원하는 것이 놀라운 일은 아니었다. 이

---

18) Otto Zierer, *op. cit.*, p.285ff.
19) Charlemagne, Carolus Magnus. 로마의 황제이고 프랑크 왕국의 왕(Charles Ⅰ, 768~814)이며, 800년 12월 25일에 교황 레오 3세에 의해서 로마(독일) 황제의 관을 받았다.

리하여 오스트리아인 막시밀리안 1세 황제 사망 후 신성로마제국의 황제 후보는 영국의 헨리 8세와 1515년 프랑스의 왕이 된 프랑수아 1세가 가세하여 3인이나 되었다(Seine Rivalen waren unter anderem Heinrich Ⅷ. von England und besonders Franz Ⅰ. von Frankreich).[20] 프랑수아 1세의 어머니 루이(L. von Savoyen)는 자주 자신의 아들에 대해서 "나의 아들, 나의 황제"(mon fils, mon César)라고 호칭하였다고 전해지고 있다.

비록 프랑스의 많은 돈이 선제후인 마인츠(Mainz)와 트리어(Trier) 대주교에게 건네졌지만 그리고 당시 독일의 최고 재벌 푸거(J. Fugger)가가 5천만 두카텐(Dukaten, 13~20C 유럽 여러 나라에서 발행된 금화)을 후보자인 카를로스 1세 왕을 위해서 투입했지만 선제후들은 이에 아랑곳하지 않고 작센(Sachsen, 독일의 한 영방 이름) 공작 프리드리히(Friedrich, 현명왕)에게 황제위를 제안했다. 그러나 프리드리히 현명왕은 독일인이며 스페인 왕 카를로스 1세 왕을 위해서 기꺼이 후보를 포기하였다.

마침내 1519년 6월 28일 스페인의 젊은 왕 카를로스 1세(1500년 출생이니 피선 당시 만 19세)는 만장일치로 독일 황제('신성로마'란 칭호는 로마교황에 의한 대관식이 있어야 붙이는 칭호)로 선출되었고 공식 명칭은 "피선된 황제 카를 5세"(Karl V)였다. 동년 8월 28일 독일 팔츠(Pfalz)의 선제후가 스페인 왕 카를로스 1세가 황제로 선출된 것을 받아들일 것을 청하기 위해서 스페인의 바르셀로나(Barcelona)로 갔다. 또한 당시 부르군트의 대재상(大宰相) 가티나라(M. Gattinara)는 황제 카를 5세에게 지대한 영향을 끼친 인물이었다. 당시의 정치사상과 실상의 이해에 도움이 될 수 있도록 대재상 가티나라에 대해서 좀 더 자세히 알아볼 필요가 있다.

가티나라는 부르군트 공작령의 마지막 대재상이었다. 가티나라는 이탈

---

20) Geoffrey R. Elton, *Europa im Zeitalter der Reformation*, München, 1982, p.31.

리아 밀라노 서부의 도시에서 태어난 법학자이자 심오한 휴머니즘 사상을 갖춘 사람으로서 1518년 소바쥬(Le Sauvage) 부르군트 재상의 후계자가 됨으로써 마르가레테와 함께 네덜란드에 입국하였다. 이로써 부르군트의 정치는 프랑스어를 말하고 친프랑스 정책을 펴 왔던 전 재상의 기본 노선으로부터 벗어나게 되었다. 카를 5세의 아버지 필립 1세(부르군트 대공 및 사망 시까지 스페인 왕)는 프랑스 왕실의 제1귀족의 역할을 맡았으나 가티나라는 카를 5세를 위해서 커다란 계획, 즉 '세계 지배 사상'(Dominum Mundi)이란 비전을 내세움으로써 불가피하게 반(反)프랑스 노선을 택해야만 했다(Gattinara war der einzige Botschafter des Kaisers, der eine große Konzeption hatte, was Karl mit seinen Ländern überhaupt anfangen solle).[21]

가티나라는 이러한 사상의 유일한 옹호자였으며 신학적 근거뿐 아니라 합당한 논거를 제시하였다. 가티나라는 카를 5세가 황제의 칭호를 받아야 한다고 제안했으며, 이는 단테(D. Alighieri)의 제정론(帝政論, De Monarchia, 교황과 황제가 세계의 지배자이나 교황이 황제를 임명하는 것이 아니라 황제 또한 하느님의 예정에 의해서 이루어지는 것이고 하느님이 원하는 바이며 교황에게 예속되지 않는다는 정치사상을 말함)과 비슷한 정치 철학이었다. 부연하자면, 단테는 이러한 반교황적 사상 때문에 피렌체에서 황제파를 제치고 교황파가 정권을 장악했을 때 교황파에 의해서 사형을 선고받았고 국외로 영구 추방되었으며, 유랑생활을 하면서 「신생」(新生, Vita nuova)과 「신곡」(神曲, Divina Commedia)을 썼다. 그리고 가티나라의 세계 지배 이념은 19세기의 제국주의와는 거의 무관한 것이었다. 이와 관련해서 중요한 것은 제국 이념에 중세의 사고가 어느 정도 작용했느냐는 것이다. 역시 가티나라의 사상에는 이탈리아 르네상스 시대의 제정론이 중심을 이루고 있다고 보아야

---

21) *Ibid.*

할 것이다. 당시 신성로마제국 황제 카를 5세는 중세적 사고에 사로잡혀 있었고 또한 귀족 사상이 바탕이 된 교육을 받음으로써 그에게는 다원주의적 우주관과 다계층(多階層)의 유럽 영주 제도가 두드러지게 나타나고 있었으며, 과격한 새로운 이념은 단호히 거부하였다(그래서 뒤에서 읽을 수 있는 바와 같이 루터의 종교개혁에 대해서 강력히 저항했다). 나아가 가티나라는 선제후들의 만장일치로 당선된 황제에게 그 여세를 바탕으로 이탈리아에 대한 요구권을 내세울 것을 주장했으며, 이로써 프랑스의 신성로마제국 포위가 불가능하게 되었다.

당시 가티나라는 카를 5세 황제에게, "전하! 하느님이 전하께, 이제까지 전하의 선임자 카롤루스 대제만이 누렸던 바대로, 모든 왕들과 영주들 위에 전하를 높이고자 하므로 전하가 제국을 형성해 가는 과정에서 하나의 목자(牧者) 아래 모든 기독교인들을 모으시기 바랍니다"라는 진정서를 바치기도 하였다.

그러나 스페인인들은 그들의 왕이 신성로마제국 황제가 되기 위해서 자신들의 나라를 떠나는 것과 그에 따른 여비와 대관식 행사 비용을 스페인 의회에 요구하는 것에 대해서 몹시 불쾌하게 생각하였다. 카를 5세 왕이 황제로 피선되자 스페인 의회는 세 가지에 대해서 발표하였다. 1) 왕은 스페인을 떠나지 말 것, 2) 스페인으로부터 금이나 은을 반출하지 말 것, 3) 외국인들에게 관직을 주지 말 것이었다. 이어서 카를 5세의 출국을 저지하기 위해서 톨레도에서 시작된 시위는 카스티야의 여러 도시로 확대되어 갔다. 그럼에도 불구하고 카를 5세는 출국을 결정하였다. 당시의 험한 분위기는 카를 5세가 토르데시야스에 있는 어머니를 방문하고 나오려고 할 때 흥분한 민중들이 강력히 저지한 데서 잘 나타나고 있다.

이때 항의자들은 "스페인 왕 만세, 그리고 왕의 사악한 조언자들에게 죽음을!"이라고 외쳤다. 그리고 이로 인해서 왕을 동반하고 있었던 쉬에브르가 큰 불쾌감을 느낄 정도였으며, 이어서 의회와 지방의회가 소집되었지만 왕의 '돈의 요구'는 계속해서 부결되었다. 심지어는 산티아고(Santiago)의 신분제 의회에서도 가티나라의 간절한 요청에도 불구하고 돈에 대해서는 완강히 거절했다.[22]

이러한 상황 아래 카를 5세가 항해를 시작할 라 코루냐(La Coruña)에서 가티나라·쉬에브르 다음 제3위의 왕의 조언자인 바다조(Badojo)의 주교 모타(P. R. de la Mota, 카를 5세의 국무대신) 박사가 그곳에서 마지막으로 회의를 개최하고 설득을 위해 다음과 같은 연설을 하였다.

카를 5세 왕은 다른 왕들과는 다른 왕이다. 카를 5세만이 지구상에서 왕 중의 왕이다. 왜냐하면 하느님으로부터 제국을 받았기 때문이다. 그리고 이 제국은 '옛 로마제국'의 연속이다. 로마제국 시절에 스페인을 비롯한 다른 나라들이 경의의 표시로 트라야누스(Trajanus)·하드리아누스(Hadrianus)·테오도시우스(Theodosius) 황제에게 지원금을 보낸 바 있다. 이제 다시 제국이 태어날 것이며 하느님은 제국을 다스릴 황제를 찾고 있다. 다시 말해서 우리의 왕 카를 5세가 하느님의 은총으로 로마의 왕(römischer König)이 되고 세계의 황제(Imperator der Welt)가 될 것이다. 그리고 카를 5세 왕은 영토를 확장하기 위해서 황제의 위(位)를 받아들이는 것이 아니다. 왜냐하면 그는 이미 충분한 세습영지(유럽 내륙에서 뿐만 아니라 중·남미 대륙에서)를 가지고 있기 때문이다. 그는 자신에게 맡겨진 대단히 힘든 임무를 수행하기 위해서 노력하게 될 것이다. 즉, 그는 기독교에서 이탈하려고 하는 사람들을 보살피고 우리 주위의 무신론자인 적들에 대항할 것이며, 이를 위해서는 하느님의 은총과 자신의 사람들의 힘을 통해서 할 것이다. 이 같은 제국의 임무를 위해서 스페인은 제국의 심장부이고 스페인 왕국은 그 기초이며 다른 모든 사람들을 보호하기 위해서 노력하게 될 것이다. 때문에 카를 5세 왕은 스페인에서 죽을 결심을 했고 살아 있는 동안 이 결심을 지킬 것이다. 따라서 스페인은 다른 모든 사람들을

---

[22] Heinrich Lutz, *op. cit.*, p.89.

위한 기반이고 보호이며 힘인 것이다. 왕 만세(Viva el Roy)! 모든 돈은 황제인 그를 위해서(Alles Geld für ihn, den Kaiser, den Cäsar)!

이 연설 뒤에 마침내 과반수가 왕이 바랐던 금액을 승인하였다. 그리고 1520년 5월 20일 카를 5세는 40만 스페인 두카텐을 재무 담당관의 자루에 넣은 채 독일로 떠나기 위해서 라 코루냐 항구에서 승선하였다.

3. 아헨에서의 황제 대관식

1520년 10월 23일 부르군트에서 가깝고, 독일 땅이며, 카롤루스 대제가 묻혀 있는 뮌스터(Münster)에서 황제의 대관식이 거행되었다. 옛 관습에 따라 종교적 의식이 거행되었고, 사제의 신품성사(神品聖事)와 비슷하게, 부여받은 임무를 성실히 수행할 것에 대해서 맹세하였다. 식이 거행되는 동안 예수 앞에서 완전한 복종의 표시로 제단의 계단 위에서 두 팔을 십자가 모양으로 펼쳤다. 그리고 난 후에 그는 교회와 정의를 수호하고 약자와 방어능력이 없는 자들을 보호하며 무신론자들에 대항해 투쟁할 것에 대해서 서약하였다.[23]

이어서 쾰른(Köln)의 대주교는 대관식에 참여한 영주들과 백성의 대표들을 향해서, "여러분들은 이 카를 왕이 로마인들의 왕과 황제가 되는 것을 원하십니까"(Wollt ihr diesen, König Karl, als kaiser und König der Römer), 또한 "여러분은 이 사도 카를에 복종하시겠습니까?"라고 물었고 이에 대해서 귀족들과 백성들은 다 같이 "예, 예, 예"라고 대답하였다. 그리고 이 선서는 마치 결혼식의 '예'라는 말과 같이 구속력이 있고 풀 수가 없는 것이다. 이

---

23) Reinhard Elze, Konrad Repgen, *Studienbuch Geschichte*, Stuttgart, 1974, p.528ff.

어서 쾰른의 대주교와 트리어의 대주교가 피선 황제의 가슴·머리·어깨·손의 관절·양손에 성유를 발라 주며 축성하였다. 축성이 끝난 뒤에 그들은 카를 5세에게 카를 황제의 대관식 예복을 입혔고 왕홀과 독일 황제의 권력을 상징하는 지구의(地球儀)를 수여했으며, 쾰른의 대주교는 중세의 황제들이 쓴 바 있는 옛 독일 황제의 관(冠)을 머리 위에 씌웠다.[24]

이어 황제는 법률과 정의와 성스러운 가톨릭교회의 보존을 위해 모든 힘을 경주하겠다는 맹세를 하였으며, 다음으로 의자에 앉은 채로 교구인들에게서 충성의 맹세를 받았다. 대관식이 끝난 후에는 마인츠 대주교가 카를 5세에게 '이탈리아 왕과 피선 황제'라는 칭호를 수여하는 교황 레오 10세(Leo X)의 공식 문서를 낭독하였다('로마의 황제'란 칭호는 카를 5세가 이탈리아 볼로냐에서의 교황의 대관식이 있은 후에 받게 되었음).

이 같은 성례(聖禮)의 대관식은 황제의 영혼에 결코 지울 수 없는 표지를 붙여 주게 되었다. 그리고 최고의 경지에서 자신이 예수 그리스도를 믿는 보호자요 방어자임을 느끼게 하였다. 나아가 이 순간부터 카를 5세에게는 젊은 시절의 불확실성이 사라졌을 뿐 아니라 대관식은 카를 5세가 자신의 역할을 잘 수행할 수 있도록 커다란 힘이 되었다.

4. 볼로냐에서의 카를 5세의 신성로마제국 황제 대관식

독일 아헨에서의 황제 대관식이 끝나고 8년 뒤인 1528년 9월 16일에 카를 5세는 자신이 오래전에 계획한 바 있는 이탈리아 여행을 실천에 옮기려는 이유에 대해서 다음과 같이 설명하였다. 첫째는, 신성로마제국의 황제

---

24) *Ibid.*

(Imperator Romanorum)가 되기 위해서 '필수적인 교황에 의한 대관식'을 갖기 위함이었다. 둘째는, 교황에게서 '공의회의 소집을 위한 동의'를 얻어내기 위해서였다. 마지막 셋째로는, '터키의 침입을 물리치기 위함'이었다.[25]

이 대관식에서 황제는, 나는 오직 상속받은 것을 지킬 뿐이며 결코 남의 영토를 바라지 않는다고 선언했고, 나아가서는 에라스뮈스가 바란 바대로 자신의 것이 아닌 것을 뺏으려는 것은 진정한 군주가 아니라 폭군이라고 하였다. 그리고 이번에는 지난번과는 다르게 많은 비용이 드는 이탈리아 여행을 위해서 별다른 어려움 없이 스페인 의회(Cortes)의 승인을 받을 수 있었다. 나아가 황제는 교황으로 하여금 교회를 개혁토록 하고 전쟁을 통해 터키인들을 물리칠 것에 대해서 쉽게 이해를 구할 수가 있었다. 또한 황제 카를 5세는 조국(Patria)의 개념을 '기독교인들의 단일체 형성'이란 개념으로 확대하는 데 성공하였다. 카를 5세는 스페인 의회의 호의와 지원으로 볼로냐에서 있을 교황의 대관식에 참여하기 위해서 1529년 7월 2일에 바르셀로나 옆의 팔라모스에서 승선하였다.

사람들은 '부르군트 · 독일 · 오스트리아 · 스페인의 피가 섞여 있는 카를 5세'가 스페인에서 7년 동안 머물면서 루터파가 불평하는 바대로 스페인 사람이 다 되었다고 하였다. 또한 황제의 장기간의 스페인 체재로 인해서 스페인과의 연대가 완성되었고 '보편적 제국 이념'이 무르익어 갔으며 황제는 이 이념을 앞으로 있을 교황에 의한 대관식을 통해서 실현하려고 하였다.

스페인 역사가로 '카를 5세사(史)'를 쓴 로카(de la Roca)는 황제의 첫 볼

---

[25] 필자가 장학생으로 정규 빈대학교 대학생이 되었을 때 처음에 살았던 곳이 A.A.I., 즉 아시아 · 아프리카 학생 본부가 있는 기숙사였는데, 그 집의 주소가 빈 9구 터키가 3번지였다. '터키가'란 이름을 붙인 이유는 이슬람교를 믿는 터키인들이 그곳까지 침입해 들어와 3차의 공방전을 벌인 끝에 퇴각한 것을 기념하기 위해서라는 것이었다. 그때 합스부르크가의 군대가 패배했더라면 오스트리아 나아가서는 유럽 전체가 터키 · 이슬람교의 지배하에 들어갈 수 있었다는 점에서 매우 의미 있는 승전이었다는 역사적 평가를 받고 있다.

로냐 입성 시의 모습에 대해, 황제는 직품과 지위에 어울리게 화려하고 장엄했으며 또한 이에 못지않게 가지각색의 호화스런 예복에다 삼중보관(三重寶冠)을 쓴 교황 클레멘스 7세(Clemens Ⅶ)가 황제를 기다리고 있었다. 황제는 2년 전 자신의 군대가 '천사의 성'에 감금한 바 있는 클레멘스 7세 앞에서 무릎을 꿇고 교황의 발에 입맞춤하였다(Der Kaiser kniete vor Papst Clemens Ⅶ. der ihn die montelange Gefangenschaft verziehen hatte, nieder und küßte ihn auf die Wangen). 이어서 교황은 황제를 일으켜 세웠으며 황제의 볼에 입맞춤하였다. 이 광경은 지난날 호엔슈타우펜가(Hohenstaufen, 독일에서 1138~1208년, 1215~1254, 시칠리아에서 1194~1266년까지 지배한 독일의 왕가)의 바르바로사(Barbarossa, 1122?~1190, 이탈리아어로 붉은 수염의 뜻, 신성로마제국 황제 프리드리히 1세의 별칭, 제3차 십자군 전쟁에서 소아시아에서 익사)가 마르쿠스 교회 앞에서 장기간 전쟁한 바 있는 적대자 교황 알렉산더 3세(Alexander Ⅲ) 앞에서 무릎을 꿇었고, 교황이 눈물을 흘리면서 황제를 일으켜 세운 뒤 화해의 입맞춤을 한 장면과 흡사하였다.

베니스의 총독 관저에는 '황제 카를 5세와 클레멘스 7세가 함께한 그림'이 걸려 있는데, 예수의 후계자 교황과 지상의 군주가 사크룸 임페리움(Sacrum Imperium), 즉 성스러운 정신적·세속적 세계를 다스리는 일치된 모습을 보여 주고 있다. 그림에 그처럼 아름답게 나타난 화합의 모습은 1529년 12월부터 1530년 2월까지 지속되었다. 이를 말해 주듯이 교황과 황제의 방은 나란히 자리하고 있었고, 그들은 매일 여러 시간 동안 친밀한 대화를 나누었으며, 황제는 행여 잊어버릴까 봐 논의된 중요한 안건에 대해서 메모하였다.

그사이에 밀라노의 서쪽에 있는 몬차(Monza)로부터 철로 된 작은 롬바르디아(Lombardy, 옛 이탈리아 왕국) 왕관을 가져왔으며 1530년 2월 22일에 교황은 황제의 머리 위에 이 철관을 씌웠다. 그리고 이틀 후 황제가 30세가 되는 생일에 화려한 연회를 베풀었다. 교황은 황제에게 상징물들을 건네 주었는데, 백성을 기독교적으로 잘 다스리라는 뜻으로 왕홀을 주었고, 모든 적으로부터 교회와 제국을 잘 방어하라는 의미로 검을 주었으며, 경건하고 균형 있게 세계를 다스리라는 뜻으로 지구의를 주었다. 이때 카를 5세는 첫째로 스페인 왕으로 또한 독일 황제로 생각했으며, 독일의 우두머리가 아니라 세계의 지배자, 즉 중세 보편 제국의 군주로 생각했다(Karl der Fünfte hat sich immer in erster Linie als König von Spanien betrachtet und sich auch als Kaiser, nicht als deutsches Oberhaupt, sondern als Weltherrscher, als Monarch des mittelalterlichen Universalreichs empfunden).[26]

이지적 기질의 발데스(A. de Valdés)와 경건치 못한 동반자들은 카를 5세 황제가 정신적으로 몰두하는 가운데 자연스럽게 의식에 참여하는 모습을 보고 "크게 놀랐다"라고 쓰고 있다. 황제는 깊은 신앙심과 함께 자신을 낮추고 또 자신을 높이는 상징적인 행위에 깊이 빠져 있었으며 봉헌(奉獻)에 앞서 관례에 따라 금으로 된 30두카텐을 헌납하였다. 이어서 황제는 그리스도의 육체의 상징인 떡이 담겨 있는 성반(聖盤)과 물이 담겨 있는 차병(茶甁)을 바치는 부제의 역할을 마치 오랫동안 경험하고 연습한 것처럼 우아하고 신앙심이 가득 찬 모습으로 해 냈다. 그리고 신성로마제국의 황제로서의 대관식이 끝난 후에 황제는 교황을 위해서 등자(鐙子, 말의 발걸이)의 역할을 하였다. 교황과 황제는 말 위에 나란히 앉아 아름답게 장식한 볼로냐 거리를 통해서 그리고 하느님의 대리인 교황과 세상을 다스리는 황제 앞에서 무릎을 꿇은 채 열광하는 대중 사이를 통해서 갔다.

금색이 찬연한 천개(天蓋) 아래 세상의 가장 큰 두 빛인 교황과 황제는 해와 달 같이 빛나고 있었고 전령관들은 백성들에게 금화를 던져 주었다.

---

26) Egon Friedel, *op. cit.*, p.306f.

'Carlo quinto Imperator'(황제 카를 5세)라고 쓰여 있는 궁륭문(穹窿門, 중세 시 예수나 교회의 승리를 상징하는 문) 위에는 오스트리아 합스부르크 왕가 (카를 5세)의 문장이 걸려 있었고, 그 옆에는 아우구스투스 · 티투스 · 트라 야누스 · 마르크 아우렐리우스 · 콘스탄티누스 대제의 초상화가 걸려 있 었다.

화가 브루사소리시(Brusasorici)는 교황과 같은 천개 아래 말을 타고 가 는 황제의 모습을 그림과 같이 묘사했다. 즉, 황제 카를 5세에 관해서는 그의 옆모습을 그렸는데 머리를 똑바로 세우고 있었고 표정은 심각하고 긴장되어 있었다. 그리고 교황 클레멘스 7세는 마치 아버지가 조숙한 아 들을 바라보는 것처럼 또는 술에 취하지 않은 사람이 취한 사람을 바라보 고 당황하고 놀란 듯한 표정이었다. 왜냐하면 젊은 '카를 5세 황제가 순간 적인 황홀경 속에서 마치 하늘로부터 계시를 받은 것 같이' 보였기 때문이 었다.[27] 스페인의 사가요 성직자인 산도발(P. Sandoval)은 역시 사가요 교 황 클레멘스 7세의 총아인 목격자 조비우스(P. Jovius) 주교의 보고를 인용 하여 다음과 같이 기술하였다. "교황은 황제를 오랫동안 주시하였는데 교 황에게 비친 황제의 모습은 인간적이고 위엄으로 가득 차 있었다. 교황이 더욱 그렇게 느낀 데에는, 사람들이 황제는 거칠고 전형적인 고트인(Gote) 같이 생겼으며, 군인 같이 사납다고 말했기 때문이었다. 그러나 교황은 황 제에게서 그와는 정반대의 모습을 보게 되었다. 그는 황제에게서 잔인함 과 교만함을 보지 못하였고, 그가 후에 말한 대로, 대제국에 어울리는 품 위를 갖추고 있다"고 하였다.

그런데 대관식이 진행되고 있는 동안에 돌발 사건이 발생하여 많은 사람 들의 화젯거리가 되었다. 황제가 궁전으로 이동하는 중에 계단을 지나자마

---

[27] Egon Friedel, *op. cit.*, p.362.

자 계단의 난간이 무너져 버리는 사건이 발생한 것이다. 이에 대해서 미신적인 백성들은 "앞으로 더 이상 교황이 집전하는 신성로마제국 황제의 대관식은 없을 것이다"라고 떠들어 댔다. 그리고 실제로 카를 5세가 교황이 집전하는 대관식을 가진 마지막 황제였으며(Und tatsächlich war Karl V. der letzte vom Papst gekrönte römische Kaiser), 카를 5세 황제 이후에는 기독교의 분열로 인해서 제국의 보편적 의미가 와해되었기 때문이다.

카를 5세 황제의 동생으로 스페인에서 태어난 페르디난트 1세는 교황이 집행하는 신성로마제국 황제의 대관식을 갖기를 희망했으나 교황 파울루스 4세(Paulus IV)는 거절하였다. 그 이유는 교황이 나폴리인으로 국가주의적 사고를 가진 사람이었고, 황제의 선출 시에 교황인 자신의 승인을 받지 않았기에 페르디난트 1세를 황제로 인정하고 싶지 않았기 때문이었다. 그러나 페르디난트 1세 황제는 "황제의 선거는 교황의 승인을 필요로 하지 않는다"(Der Kaiserwahl ist unabhängig von päpstlicher Bestätigung)라는 선제후 협의회의 결정을 소급 적용하였다. 당시 교회의 분열(교회와 황제 간의 불화)이 그 같은 결의를 만들어 낸 것인데 이제 와서는 또 다른 교회(신·구교)의 분열이 발생하게 된 것이다.

페르디난트 1세는 '아우크스부르크 종교 화의(和議)' 이후에 가톨릭교도와 프로테스탄트 교도의 왕(황제)이 되었는데 이것은 사실상 루터파를 인정한 셈이 되었다. 때문에 교황은 이를 인정할 수가 없었다. 나아가 이로 인해서 '황제의 칭호가 초국가적인 성격을 상실'하게 된 것이다. 그리고 황제의 칭호는 1806년 나폴레옹이 신성로마제국을 폐지할 때까지 합스부르크가에 지속되었다. 황제의 칭호가 갖는 매력을 알게 된 나폴레옹은 유럽에 두 사람의 황제를 필요로 하지 않는다고 하며 스스로 유럽 유일한 황제가 되었고, 대관식에 교황이 참석하였지만 교황 대신에 스스로 황제 관을 자신의 머리에 얹었다.[28]

5. 황제 카를 5세와 에라스뮈스 · 마키아벨리

1) 카를 5세 · 에라스뮈스와의 관계 및 황제에게 끼친 에라스뮈스의 사상

　다음에 이어지는 카를 5세 시대 유럽의 통치 영역과 시대상을 보다 더 확실하게 이해하기 위해서는 유럽의 정치적 판도를 크게 바꿔 놓은 카를 5세가 새로 얻은 영토를 보다 분명히 할 필요가 있다고 본다. 오스트리아 합스부르크가 신성로마제국 황제 막시밀리안 1세가 사망한 후 황제위에 오른 카를은 1500년에 태어났다. 그는 조부 막시밀리안 1세의 많은 행운을 안겨 준 결혼정책에 의해서 취득한 부르군트(Burgund, 오늘의 베네룩스와 그 인근 지역)를 얻게 되었고 그리고 또 한 번의 결혼으로 스페인을 얻게 됨으로써(카를 5세는 이 결혼을 통해서 1519년 신성로마제국 황제가 되기 전에 스페인 왕 카를로스 1세가 되었음) 거대한 통치 영역을 얻게 되었다. 보다 구체적으로 카를 5세는 서부 · 중부 유럽과 콜럼버스의 신대륙 발견 이래 스페인의 영지가 된 신대륙의 통치자가 되었으며 스페인에 예속된 시칠리아와 나폴리를 통치하게 된 것이다.[29] 세계 역사상 어느 때를 막론하고 위대한 통치자들에게는 조언자들이 있었다. 카를 5세의 당대 최고 그러나 서로 상반되는 주장을 한 사상가 에라스뮈스(1466~1536)와 마키아벨리(1469~1527)와의 관계와 그들로부터 받은 그러나 우리에게는 거의 알려지지 않은 영향에 대해서 알아보고자 한다.

　황제 카를 5세는, 고려 말 이성계 장군이 비록 이로 인해서 반역으로 몰려 생명을 잃을 위기에 빠지기도 한 우리에게 잘 알려진 수신제가평천하(修

---

28) *Ibid.*
29) Geoffrey R. Elton, *op. cit.*, p.31.

身齊家平天下)의 내용이 담겨 있으며 왕을 위한 교과서라는 『대학연의』(大學衍義)를 읽은 것과 비슷하게, 항시 자신의 머리맡에 3권의 책을 놓아두고 있었다. 그 하나는 에라스뮈스의 저서 『기독교적 군주 교육론』(Institutio Principis Christiani)이었고, 다른 하나는 마키아벨리의 『군주론』(君主論, Il Principe)이었으며 또 다른 하나는 전쟁수행에 필요한 폴리비오스(Polybios)의 『역사』이었다. 이는 어린 황제가 이루 말할 수 없이 큰 제국을 통치함에 있어서 서로 다른 주장을 하는 위 두 사람의 저서를 수시로 참고하고자 했기 때문이다.

그러면 먼저 카를 5세 황제와 에라스뮈스와의 관계와 에라스뮈스의 어떠한 사상이 카를 5세 황제에게 영향을 끼쳤는지 알아보고, 다음으로 황제와 마키아벨리의 관계와 황제가 마키아벨리의 사상 가운데 어느 점을 중요시 여겼는지와 마키아벨리의 사상이 세상으로부터 어떠한 평가를 받았는지에 대해서 알아보고자 한다. 그리고 이렇게 하기 위해서는 먼저 '대사상가들의 생애와 사상의 핵심, 즉 그들의 정치 철학'에 대해 알아볼 필요가 있다고 본다.

1465년 당시는 신성로마제국에 속했던 네덜란드의 로테르담(Rotterdam)에서 한 신부의 아들로 태어난(이 사실은 우리나라에는 물론이고 서양에서도 아는 사람이 별로 없음) 에라스뮈스는 평생 자신의 떳떳지 못한 출생으로 인해서 고통을 받았고 차별대우를 받는다고 생각하여 일종의 박해증에 시달렸다(In Rotterdam als Sohn eines Priesters geboren, litt Erasmus ⋯ am Markel zu fühlen unehelichen Geburt und, sich verfolgt und schlecht behandelt zu fühlen).[30]

어머니가 페스트로 죽자 에라스뮈스의 후견인들은 아직 20세가 채 안

---

30) Egon Friedel, *op. cit.*, 308ff.

된 자신과 동생들에게 수도원에 들어갈 것을 강요하였고, 이후 에라스뮈스는 수도원에서 한 번도 행복감을 느끼지 못했다. 그는 수도원의 아우구스티누스 수도회의 학교에서 주로 고전을 연구하였다. 그는 얼마 안 되어 수도원을 벗어나 자유의 몸이 되고자 시도했으며 30세가 넘어서야 이루어졌다. 그가 1495년에 파리에서 공부하기 위해 휴가를 얻었을 때 인문주의자들을 사귀게 되었고 인문주의자들의 투쟁에 참여하기도 했으며, 생활비는 스스로 벌어야 했다. 여기서 미리 밝혀 두고 싶은 것은 에라스뮈스가 '이단'이라며 뭇 공격을 받기도 했지만, 그는 신앙(당시는 가톨릭)에 충실하였고 자신을 기독교 신자로 생각하였다(Erasmus was profoundly loyl to his faith; he conceived himself as a Christian and that meant, unquestionably, that he remained within Church).

그는 이단이 아니라 고대의 정신을 광범한 세계에 전하려 했고 고대의 격식과 언어를 통해서 신앙생활의 개혁을 시도했으며 성경과 바울에게로 되돌아갈 것을 주장했다. 그리고 이들이야말로 경건성과 지혜의 원천이라고 하였다. 그리고 그의 유명하고도 간절한 바람은 "신도들이 신약성경과 바울의 서간을 읽고 또한 이 책들이 여러 나라 말로 번역되어 농민들이 밭을 갈면서 읽으며 아낙네들이 베를 짜면서 읽었으면 한다"는 것이었다.

좀 더 자세히 들여다보면, 1492년 이래 캄브라이(Cambrai) 주교하에 있었고, 1495~1499년까지 파리에서 유학하였으며, 영국으로 건너가 모어(T. More)·콜렛(J. Colet) 등과 교류하였고, 옥스퍼드대학교에서 그리스어를 가르쳤다. 그 후 수년간 이탈리아에 있으면서 그곳 학자들과 함께 학문을 탐구하였으며 다시 영국으로 건너가 케임브리지대학교에서 그리스어를 가르쳤다. 그는 그곳에서 『우신예찬』(愚神禮讚, The praise of folly)을 써서 큰 인기를 얻은 바 있다. 그는 여기서, 전체적으로는 이성을 옹호했지만, 인간이 오직 이성적이기만 하다면 삶이 얼마나 권태로울까라고 하였고,

비이성적일지라도 때로는 열정과 유머 그리고 자만심이 필요하다고 했다. 또한 그는 개신교와 비슷하게 『우신예찬』 제1부에서 기적에 대한 믿음, 면죄부, 성인숭배, 수도승들의 무식과 도박벽에 대해서 풍자했다.[31]

에라스뮈스는 1513년 이래 자신의 저술의 인쇄 관계로 자주 방문했던 스위스 바젤(Basel, 필자는 연구 여행 중 바젤과 바젤대학교를 방문한 적이 있었음)에서 1521년 이래 죽을 때(1536)까지 계속 정주하였다. 또한 그는 그리스어를 계속 연구하여 오늘날 일반적으로 사용하는 발음을 확립하였고, 교부들 저작의 교정·주해(註解)와 그리스 극의 라틴어 역(譯) 등의 업적으로 '근대문학의 선구자'가 되었다. 그가 출판한 『그리스어 신약성서』(Greek New Testament)는 최초의 인쇄 교정본으로 알려져 있다. 그리고 그가 라틴어로 된 신약의 번역서를 출간했을 때는 인문주의자들이 열광을 했으며 그를 '세상의 빛'(Licht der Welt)이라고 하였다. 나아가 그는 신학에도 관심이 많았고 계몽사상의 영향을 받아 스콜라철학의 결점을 폭로하고 종교의 외형화와 도그마의 강요를 공격하였으며, 또한 그의 제자들이 종교개혁에 많이 참여하였다. 그러나 앞에서 언급한 바대로 에라스뮈스는 시종일관 로마 교회를 떠나지 않았고, 종교개혁에 대해서 호의적이었으나 자신이 주장하는 『자유의지론』(De libero arbitrio diatribe)에 대해서 루터가 『노예의지론』(De serbo arbitrio diatribe)으로 대립·논쟁을 벌임으로써 그와 결정적으로 결별하였다. 저서로는 『자유의지론』과 『그리스도 군주 교육론』 등이 있다.

다음으로는 당대 유럽의 최고 사상가 에라스뮈스와 당시 유럽에서 가장 넓은 땅을 지배했던 합스부르크 오스트리아인으로서 16세에 스페인 왕이 되었던 스페인 왕 카를로스 1세와의 관계 및 에라스뮈스가 카를로스 1세

---

31) 岩波 西洋史 人名辭典, op. cit., p.265.

에 끼친 영향에 대해서 알아보고자 한다. 먼저 카를로스 1세와 스페인과의 관계를 살펴보면, 카를로스 1세와 플랑드르32)의 궁신(宮臣)들이 스페인에 입국함으로써 휴머니즘 문화가 스페인에 들어오게 되었으며 우울한 스페인 문화가 명랑하게 되는 데 커다란 역할을 하게 되었다.

당시 스페인의 정치·사회 상황을 일별하면, 추기경 히메네즈는 톨레도의 대주교요 이사벨 1세·페르난도 2세 가톨릭 왕 부부의 고해신부로 1507년 추기경이 되었고 종교 재판관이었으며 그의 성경 번역은 휴머니즘 전파에 큰 기여를 했다. 카를 5세의 스페인 수행원들 가운데는 여러 명의 설교자들과 비서들이 있었는데, 이들은 이미 에라스뮈스와 접촉이 있었으며, 카를 5세 자신도 에라스뮈스의 영향을 받은 사람으로서 스페인에 온 것이다. 그리고 이곳에서는 이보다 약 1세기 전에 토마스 아 켐피스(T. à Kempis)의 『그리스도의 모방』33)이라는 오늘날 가톨릭 신자들에게 매우

---

32) 데보티오 모데르나(Devotio moderna) 사상이 처음 유행했던 곳.
33) 『그리스도의 모방』(Immitatio Christi)은 우리나라 말로 번역되었으며 독일의 성직자요 신비사상가의 이 작은 책자는 필자가 학위논문을 쓰기 위해 수도원에 머물고 있을 때 책상 위에 놓여 있었으며 자주 읽어 보았다. 이 책은 '중세 문학의 걸작'으로 독일 신비주의 가운데 온건한 가톨릭지파에 속하며, 너무나 유명하고 또한 당시 에라스뮈스와 카를 5세에게 지대한 영향을 끼친 책이므로 아주 적은 일부분을 소개한다. 즉, "그리스도가 말한, 우리를 따르는 자는 암흑 속을 방황하지 않을 것이다는 우리에게 마음의 터전을 가르친다. 마음이 맹목으로부터 눈이 떠서 빛에 쪼이기를 원한다면 그리스도의 생활과 행위를 본뜨지 않으면 안 된다. 하느님의 나라는 너의 속에 있다고 말한다. 온갖 영혼을 가지고 주(主)를 향하고 이 비참한 세상을 버려라. 그러면 너의 마음은 편안함을 얻을 것이다. 외적인 것을 피하기를 배우고 즉, 너 자신의 속으로 향하라. 그러면 하늘나라(天國)는 너의 가운데 오리라. 하늘나라라 하는 것은 성령(聖靈)에 의해서 이루어진 평화이기 때문이다."
하느님의 나라에 도달하려면 인간은 순화(純化)되고 가르침을 받은 후 하느님과 합일(合一)해야 한다. 준비 과정을 요한다는 주장은 보나벤투라와 똑같다고 할 수 있으나 문학자적인 개성이 넘쳐흐르는 데에 그의 특이성이 있는 것이다.
보나벤투라(Bonaventura, 1221~1274)는 토스카나 출신으로 17세에 프란체스코회에 들어갔고 후에 파리대학교에서 공부했으며 그 후 동 대학에서 신학을 강의하였고 프란체스코회의 총재가 되기도 했다. 아퀴나스·마그누스와 동시대인이요 대등한 이성 중

잘 알려진 책이 출간되었다.

『그리스의 모방』이란 책은 14~15세기 수도원·수도사적 경건성으로부터 벗어나, 현세에 참여해서 실천적으로 사랑을 베푸는 새로운 경건성(근대적 신앙, Devotio moderna)을 내세우는 네덜란드와 서유럽에 전파된 공동형제회(Frater Herren)에서 그 정신을 받아들인 것이다. 또한 이것은 '기독교 신앙의 심화와 내면화'를 위해서 노력하고자 한 운동으로 에라스뮈스의 스승도 이 공동형제회에 속해 있었다. 더 나아가 에라스뮈스가 후기의 저서에서 강조한 '참된 경건성'에 대한 강조는 이 신비적 원천에서 유래된 것이었다.

에라스뮈스의 종교로의 관심 전환은 그의 첫 영국 여행 후에 이루어졌다. 그가 1498년 영국으로 건너가기 전에는 페트라르카(Petrarca)를 추종하는 인문주의적 심미주의자(審美主義者)였다. 그래서 그는 "예수는 우리의 주님인 것이 분명하지만 이에 반해서 키케로는 우리 교육의 군주이다. 나는 그 차이를 인정할 수 없으며 대립을 볼 수 없다"라고 하였다(Christus ist ja gewiß unser Herr, Cicero dagegen der Fürst unserer Bildung). 그런데 에라스뮈스가 옥스퍼드대학교에서 유학하는 중에 신학자인 콜렛(J. Colet) 교수의 성 바오로 종도(宗徒)에 관한 강의를 즐겨 들었다. 그는 옥스퍼드대학교에 문인으로 왔으나 기독교적 인문주의자로 변했고 영국 여행 후에 예수보다 키케로를 더 존경하는 자들을 비난하였으며, 르네상스 전성기 속에서 중세의 구호였던 "예수는 우리의 스승이다"를 되풀이하곤 하였다. 나아가 "기독교를 원전을 중심으로 설교하라"(Christum ex fontibus Predicare)는 그

심의 스콜라철학자이기도 하나 진정한 신비주의로 충만되어 있으며 프란체스코회의 아우구스티누스적 사상의 가장 중요한 대표자로서 삼위일체(三位一體)는 신비적 체험에 의하지 않으면 이해할 수 없다고 한 주정적(主情的) 성격이 다르다. 외계의 사물 속에 하느님의 힘을 보는 단계에서 차츰 자기의 내면에서 하느님을 발견하는 경지에 들어가 '정신적 절정(Apexmentis)에서 황홀한 하느님과의 교제'가 이루어진다고 하였다.

의 삶의 원동력이 되었다.

에라스뮈스는 경건성의 갱신을 위한 욕망으로부터 가장 큰 영향력을 가진 책을 썼는데 그것이 바로 『기독교 전사(戰士) 교본』(Enchidion militis christiani)이다. 이 책에서 에라스뮈스는 예수의 가르침을 실생활에 연결시키고자 했으며 그 내용은 다음과 같다.

기독교 신자는 항시 무장되어 있어야 하는데 그 이유는 기독교 신자는 평생 동안 악과 싸워야 하기 때문이다. 따라서 기독교 신자의 삶은 죄의 유혹에 빠지지 않도록 하는 기나긴 투쟁 속의 삶이다. 그것은 심히 어려운 일이지만 기독교 신자는 하느님의 은총과 자신의 노력으로 개선을 위한 희망을 포기해서는 안 된다. 인간의 품위는 죄에 대한 승리에 있다. 기도, 학문, 무엇보다도 성경에 대한 지식, 그리고 정직성, 이것들은 기독교 전사의 무기이다.

독일에서는 이 책이 종교개혁의 길을 준비하게 하였고, 스페인에서는 반종교개혁의 투사 이냐시오 데 로욜라(I. de Loyola)로 하여금 교회 봉사를 위해 나서도록 하였다. 로욜라는 자신의 변화의 시절에 이 책을 읽기는 하였지만, 한때 고민에 빠진 루터가 성경을 내던진 것과 같이 방구석에 내던지기도 했다. 왜냐하면 그가 그 책을 읽는 동안에 '미지근함'을 느끼게 되었고 자신의 경건성이 냉각되었으며, 독서의 마지막에는 열정이 식어 버렸고 활기찬 정신이 소멸되었기 때문이었다.

그럼에도 불구하고 이 책은 로욜라에게 커다란 영향을 끼치게 되어 자신이 기독교 전사가 되었으며 그가 창설한 교단을 '기독교 전사'(Militia Christi)라고 명명하게 되었다. 원래 '기독교 전사'란 명칭은 성 바오로 종도에서 비롯된 것으로 이후 베르나르[34])에 의해서 새로워졌다.

---

34) 베르나르 드 클레르보(B. de Clairvaux, 1091~1153)는 프랑스의 수도사 · 설교사, 신비 사상가로 클레르보의 베네딕트 수도원장의 지위에까지 오른 사람으로, 중세 교회 신앙

그리고 기독교 신앙으로 충만된 '기독교의 부활'에 관해서는 중요한 세 인물을 들 수 있는데, 에라스뮈스, 이냐시오 데 로욜라, 해가 지지 않는 나라의 통치자 신성로마제국 황제 카를 5세이다. 에라스뮈스와 카를 5세와의 만남은 1516년 부르군트 공작(카를 5세가 스페인 왕 카를로스 1세가 되기 전의 명칭)이 에라스뮈스를 자신의 조언자인 '제1고문'으로 임명한 때부터였다. 이로 인해서 에라스뮈스는 카를 5세 왕에 대한 정치적 조언을 위해서 『기독교 군주 교육』(Instiuio Principis Christiani)이란 책을 썼는데, 이것은 같은 해 출판된 마키아벨리의 『군주론』(Il principe)과는 정반대로 '형식적인 이익보다는 도덕성을 더 위에 두고자 한 것'이다. 이는 마치 중세의 '군주 귀감서(貴鑑書)'와 같이 에라스뮈스의 '기독교 군주의 이상상(理想像)'을 서술한 책이다. 에라스뮈스는 그의 제자 카를 5세에게, 모든 것 위에 덕을 베풀고 악을 피하라고 하였다.

그리고 그는 기독교 군주(princeps chrisianus)는 이교도 독재자와는 다르게 개인의 '자유를 보호하고 장려해야' 한다고 강조하였다. 일찍이 플라톤이 군주는 철학자이어야 하며 철학자가 군주가 되어야 한다고 한 바와 같이 기독교 군주는 일차적으로 '기독교적 철학자'(philophus christianus)이어야 한다고 하였다. "만약 당신이 철학자가 아니라면 군주일 수 없고 기껏해야 독재자일 뿐이다. 그리고 '예수의 모방'이란 수도사와 신부뿐만 아니라 모든 기독교 신자, 특히 기독교적 모범을 보이고자 하는 군주가 수행해야 할 규범이다. 군주가 정의를 해칠 결정을 해야 할 경우, 불의를 향하는 것보다는 권력을 포기하거나 심지어는 자신의 생명까지도 내놓아야 한다.

의 신비설의 건설자로 스콜라철학적 변증법을 배척하였으며 이성(理性)이 신앙의 영역에 끼어드는 것을 꺼렸다. 모범적 수도 생활의 지도자이며 제국(諸國)의 군주·귀족의 영적 지도자로 정치적 분쟁을 해결하려고 노력했다. 필자는 한때 빈 근교의 이 교단의 한 지파인 '치스터 치엔사 수도원'에서 약 1년간 박사 학위 논문을 쓴 적이 있다.

그리고 의롭지 못한 군주보다는 의로운 사인(私人)이 되는 것을 택해야 한다"고 했다.

나아가 기독교적 군주는 항시 정직하게(honestum) 행동해야 하고 국민을 위해 유익한 일(publica utilitas)을 해야 하며, 그러기 위해서는 '전쟁을 피해야' 한다. 그러나 전쟁이 불가피할 경우에는 가능한 한 전쟁을 최소화하고 빨리 종결시켜야 한다. 에라스뮈스는 '자신의 책을 젊은 공작 카를에게 줌으로써 자신의 평화적 정신을 미래의 통치자에게 불어 넣고자' 하였다. 이와 관련해서 에라스뮈스가 카를 5세 황제에게 쓴 글의 한 토막을 소개하면 아래와 같다.

> 귀하는 매우 아름다운 나라에서 태어났습니다. 그리고 보다 큰 운명을 가지고 태어났습니다. 알렉산더 대왕과 같이 정벌을 하는 것이 당신의 임무가 될지 모르나 차라리 영토의 일부를 지키려고 하는 것보다 자발적으로 그것을 포기하는 것이 나을 것입니다. 귀하는 피를 흘리지 않고 또 남에게 손해를 끼치지 않고 제국을 얻게 된 데에 대해서 하느님께 감사해야 합니다. 때문에 귀하께서는 피를 흘리지 않고 지키는 것이 또한 현명한 일이 될 것입니다.

다시 말해서 물려받은 것을 지키고 자신의 권력을 지키기 위해서는 에라스뮈스의 이상적 이론을 따르기보다는 마키아벨리가 가르친 대로 현실정치에 접근하게 되겠지만 그러나 결정적 순간에는 에라스뮈스의 말과 같이 나쁜 일이 되는 일을 하기보다는 의로운 사인으로 되돌아가게 되었다.

보다 구체적으로, 에라스뮈스의 기독교적 이상을 종합해 보면 '평화와 인간애'(Pax et Umanitas)이다. 그런데 평화와 단결이라는 카를 5세 신성로마제국 황제의 이상은 30년 동안 노력했으나 헛되게 되었다. 루터와의 격렬한 싸움에서 에라스뮈스와 함께 적대적 양 진영 사이에 놓이게 되었다. 에라스뮈스는 '복음주의 운동에 대한 내적 동정심'으로부터 무조건 루터를 반대하기를 주저했고, 카를 5세는 루터파와 협상함에 있어서 강력히 나아가지 못하였다. 이 두 사람의 주요 관심사는 당시의 교회를 정화시키는 것이었기 때문에 종교개혁을 완전히 거부하지는 못했고(Beide lehnten die Reformation nicht gänzlich ab), 이 정화 작업은 과격파들과의 대립이 첨예화됨으로써 위협을 받게 되었다. 그리고 에라스뮈스와 황제는 중립을 지키려고 노력하였다.

그런데 불행하게도 스페인에서 『기독교 전사 교본』이 성과를 거두기 시작한 후에 도미니크 수도회(Dominican)35) 수도사들이 에라스뮈스를 '이단자'로 고발하였다. 이에 대해서 카를 5세는 에라스뮈스의 강력한 옹호자로 나섰다. 이때 네덜란드에서는 루뱅(Louvain)대학교의 신학자들이 공격의 기세를 높였고, 역시 카를 5세는 이 인문주의 학자를 열성적으로 방어하였다. 카를 5세 황제는 에라스뮈스가 종교의 적이 아니라는 것을 잘 알고 있었으며 그리고 이것은 예수를 사랑하는 사람들이 잘 아는 사실이었다.

---

35) 에스파냐의 카스티야(스페인)에서 태어난 도미니쿠스(Dominicus, 1170~1221)는 '구령 사업 · 학문 · 청빈'을 중히 여기는 도미니쿠스 교단을 창설하였다(1216). 조직과 인간 인도에 탁월한 재능을 가진 사람이며 영리한 이성과 따뜻한 경건성을 지닌 성직자로 전형적인 목자였으며 성공적인 교회개혁가였다. 1234년 시성된 그의 '종교재판의 지도적 역할로 중세의 가장 영향력 있는 수도원'이 되었다. 37개의 관구(管區)를 가지고 있었으며(1960), 9,800명의 교수들이 있었다. 그중에서 가장 유명한 학자 · 선교사는 알베르투스 마그누스(A. Magnus), 토마스 아퀴나스(T. Aquinas), 마이스터 에크하르트(J. Eckhart), 요한 타울러(J. Tauler), 하인리히 소이제(H. Seuse), 카예타누스(C. da Thiene) 등이다.
그리고 도미니쿠스는 프랑스 남부의 알비파(Albigenses, Catharsis, 카타리)를 개종시키는 데 공이 컸다. 카타리(Cathari)파는 알비파와 같이 11, 12세기경 남유럽 여러 나라에 퍼진 이원론적 이단의 총칭이다. 영혼의 창조자와 물질의 창조자를 인정하여 죄(罪)는 감각에 의해 유혹되는 것이라 하여 경계하고, 특히 성교(性交)는 큰 죄악이었으므로 완전한 신자에게는 결혼이 금지되었다. 교회의 성사와 화상(畵像)과 성자숭배를 거부하고 교황의 권위를 인정하지 않음으로써 13세기에 이르러 황제에 의한 박해와 로마 교황의 종교재판, 심지어는 십자군의 탄압으로 14세기 후반에 이르러 쇠퇴하였다.

이 같은 연대의 감정은 에라스뮈스가 1527년 카를 5세 황제에게 보낸 편지에 분명히 나타나고 있다. 그리고 이 시점은 에라스뮈스가 양측(가톨릭과 개신교)으로부터 공격받고 있을 때이며 황제가 정치적으로 중간적 위치에 처해 있었을 때이다. 에라스뮈스의 편지의 내용은 아래와 같다.

우리는 인간의 이익을 위해서 싸우는 것이 아니라 예수를 위해서 싸우는 것입니다. 나에 관해서 말하면, 나는 마지막 숨을 쉴 때까지 불굴의 정신으로 기독교적 경건성을 지키려고 합니다. 또한 나는 진실되게 그리고 용기를 가지고 하느님의 교회를 위해 투쟁하고 교회를 육성하는 것이 전하의 임무라고 생각합니다. 나는 예수와 당신의 기치 아래서 봉사할 것이며 이들 아래서 죽을 것입니다. 그러나 내가 죽기 전에 당신의 지혜로움과 교회의 복된 발전을 통해서 전 기독교 세계가 안정을 되찾게 되는 것을 보게 된다면 나는 더 편안히 죽게 될 것입니다(Er möge Deine Majestät behüten und stets vorwärts führen).

2) 권모술수의 사상가 마키아벨리와 카를 5세 황제에게 끼친 그의 영향

에라스뮈스의 견해와 대립되는 마키아벨리(N. Machiavelli, 1469~1527, 피렌체에서 태어남)의 사상과 주장은 에라스뮈스와는 달리 우리에게 그런대로 알려져 있지만 카를 5세 황제가 마키아벨리의 『군주론』을 자신의 머리맡에 놓고 수시로 읽었을 정도이니까 이곳에서는 좀 더 구체적이고도 학술적으로 깊이 있게 살펴 보고자 한다.

그러면 먼저 마키아벨리의 사상을 쉽게 이해할 수 있도록 우리에게 잘 알려진 그의 대표적 사상을 요약해서 쓰고 이어서 그 내면을 심층적으로 살펴보고자 한다. 그리고 이와 관련해서 마키아벨리가 부르짖은 말은 "군주는 자신의 목적에 도움이 된다면 거짓과 위선 그리고 테러를 자행할 수 있다. 또한 군주는 때로는 인간적이어야 하지만 때로는 동물과 같이 행동하여야 한다"이다. 그리고 그는 한편으로는 "사자이면서 다른 한편으로는 여우와 같아야 한다"라고 했다. 왜냐하면 "사자는 덫에 약하고 여우는 힘이 센 사자를 이길 수 없기 때문이다"라는 것이다. 그리고 이 같은 사상은 그가 인간의 선(善)함이 너무나 약해서 악을 물리칠 수 없다고 본 데에서 기인한다. 나아가 마키아벨리는 기독교를 증오한다(Machiavelli haßt das Christentum)고 했는데, 그 이유는 고대가 명예와 영광을 중시한 데 반해 중세의 기독교는 고통을 참는 것을 가르쳤고 그 결과 인간을 나약하게 만들었기 때문이라고 했다.

그리고 이 새로운 주장들은 당시로서는 혁명적인 것이었다.[36] 보다 구체적으로 보면, 그는 정치학자·역사가이며 피렌체 공화국 '10인 위원회'의 서기장이었다(1498~1512). 공화국의 민병제(民兵制) 확립을 위해 노력하였고 외교사절로 자주 외국에 나가 있었으며, 특히 신성로마제국 막시밀리안 1세 황제의 궁정(오스트리아 인스부르크)에 머물기도 하였다. 1513년 친황제파 정부의 붕괴로 교황파인 메디치(Medici)가의 복귀와 함께 메디치가에 대한 음모의 문죄(問罪)로 관직을 상실하게 되었고 투옥되었다(With the accession of the Medici in 1512, he was arrested and imprisoned on a charge of conspirage). 자리에서 물러난 뒤에는 저작 생활에 전념하였고, 그 중에서도 다음에 자주 언급될 『군주론』과 『로마사론』(Discorsi sopra la prima deca di Tito Livio, 1531)은 매우 유명한 책이다.

마키아벨리가 자신의 '독자적 역사관'에 기초해서 쓴 『군주론』은 실증적인 면을 고려해서 쓴 책으로서 '근대 정치학의 기초'를 구축하였다. 또한 『군주론』은 중요한 고전 중의 하나로 이탈리아의 정치적 혼란을 구하기

---

36) Hans J. Störig, op. cit., p.292.

위해 체사레 보르자(C. Borgia)37) 같은 독재군주에 의한 국가통일을 주장하였고 권모술수를 인정하는 정치 규준을 제시하였다. 즉, 그는 '정치를 윤리로부터 해방시키는 현실 정치'를 강조하였다. 그의 사상이 권모술수를 뜻하는 마키아벨리즘이라는 오명을 쓰고 있으나 근대 국가적 요구에서 나온 것으로 반도덕적이기보다는 비도덕적이라는 것이다. 그리고 그의 『로마사론』은 공화정치 이론으로 극히 윤리적인 입장을 취하고 있으므로 『군주론』과는 모순되기도 하는 것이다. 그의 정치사상에 관해서 말한다면 한마디로 '민족국가 수립'이라고 할 수 있다.

또한 필자인 본인이 자주 읽으면서 연구했고 '서양사상사' 시간에 이용한 스퇴리히(H. J. Störig)의 『세계 철학사』 가운데 마키아벨리의 정치 이론 일부를 간략히 소개하면 다음과 같다. 그 구체적 내용으로, 마키아벨리는 사분오열된 조국 이탈리아의 통일과 위대한 국가 건설을 진심으로 바라고 있었고, 이러한 발전에 장애가 되고 있는 로마교황청에 대한 증오심으로 가득 찬 속에서(erfüllt von glühendem Haß gegen das Papstum) '새로운 정치 이론'을 고안해 냈다. 마키아벨리는 그 속에서 '국가의 권력을 장악하고 유지하는 방법'에 대해서 언급하였고 이에 부합하는 모든 정치 원리에 대해서 밝히고 있다. 그리고 이 목적 달성에 도움이 되는 것은 옳은

---

37) 교황 알렉산더 6세의(1492~1503)의 아들로 스페인 보르자 가문이며, 15세기에 이탈리아로 왔다. 체사레 보르자는 발렌시아의 대주교였으며 이탈리아의 로마냐·움브리아·시에나를 정벌하였고 교황 율리오 2세(Julius II)에게 넘겨주어야만 했으며 그 후 스페인으로 가 나바라(Navara) 왕하에서 근무하였다. 그는 무자비한 폭력행사를 자행했고 심지어는 가족에 대해서도 살인을 서슴지 않았다. 그의 아버지 교황 알렉산더 6세는 예술·학문을 장려했지만, 부도덕한 생활과 자식들을 위해서 교황의 권력을 남용한 인물로(Aber er führte ein sittenloses Leben und mißbrauchte die päpstliche Macht zur Versorgung seiner Kinder) 가톨릭 측에서는 혼란기에 교황청과 교황 영토를 잘 지켜낸 '위대한 교황'이란 평을 하기도 했지만, 세속에서는 정치적 목적으로 딸을 결혼시켰고 이용 가치가 없으면 이혼시켰으며, 심지어는 … 이보다 더한 내용은 생략한다. 그리고 이것은 마키아벨리즘을 말할 때 자주 등장하는 예이다.

것이나 옳지 않은 것을 망라하였고 또한 마키아벨리는 후자 즉, 의롭지 않은 것을 명령으로 받아들였다. 즉, 그것은 기만·계략·배반·위증·계약 파기·폭력 등이었다. 나아가 인간은 "상대에게 아첨을 하거나 아니면 상대를 부숴 버려야" 한다고 했다.

왜냐하면 그들은 작은 실수에도 보복할 수 있기 때문에, 그리고 죽은 자는 묘혈에서 나와 복수를 하지 못하기 때문이라는 것이다. 때문에 누가 불의를 행하면 적어도 복수를 못하도록 해야 한다고 했다. 그리고 그는 정치가가 꼭 이용해야 할 것은 "모든 인간이 나쁘다는 것이고, 또 그 대부분이 어리석다"는 것이다.

이로부터 마키아벨리는 신속하고도 무자비한 행위를 칭찬하였으며 나아가서는 신중히 헤아리는 것보다 저돌적으로 부딪치는 것이 낫다고 하였다. 따라서 '행복이란 신속히 그리고 열정적으로 붙잡는 자에게 주어지는 것'이라고 했다. 그리고 특이하게도 여자는 행복 그 자체이지만 그를 지배하기 위해서는 매를 들어야 한다고 했다(hauen und prügeln).[38]

에라스뮈스의 군주를 위한 글들과 마키아벨리의 『군주론』은 반대의 입장을 취하고 있기 때문에 황제는 이 두 주장 사이에서 크게 긴장할 수밖에 없었다. 구체적으로 그 커다란 긴장이란, 에라스뮈스의 '기독교적 이상론', 마키아벨리가 주장하는 '탈기독교적 현실', 신국(神國)의 명령과 세속 국가의 요구, 정의에 대한 바람과 세속 국가의 현실의 요구 사이의 긴장을 말하는 것이었다.

그리고 카를 5세 황제에게는 성 아우구스티누스가 말한 "인간의 영혼에는 하느님의 이성, '렉스 에테르나'(Lex aeterna)라고 하는 영원한 법이 가슴속 깊이 새겨 있다"라고 하였지만 세속 국가의 통치에 있어서 황제는 자

---

38) Hans Fenske, *Ibid.*, p.248.

의적 행위에 빠지고 말았다. 그 이유는 황제가 에라스뮈스의 "기독교적 군주"라는 이상론을 따르기보다는 "때때로 목적을 위해서는 수단·방법을 가리지 말라는 마키아벨리의 가르침"을 따랐기 때문이다. 도덕가인 에라스뮈스는 그의 군주를 위한 글을 세상과 격리된 서재에서 썼지만 마키아벨리는 그의 『군주론』을 피렌체 공화국 내각의 관방(官房)에서 다년간의 경험을 바탕으로 쓴 것이다.

또한 독일의 유명한 문화사가 프리델(E. Fridel)은 『근세 문화사』에서 에라스뮈스·마키아벨리·루터에 관해서 대담한 비교를 하고 있다. 즉, 에라스뮈스는 개혁에 대해서 가르쳤을 뿐이고 그 실행에는 참여하지 않았다. 이에 비해 마키아벨리는 체계적 철학자가 아니고 도덕적 개혁자가 아니며 그가 바라보았던 사실 그대로의 인간을 서술하고 이 실제로부터 실용적인 결론을 내리려고 한 것이다. 하지만 마키아벨리는 단순히 경험을 서술한 것이 아니라 독창력이 강하고 질서 있으며 시종일관하는 대단한 사상가라고 하였다. 또한 프리델은 루터(M. Luther)를 에라스뮈스에 비교해서, "루터는 그의 모든 이론들을 끓는 피로써 채웠다"(daß er alle diese Theorien mit seinem kochenden Blut gefüllt hat)라고 하였으며, 대신에 에라스뮈스는 보다 더 생각이 깊고, 폭이 넓으며, 예리하고, 보편적 성격을 띠고 있다고 하였다. 이 외에도 에라스뮈스는 '위대한 두뇌'이지만 루터는 '위대한 인간'이라고 하였다.

비교를 이어가면, 에라스뮈스는 사건을 바라보는 사람이었는 데 반해 마키아벨리는 정치 생활 과정의 통찰을 통해서 그 내막을 아는 사람이다. 다시 말해서 에라스뮈스가 '바람직한 군주상'이 어떠한 것이라고 기획한 것이라면, 마키아벨리는 자신의 시대의 권력자들이 어떠했다는 것을 서술한 사람이다.[39]

이와 관련된 것으로, 필자의 저서 『서양사의 심층적 이해』에서 헤겔과 그의 제자 마르크스를 비교함에 있어서, "마르크스는 헤겔과 같이 세계와 과거를 이해하는 것으로 그치지 않고 철학을 통해 세계를 바꿔 놓으려고 미래를 예언하며 예언이 이루어지도록 물리적인 힘을 가하고자 했다"라고 기술한 바 있다. 이와 비슷하게 헤겔이 쓴 바대로 무엇인가를 이해하는 것은 이성에 관련되어 있으므로 철학의 임무이며, 실제를 파악하는 것은 마키아벨리와 마르크스의 관심사인 것이다. 부언하면 마르크스가 "피안의 진실이 사라진 후에는 현세의 진실을 구축하는 것이 역사가의 임무이다"라고 한 말이 마키아벨리의 『군주론』을 이해하는 데 도움이 된다고 마르크스는 생각하였다. 당시에 마키아벨리는 피안의 진리, 즉 '기독교적 윤리관은 현실 정치에서 이미 사라졌고' 대신에 그의 눈에 비친 '현세의 진실은 이기심 · 기만 · 배신 · 폭력'이라고 인식하였다.

마키아벨리는 젊었을 때 사랑하는 조국 피렌체가 프랑스의 왕 샤를 7세(Charles VII)에 의해서 정벌당하는 것을 본 증인이었다. 더불어 이탈리아 북부를 차지하기 위한 주변 강국들(신성로마제국 · 프랑스 · 스페인)의 침략이 이어졌다. 교황청 또한 도처에서 이루어지고 있는 세력 확대를 위한 투쟁에 참여하였다. 정권을 되찾은 피렌체 정부에 의해 퇴출된 마키아벨리는 좀 과격한 표현으로, "교황 알렉산더 6세는 인간을 기만하는 일 외에는 아무 일도 하지 않았다"(Papst Alexander VI. tat, wie Machiavelli sagte, nichts anderes, als Menschen betrügen)라고 하였다. 마키아벨리는 오직 위 교황의 아들 체사레 보르자40)만이 당시의 부패한 상황에서 성과를 거둘 것으로 생각하였다.41)

---

39) Egon Friedel, op. cit., p.255f.
40) 스페인 보르자 가문의 교황 알렉산더 6세의 아들인 그는 화려하고 전혀 양심에 구애받지 않는 성격의 소유자로 자신의 가족을 살해하는 것조차 서슴지 않았던 사람으로, 즉 인간애가 결여된 정치로 많은 성과를 거둔 교황과 그 아들의 성과에 대해서 마키아벨리는 감탄을 금하지 못했다.

다시 말해서 마키아벨리는 이탈리아가 무질서 속에서 약소국가인 자국을 수호하는 방법이란 '무장(武裝)밖에 없다'고 하였으며, 이 무장이란 그가 이미 『군주론』에서 밝힌 바대로 무조건적 현실 감각이라고 하였다. 즉, 그는 "전혀 도덕적인 기준에 구애받지 않는 강력한 통치자 아래서 이탈리아의 통일을 달성할 것을 주장"하였고 그러한 군주를 위해서 개략적인 군의 계획을 수립하였다.

마키아벨리는 『군주론』의 제15장에서, "나의 의도는 나의 생각을 이해할 수 있는 사람들을 위해 유익한 글을 쓰려고 하는 것인데, 사실의 허상(虛想)보다는 실제적인 진실을 따르는 것이 옳다. 군주들과 도시국가 통치자들의 많은 이상(理想)들은 억지로 생각해 냈는데 어느 누구도 실제로 보지 않았고 알 수도 없다. 나아가 그는 사람들이 어떻게 사는 것과 어떻게 살아야 하는 것 사이에는 커다란 차이가 있다"고 보았다. 어떻게 살아야 할 것인가를 포기할 경우 자신의 보존보다는 몰락에 빠지고 만다. 그리고 "항시 선을 행하려는 사람은 좋지 않은 많은 사람들 사이에서 파멸될 것이다. 따라서 자신을 보존하고자 하는 군주는 상황의 필요에 따라서는 옳지 않게 행동할 수도 있고 옳은 것을 포기할 수도 있어야 한다"라고 하였다(there is so great a distance between how one lives and how one ought to live that he who rejects what people do on favor of what one ought to do, brings about his ruin rather than his preservation; for a man who wishes to do in every matter what is gut, will be ruined among so many who are not good. Hence it is necessary for a prince who wishes to maintain himself, to learn to be able not to be good, or use goodness and abstain from using it according to the commands of circumstances).

---

41) Hans Fenske, *op. cit.*, p.244f.

구체적 단평(短評)에 들어가기에 앞서 마키아벨리에 대한 이제까지의 장황한 설명이 혼란을 일으킬 수도 있으므로 마키아벨리의 핵심적 사상을 요약해 보고 그 기초 위에 여러 저명인사들의 '인간 및 마키아벨리와 『군주론』'에 대한 평가에 대해서 고찰해 보고자 한다.[42]

먼저 마키아벨리즘(Machiavellism)이란 말을 정리해 보면, 정치가 목적을 달성하기 위해서는 어떠한 반도덕적, 비윤리적 수단이라도 허용된다는 주의, 즉 권모술수주의, 파렴치한 권력정치, 또 목적을 위해서는 수단을 가리지 않는다는 주의를 가리키며, 이러한 행동을 하는 자를 마키아벨리스트라 한다. 나아가 마키아벨리는 군주는 '힘 있는 사자와 교활한 여우의 역할'을 해야 하며, 모든 덕성을 가질 필요가 없으나 있는 것처럼 꾸밀 필요가 있고, "경우에 따라서는 신의를 지킬 필요가 없다"는 등의 기독교적 모럴에 배치되는 주장을 하였다. 그리고 이 같은 사고는 그의 인간의 본성에 관한 이해에서 나온 것이었다. 즉, 인간은 항시 같은 성질을 가지고 있고, 질투심이 강하며, 명예욕으로 가득 차 있고, 지배·복수욕이 강하며, 불신하고 쉽게 타락하며, 언제나 불만족하고, 변덕스러우며, 편파적이고, 오직 배고픔과 가난 앞에서 열심히 일하며, 공포심을 가질 때만이 규정을 준수한다고 했다.

주장의 다른 하나는, 당시의 사분오열되고 외환(外患) 때문에 고민하는 이탈리아의 현실에서 통일국가의 수립이 급선무라고 생각했으며, 국가의 보존 및 확대라는 지상 목적을 위해서 수단·방법을 가리지 않아야 하며 반도덕적 행위도 불사해야 한다. 또 다른 하나는, 심히 분열된 이탈리아의 통일과 위대한 국가 형성에 로마교황청이 장애가 되고 있고, 교황청에 대한 증오심으로 가득 차 있었으며, 나아가 기독교의 형이상학이 현실 세계

---

[42] *Ibid.*

에서 성과를 거두는 데 있어 중요치 않으며 오히려 해롭다는 것이다. 좀 더 구체적으로 마키아벨리의 카를 5세 황제에 대한 영향을 보면, 이탈리아의 산소비노(Sansovino)는 "카를 5세 황제가 마키아벨리를 읽으면서 매우 기뻐했다"고 했으나 카를 5세 황제에게는 정치와 도덕이 분리되지 않았다. 정치인인 그에게는 정치적 실제가 이론보다 우선이었으나 실제는 이론을 통해서 자극을 받았고 방향을 제시받게 되었다. 나아가 카를 5세 황제의 정치 행위를 보면 마키아벨리의 실제적 조언을 따르기도 한 것이다. 그래서 그가 "스스로 군대의 지휘관이 되어야 한다"라고 하기도 했다. 황제는 전술을 습득하기 위해서 역사책을 읽었으며, 이것은 마키아벨리가 전술을 익히는 것만이 진정한 의지가 된다고 여겼기에 그렇게 한 것이다. 또한 카를 5세는 마키아벨리의 조언, 즉 용병은 신뢰가 불가하니 '국가의 군대'를 창설해야 한다는 것을 가슴속 깊이 새기고 있었다.[43]

나아가 산소비노는 보고하기를, 카를 5세가 자신의 통치의 기초가 되는 전술에 대해서 커다란 관심을 가지고 있었다고 했다. 황제는 스스로 전쟁에 관해서라면 세계의 어느 누구보다도 잘 이해하고 있다고 믿고 있었다. 실로 그는 포병에 관해 실제적인 지식을 갖고 있었으며, 군대의 질서를 유지하는 방법을 탁월하게 이해하였다. 이 외에도 상황이 매우 급박한 경우 마키아벨리의 조언을 따르기도 하였지만 황제의 가슴은 마키아벨리가 환상이라고 한 '중세의 이념'에 사로잡혀 있었다.

그러면 다음에서는 '마키아벨리가 주장하는 인간성과 마키아벨리에 대한 평가'로 들어가 본다. 라샹스(P. Lachance)는 그의 저서 『성 토마스의 정치적 휴머니즘』(Humanisme Politique de saint Thomas)에서, 공동체 생활에 있어서 인간의 사고가 도덕적인 마음이 없는 것처럼 정치와 도덕을 적대적

---

43) *Ibid.*

으로 대립시키는 것은 삼가야 한다고 했다. 그리고 르네상스의 인간적인 것(umanista, 인본주의)은 모든 것이 그것(umanista)으로부터 이루어지는 소재로서 종교개혁 전의 기독교시대로부터 유래한다고 했다.

르네상스 사회에서 인본주의적인 기독교의 도덕적 계율이 관심 밖으로 사라졌을지라도, 여전히 당시의 관습을 지배했고 인간과 인간 간의 관계를 완화시켰다. 도덕적 관점으로부터 일탈 행위로 발전하는 마키아벨리의 정치적 휴머니즘은 종교개혁을 거치면서 가톨릭 생활관과의 단절을 통해서 이루어진 것이다.44) 즉, 마키아벨리의 사고는 마키아벨리적이 되고 말았는데 거기에는 애정 어린 삶의 가치인, 즉 인간적인 것・착함・경건성・인덕(仁德)이 결여되었기 때문이다.

가톨릭적 사고는 죄가 덕행을 배제하지 않는다고 보는 것이고, 『불가타』(Vulgata: 4세기 말에 히에로니무스가 라틴어로 번역한 일반적으로 인정하는 성경)에 따르면 인간의 사고와 의도가 악의 방향으로 기울어져 있지만(zum Bösen geneigt) 근본적으로 악하지는 않다고 보았다.

이러한 인식하에서 처음으로 루터가 인간의 본성은 철저히 부패되어 있고(wholly depraved, völlich verdorben) 자신의 힘으로 선행하는 것이 불가능하다고 하였다(unfähig aus eigener Kraft das Gute zu wollen). 츠빙글리는 "모든 인간의 생각과 의도가 악하다"라고 하였다. 그리고 나아가서는 '모든 자연적인 것은 부패이다'라는 주장은 마키아벨리즘이라는 마키아벨리의 정치적 사고의 원인이 되고 말았다. 왜냐하면 이후 루터에 의한 신국(神國)과 악마의 나라(civitas diaboli)와의 구분과 사적인 모럴과 공적인 모럴의 분리와 이를 통해 이루어진 정치와 도덕의 결렬은 정치적 영역을 무자비하게 악마에게로 넘기게 되었기 때문이다.45)

---

44) Egon Friedel, op. cit., p.354.
45) Albert Renner, op. cit., p.357.

사가(史家)로 유명한 베를린자유대학교 총장 마이네케(F. Meinecke, 필자의 『서양 견문 연구록: 지산 이규하 박사의 저작과 생애』 내의 시론 참고)에 의하면 마키아벨리즘은 도덕보다 정치를 우선시하는 정책이라고 하였다. 그러나 도덕보다 정치를 우선시하는 것이 공공의 이익보다 개인의 이익을 상위에 두는 것을 의미하지는 않았다. 마키아벨리의 정치 우선시는 플라톤과 토마스 아퀴나스에게서 비롯되었다. 중세 이탈리아 스콜라철학자이며 로마 가톨릭교회의 대신학자인 아퀴나스는 그의 국가관에서 도덕보다 정치를 우선시하는 것을 볼 수 있다.

그러나 아퀴나스게 있어서 이 두 개념은 대립관계가 아니라 조화를 의미하는 것이었다. 아퀴나스는 '도덕의 기능으로서의 정치'를 긍정하였다. 그에게 있어서 정치는 도덕의 에너지요, 이념의 행위였다. 그는 정치가 실제적인 학문 중에서 가장 중요한 학문이라고 했고, 다른 학문들은 이 기초 위에 세워지는 것이라고 했으며 '최고의 선을 정의(Gerechkeit)'로 보았다. 그러나 '성 아우구스티누스의 플라톤적 사고는 이 이념을 너무 높은 곳인 현세를 초월한 지역에 위치시켰다. 이에 비해 아퀴나스는 실제적인 학문에 주력한 아리스토텔레스에게서 배운 바대로 그의 중용 감각을 통해서 현세적인 것과 신(神)적인 것의 상호 작용'을 내세웠다. 즉, 현세의 통치는 '공익과 평화'를 위한 정치를 통해서 지상에 기독교적 세계를 실현하는 것이었다.

평화와 정의의 실현의 임무를 띤 양대 세력인 교황과 황제의 몰락으로 다가오는 정치와 도덕의 분열을 예고하게 되었다. 이미 「신곡」의 저자 단테는 자신이 처한 시대의 혼란에 대해서 슬퍼하였고 교회와 세속이 처한 상황의 개혁을 주장하였다. 또한 마키아벨리가 이미 16세기 초에 이와 같은 붕괴 과정을 진단하였지만, 그리고 그의 정치적 통찰은 대단한 것이었지만 개혁 정신을 일깨우지는 못했다.

마키아벨리는 중세 후기의 국가적 분열의 상징이기도 하였으며, 이를 종교개혁(Reformation)과 관련지어 보면, 조소적으로 표현해서, 종교개혁이란 카를 5세의 대우위(大優位)에 대한 독일 영주들의 국가 이성의 산물, 즉 저항이라고 보는 것이다(z. B. die deutsche Reformation zynisch als Produkt der Staatsraison deutscher Fürsten gegen das Übermacht Karis V). 당시 마키아벨리의 생각으로는 부분이 전체와 싸우는 것은 불가피한 것이었다. 다시 말해서 그는 이 같은 악을 극복하는 대신에 현존하는 악에 순응하는 입장을 취했다. 그리고 이 같은 악의 적응에 마키아벨리즘의 단초가 놓여 있다.[46]

따라서 이것은 '개혁의 포기'를 의미하는 것이었고 인생에 있어서 기독교 이념의 필요성을 오인한 것이었다. 또한 정치와 도덕 사이의 혼란을 제거시킬 능력의 부재를 말해 주는 것이었다. 환언하면 마키아벨리의 개혁의 포기는 피안의 진리로부터의 분리요, '세속화된 르네상스 휴머니즘의 도덕적 무기력'을 의미하는 것이었다. 그런데 피안의 진리 없이는 현세를 극복할 수 없는 것이며, 인생이란 도덕을 기반으로 도덕의 힘에 의해서 비약이 가능한 것이다. 오직 현실에로만의 방향 전환을 위한 기독교 이론의 포기는 후일의 마르크스에서와 같이 활력을 잃은 힘이 되고 말 것이다.[47]

이어서 마키아벨리와 마키아벨리즘에 대한 보다 정확한 이해를 돕고 또 황제 카를 5세와 에라스뮈스의 사상과 어떻게 비교되는지를 알아보기 위해서 세계 역사상 거물급 정치가·학자·사상가·종교계의 단평을 아래와 같이 열거하고자 한다.

프랑스의 정치가·사회사상가로 유명하고『국가론』(De la republique)을 쓴 보뎅(J. Bodin)은 마키아벨리에 대해서 "매우 경솔하고 악한 사람(homo levissimus ac nequissimus)이다"라고 하였고, 영국의 시인·극작가인 셰익

---

[46] Hans Fenske, *op. cit.*, p.354f.
[47] *Ibid.*

스피어(W. Shakespeare)는 영국 왕 리처드 3세에게 "살인적인 마키아벨리"라고 하였다. 하지만 당시 국가의 실제적인 행위에는 마키아벨리적 사고가 광범하게 퍼져 있었고 자주 그에 반대하는 주장을 내세웠음에도 불구하고 찬성의 목소리도 많은 것이 사실이다. 영국의 수필가 · 철학자 · 정치가요 '고전 경험론의 시조'로 개별적인 경험으로부터 보편적인 법칙에 이른다고 주장한 베이컨(F. Bacon)은 영국 왕 리처드 3세에게, 우리가 무엇은 하고 무엇은 해서는 안 된다는 것을 기술한 것에 대해 마키아벨리와 여타의 사람들에게 빚을 지고 있다고 하였다(we are much beholden to Machiavelli, and others, that write what man do, and not what they ought do).

이와 비슷하게 '혼란의 시기에 강렬한 통일국가 형성의 목표를 달성하기 위해서는 어떠한 수단 · 방법도 가리지 않아야 한다는 생각'은 오히려 객관적 논리로 보아야 한다는 주장도 있었다. 그러나 가톨릭과 마찬가지로 프로테스탄트는 마키아벨리의 『군주론』에 대해 '투쟁적 입장'을 취했으며 마키아벨리의 모든 저술을 '금서목록'(禁書目錄, Index librorum prohibitorum)에 포함시켰다. 계몽군주요, 학문 · 예술의 애호가였고 신앙 · 양심의 자유를 선포하였으며, 2차에 걸쳐 실레시아 전쟁을 일으켜 영토를 확장했고 제1차 폴란드 분할을 감행한 프러시아의 프리드리히 대왕(프리드리히 2세, Friedrich der Große)은 반마키아벨리 입장에서 부정확한 불어로 "파괴를 일삼는 괴물에 대해서 휴머니티를 방어해야 한다"(J'ose prendre la défense de l'humanite contre ce monstre qui veut la détruire)라고 하였으나 그의 외교 정책은 여러 면에서 마키아벨리적이었다.[48]

또한 우리가 매우 잘 아는 나폴레옹은 '마키아벨리의 대단한 찬양자'였고, 마키아벨리 또한 자신이 주장한 세 가지 이념 '용기 · 운명 · 필요성'으

---

48) Egon Friedel, *Ibid*, p.675.

로부터 영감을 받은 나폴레옹에게 감탄하였으리라 여겨진다. 독일의 최고의 역사학자라고 칭하는 랑케는 1824년에 "마키아벨리는 절망적 상황에 처해 있는 이탈리아의 구제를 위해서 매우 용감하게도 극약 처방을 내렸다"라고 하였다. 그리고『이탈리아 르네상스 문화』로 너무나 유명한 부르크하르트(J. Burckhardt)는 위 책 속에서, "남을 속이려 하지 않았을 뿐 아니라 허영심과 가미(加味)가 없었다. 그의 위험은 그릇된 천재성과 잘못된 부연설명 때문이 아니라 그가 '애써 엮은 환상에서 온 것'이었다. 물론 그의 정치적 객관성은 공정성 면에서 경악할 정도이지만 그것이 어느 누구도 정의와 공정성을 믿지 못했던 시기에 극한적인 곤궁·위험의 상황에서 나타난 글이란 것을 감안해야 한다"라고 평하였다.

그리고 니체(F. W. Nietzsche)는 '마키아벨리에 대해서 감탄'하였다. 즉, 그는 그의 글『권력에의 의지』속에서 마키아벨리가 정치에 있어서 완전 무장한 유형을 제시했고 순수한 마키아벨리즘은 "자신의 글의 내용과 비슷하게 초인적이고 신적이며 초월적"이라고 하였다.[49] 또한 사범학교 졸업 후 초등학교 교사를 거쳐 사회주의 운동을 하다가 투옥된 바 있고, 이후 파시스트당을 조직하여 당수가 되었으며, 정권을 장악한 후에는 제1차 세계대전에 참여했고, 1936년 히틀러와 동맹을 체결하고 제2차 세계대전에 참여했던 무솔리니(B. Mussolini)는 그의 글에서 적어도 "이탈리아 파시즘이 마키아벨리즘으로부터 강력한 영향을 받은 것은 의심할 여지가 없다고 보아야 할 것이다"라고 했다.

요즘 큰 활력을 불어넣고 있는, 한때 트로츠키(L. Trotsky) 지지자였으나 전향하여 반공산주의자가 된 미국의 대학교수 버넘(J. Burnham)은 그의 저서『The Machiavellians: defenders of freedom』에서 마키아벨리와 관

---

[49] Reinhard Elze, Konrad Repgen, *op. cit.*, p.813. Cf. Egon Friedel, *op. cit.*, p.1222.

런지어, '정의사회 구현을 위해 의미심장한 말'을 많이 했는데, 그 주요 내용의 일부를 소개하면, 1) 사회적 과정을 이해하기 위해서는 가장 중요한 지배자와 피지배자, 엘리트와 비엘리트 간의 사회적 분리에 대해서 생각해야만 한다. 2) 모든 엘리트와 지배계급의 주된 목적은 그들 자신의 권력과 특권을 유지하는 것이다. 3) 엘리트의 지배는 힘과 사취(詐取)에 기반을 두고 있다. 4) 엘리트의 지배는 때때로 보다 많이 때때로는 보다 적게 비엘리트의 이해관계와 일치한다. 5) 이 때문에 자치(自治)로서의 민주주의 이론은 신화·형식·유도체에 불과하다. 여하한 사회도 백성과 다수에 의해서 다스려지지 않고, 민주주의의 뜻이 담겨 있는 사회는 실제로는 소수에 의해서 다스려지는 것이라고 하였다.

제 5 부

마르틴 루터의 종교개혁과
가톨릭 종교개혁

제 1 장
종교개혁의 선구자들

이미 마르틴 루터의 종교개혁 이전에 종교의 개혁에 대한 외침이 날로 커져만 갔다. 점진적으로 강화되어 가는 교회와 세속과의 관계는 교파(敎派, Sect)들의 형성을 가져왔고, 교회의 개혁을 주장하고 나섰다. 그들은 하나같이 교회의 지배와 소유에 대해서 이의를 내세웠고 특히 성직자들의 빈곤한 생활을 요구하였다. 나아가 교회의 일반적인 가르침 외에 사교(邪敎)가 등장했고 그들의 교의(敎義)는 교회의 도그마(Dogma)와는 모순하에 있었으며 그 신봉자들을 이단이라 칭하였다.

1. 카타리

그들 가운데 한 기독교 교파가 '카타리'(Cathar, 순결한 신자, 'Cathar'의 복수형으로 그리스어로 '순결한'의 뜻)로서 유럽 서남부에 전파된 사교인데 그들이 활약했던 알비(Albi, 프랑스 남부 지명)라는 도시 이름을 따 알비파(Albigenses)라고도 한다. 11·12세기경 남유럽 여러 나라에 퍼졌으며, 페르시아의 마니교와 유사하게 이원론적인 교의를 가지고 있으면서 빛의 신과 악마, 영혼의 창조자와 물질의 창조자를 인정하였고 죄는 감각에 의해 유혹되는 것이라 하며 이를 경계하였으며, 특히 성교는 대죄라고 하여 완전한 신자에게는 결혼을 금지시켰다. 또한 그들은 화상(畵像)과 성인 숭배를 거부하고 로마교황의 권위를 인정치 않았다. 이에 대해 교황 인노켄티우스 3세(Innocentius Ⅲ, 1198~1216)는 이 운동이 교회에 큰 위협이 된다고 생각하여 성전을 호소하여 알비전쟁을 일으키기도 했다. 마침내 알비파들은 교황과의 혈전 끝에 괴멸되고 말았다.

2. 발두스

다음의 등장인물은 12세기 후반 리옹(Lyon)의 발두스(Pierre Waldo, Waldenses)로 자신의 재산을 처분하여 빈민을 구제했고 그리스도를 따를 것을 주장했다. 그들이 이단 취급을 받고 박해를 받았던 것은 다음과 같은 이유에서이다. 그들은 순력설교자(巡歷說敎者)가 되어 성경을 가르치며 회개를 촉구하였다. 발두스는 로마가톨릭을 반대하지 않으나 직접 성경을 통해서 그리스도의 가르침을 받을 수 있다고 했으며, 평신도도 성찬(聖餐)을 집행할 수 있다고 했다. 또한 그들은 선서와 성직 계급제도에 대해서 반대했고, 연옥·면죄부·성인숭배에 대해 비난했으며, 오직 세례·성찬식·보속만을 인정했다. 그리고 이 교리는 독일 남부·보헤미아·헝가리·폴란드로 전파되어 갔다. 이들 발두스파 신도들 또한 종교재판을 통해서 대부분이 제거되었고 나머지 일부는 보헤미아의 후스(Huss)파에 가담했고 또 다른 일부는 프랑스 서부의 칼뱅주의자들에 합류했다.[1]

---

1) Albert Renner, *op. cit.*, p.156.

이를 종합하면 고위 성직자들이 세속화가 되면 될수록 그리고 더욱 강해지며 교만해질수록 교회 개혁을 부르짖는 소리는 커져만 갔다. 특히, 신앙의 증거를 위해 노력해 왔던 대학들에서 품위를 잃은 고위 성직자들의 행위는 격분을 일으키게 되었다.

3. 위클리프

이제까지의 개혁운동을 돌이켜볼 때 세속의 영역으로부터 교회의 분리에 대한 요구가 강했지만 14세기 후반에 이르러서는 영국에서 교황권의 기초를 뒤흔드는 사람이 등장했으며 그 인물이 바로 위클리프(J. Wiclif, 1320~1384)였다. 그는 요크의 귀족 출신이며 성직자로 가장 중요한 종교개혁의 선구자이다. 옥스퍼드(Oxford)대학교에서 신학·철학·교회법을 배웠으며 이후 옥스퍼드대학교의 신학 교수가 되기도 했다. 그는 성직자들의 부패에 대해 공격했고 이후에는 더욱 과격해져 당시 지배적이었던 신학을 비판했으며 화체설을 부인하였다. 1377년 교회 재판소에서 자신의 입장을 밝혀야 했으나 강력한 배후의 영향으로 경고로 끝났으며 그 후 교회에 대한 공격을 재개했다.[2]

또한 그는 초기 교회의 소박함에로 돌아갈 것을 주장했으며, 교회가 재산을 남용할 경우 세속 영주가 그 재산의 반환을 요구할 수 있다고 했다. 나아가 위클리프는 부패를 제거하고 참된 복음의 정신으로 복귀할 것을 주장했고, 모든 사람이 성경을 자신의 이해에 따라 해석하자고 했다. 이 외에도 독신제, 면죄부, 성지순례, 보속을 부인했고, 교황의 직이 불필요

---

2) Otto Zierer, *op. cit.*, p.188.

하다고 했다. 그의 영향력은 농민봉기 이후에 약화되었고 이어 그의 교리는 런던의 종교회의에서 부인되었으며, 자신의 교구 요크로 되돌아가 사망하였다. 그러나 위클리프의 교설(教說)은 그의 가르침을 신봉하는 롤러드(Lollard)들에 의해 지속되었으며, 잉글랜드·스코틀랜드·보헤미아에 15세기까지 전파되었다.

4. 후스

다음으로는 체코의 신학 교수요 프라하대학교 총장이었던 종교개혁가 후스(J. Huss, 1370~1415)에 대해서 알아보고자 한다. 후스는 농부의 아들로 태어나 처음에는 교사로 시작해서 총장이 된 사람으로 유명한 설교자이기도 했다. 이 과정에서 그는 국민으로부터 폭넓은 지지를 받았으며 왕 벤첼(카를 4세)과 대주교의 호의를 누리기도 했다. 보헤미아 내에서 종교적인 문제는 독일인들(오스트리아 합스부르크가 중심의 신성로마제국에 속함)의 지배에 대한 저항과 관련이 있었다. 먼저 후스는 독일인 성직자들의 부패를 공개적으로 비판했고 이어서 교회 재산의 환속을 요구하고 체코어와 독일어의 동등한 자격을 주장했으며 라틴어 성경을 체코어로 번역하였다.

그리고 이 모두는 체코인들이 열렬히 환영하는 바였다. 이 같은 주장 때문에 벤첼 왕은 프라하대학교의 규정을 고쳤고 독일인 대신에 체코인이 다수를 차지하게 되었다. 그러나 체코에 거주하는 독일인들이 체코인들의 이단과 교황청에 대한 적대가 후스의 책임이라고 주장하고 성직자들이 후스에 대해 불만을 터뜨리자 대주교는 후스의 모든 직책을 박탈하고 파문하였다.[3]

실로 그의 사상은 영국의 위클리프로부터 많은 영향을 받은 것이지만 위클리프와는 달리 후스는 화체설을 인정하는 입장을 고수하였다. 마침내 후스는 황제 지기스문트(Sigismund)의 명을 받고 호송의 약속하에 독일 서남단에 위치한 콘스탄츠(Konstanz)에 도착하였다. 그리고 후스는 도착 즉시 감금되었고, 마르틴 루터와 비슷하게 그의 주장 모두를 철회할 것을 요구받았으나 그는 교회에 충실하겠지만 그의 주장 모두를 철회할 생각이 전혀 없다고 답변했다. 그런 연후에 이단이라 심판받았으며 1415년 콘스탄츠에서 화형(火刑)에 처해졌다.

비록 후스는 호송을 약속받고도 억울하게 화형에 처해졌지만 체코인들은 그를 성인으로 추앙하였고(Die Tschechen verehrten ihn als Heiligen) 종교적·국가적 영웅이 되었다(So wurde er nun nicht bloss zu einem religiösen, sondern zu einem nationalen Helden). 그 후 고위 귀족과 고위 성직자들은 독일(신성로마제국)과 가톨릭에 충실했으나 일반 백성은 귀족·교회·성직자에 반대하는 입장이었으며, 여기서는 생략하지만 다른 곳에서 자세히 다루는, 후스전쟁의 주역이 되었다.

5. 사보나롤라

다음으로 이어지는 개혁가는 도미니크 수도회의 수도사로 종교개혁을 시도하다 순교한 사보나롤라(G. Savonarola, 1452~1498)이다. 이탈리아 페라라(Ferrara)에서 귀족 가문의 아들로 태어나 주로 피렌체에서 활동한 종교개혁가인 그는 1475년 도미니쿠스의 수도원에 입단하여 수도원장이 되기도 했다. 그는 피렌체의 중상위층 시민들의 도덕적·정치적 타락에 맹

---

3) Otto Zierer, *op. cit.*, p.209.

공을 퍼부었고 교회의 심각한 붕괴 현상을 보면서 교회개혁에 대해 역설하였으며 민주정치의 실현을 강력히 요구했다.

처음에는 피렌체 시민들이 사보나롤라의 간언에 대해 매우 분개했으나 그가 주장한 말들, 즉 프랑스의 샤를 8세가 곧 이탈리아를 침입할 것이고, 피렌체에서 메디치가의 지배가 곧 붕괴될 것이라는 예언이 적중하자, 그는 한때 피렌체의 지배자가 되어 엄격한 신정정치(神政政治, Theokratisch-demokratische Verfassung)를 펴기도 했으나 곧이어 분위기가 역전되어 사보나롤라의 추종자들이 그로부터 떨어져 나갔다. 머지않아 도시는 2개의 진영으로 분열되었으며 사보나롤라의 적대 세력이 정권을 장악하자 사보나롤라는 체포되어 혹독한 고문 끝에 그의 추종자들과 함께 분살(焚殺)되었다.[4]

문인들은 당시 귀족들의 조야한 행위와 성직자들의 세속화에 대해 신랄하게 질타하였다. 스트라스부르의 브란트(S. Brant)는 1494년『바보들의 배』라는 글에서 다음과 같이 풍자했다.

> 마침내 베드로의 작은 배는 흔들리고 있구나.
> 때문에 나는 이 배가 침몰할까 두렵도다.
> 성난 파도는 배 안의 사람들을 세차게 후려치는구나.
> 앞으로는 많은 혼란과 고통이 찾아들 것이다.

---

4) *Ibid.*

제 2 장
마르틴 루터의 종교개혁

1. 마르틴 루터의 생애와 사상

필자가 이 책에서 마르틴 루터(M. Luther)의 종교개혁에 관해 쓰는 이유는 다른 이유들 외에 많은 사람들이 루터가 태어나 활약한 독일에서 필자가 장기간 연구한 것을 알고 종교개혁에 대해 쓸 것을 권했기 때문이다. 또한 상당수 지식인들이 필자가 종교개혁의 세계적 석학 하인리히 루츠 교수 밑에서 공부한 것을 알고서 우리나라에서 매우 미진한 루터의 종교개혁, 가톨릭 종교개혁에 대해 써 볼 것을 권했기 때문에 혹 있을지 모르는 비난을 각오하고 감히 쓰게 된 것이다. 그리고 이 글의 핵심 내용은 루츠 교수의 강의 및 저서와 종교개혁에 관한 권위 있는 책을 참고로 했음을 미리 밝혀 둔다.

마르틴 루터는 대종교개혁가로 1483년 독일 튀링겐의 농부 한스 루터 (H. Luther)의 아들로 태어났으며, 곧이어 루터의 아버지 한스 루터는 광갱 (鑛坑)의 주주가 되었다. 루터는 만스펠트(Mannsfeldt, 1488~1497)·마그데부르크(Magdeburg, 1497~1498)·아이제나흐(Eisenach, 1498~1501)에서 학교에 다녔고, 1501년에 에르푸르트(Erfurt)대학교를 다니면서 트리비움

(Trivium, 삼학; 문법·수사·논리)과 크바드리비움(Quadrivium, 사학; 천문학·기하학·수학·음악)을 공부하여 인문계 마기스터(Magister) 학위를 취득했다.5)

이어 루터는 가문의 상승을 바라던 아버지의 뜻에 따라 법학을 전공했다. 몇 주 뒤 환희의 귀향길에 오른 루터는 동행했던 친구가 옆에서 낙뢰(落雷)로 죽는 순간 "고향의 안나(Anna) 수호신에게 살려만 주신다면 신부가 되겠다"(O! Heilige Anna, ich möchte ein Mönch werden)고 맹세했다. 맹세를 한 이상 벌을 받지 않으려면 이를 지켜야 하는 당시의 사회적 분위기 속에서 아리따운 규수를 배필로 정해 놓은 아버지의 허락도 받지 않고 1505년 아우구스티누스 계열의 '에르푸르트의 탁발 수도원'에 들어가 몇 년 후인 1507년 신품성사를 받았다. 1508~1510년에는 비텐베르크(Wittenberg)대학교와 에르푸르트대학교에서 철학과 신학을 강의했고, 로마에 다녀온 뒤 1512년 박사학위를 취득했으며, 비텐베르크대학교에서 신학을 강의했다. 그리고 1513~1518년에는 「시편」·「로마서」·「갈라디아서」·히브리어 등을 강의했다.6)

그러면 종교개혁을 편견에 치우치지 않고 객관적으로 이해할 수 있도록 먼저 참고의 말을 쓰려고 한다. 본문의 내용이 루터의 종교개혁인 만큼 루터의 주장과 비판이 많이 소개되는데 필자가 종교개혁을 두둔하려는 것으로 오해받지 않도록 사학자의 임무인 사실의 정확성과 객관성에 충실하려고 한다. 이를 위해 루터 사상의 핵심인 본론으로 들어가기 전에 두 가지에 대해 언급하려고 한다.

그중 하나는, 필자의 루터에 관한 글의 주요한 근거를 제공한 빈대학교 사학과 교수로 종교개혁의 세계적 권위자인 루츠 교수가 자신에 대해 밝

---

5) Wolfgang Landgraf, *Martin Luther*, Boston, 1982, p.5f.
6) Gerhard Ritter, *op. cit.*, p.53.

힌 대로, 그는 구교와 개신교가 조화를 이루는 독일 아우크스부르크 출신으로 그런 분위기 속에서 성장했으며, 가톨릭과 개신교의 조화를 유지하기 위해 노력해 왔다는 것이다.

다음으로는 종교개혁에 관해 유명한 가톨릭 측 평론가 요제프 로르츠(J. Lortz)의 루터의 종교개혁에 대한 다음과 같은 평을 먼저 소개해 글을 읽는데 한편으로 치우치지 않도록 하고자 한다. 로르츠 교수는 "만약 루터가 계시에 대해 잘못 해석했다면 그것은 나태와 깊이의 부족 때문이 아니라, 완고함과 지나친 심각함, 열정, 엄격함 때문이었다. 자신의 고통스러운 발전 과정이 그로 하여금 잘못된 편견에 빠지게 했다. 결코 경솔해서가 아니라 지나친 심각성과 내적인 강력한 힘으로 인한 치우침 때문이었다. 종합적으로 말하면 루터는 당시 전혀 기독교적이지 않았던 가톨릭교회를 극복하는데 공이 컸으나, 그의 화살은 정곡을 훨씬 지난 곳에 꽂혔다"라고 했다.[7]

루터의 고민이 어떠했고 또 얼마나 컸는지를 잘 말해 주는 로마의 방문에 관해 좀 더 상세히 살펴보기로 한다. 루터는 자신의 고민 해결에 큰 도움이 되리라는 기대와 함께 로마에 갔지만, 당시는 '교황 율리우스 2세'가 여러 전쟁을 치르고 있어 볼로냐에 가 있었기 때문에 만날 수가 없어 실망했다(1510~1511). 그의 고민의 핵심과 관련해서 보면, 첫 학기를 마치고 함께 귀향길에 오른 친구가 낙뢰로 죽은 뒤 선서한 대로 수도원에 들어온 루터의 고민은 '어떻게 하면 사후에 은혜로운 하느님을 만날 수 있느냐'는 것이었고, 이 문제의 해결을 위해 자주 고해성사를 보았으며 금식했고 기도했지만 마음은 평화롭지 않았다. 이러한 고민을 안고 있는 그는 로마에서 '사면과 은혜를 받기 위해' 산타 스칼라(Santa Scala) 성당의 28계단을 오르내리면서 '주의 기도'를 바쳤고 입맞춤했으며, 여러 교회와 성물을 찾았지

---

7) Heinrich Lutz, *op. cit*., p.57.

만 커다란 공허감 외에 아무것도 얻지 못했다.

1511년 다시 독일로 돌아와 '비텐베르크 수도원 옥탑방'에서 영혼의 고민으로부터 벗어나기 위해 노력하고 있을 때 교단의 상급자가 『구약성서』의 「시편」(詩篇)과 『신약성경』을 공부할 것을 권했다. 그리고 이것은 루터의 고민을 해결하는 데 결정적인 전환점이 되었다. 루터는 여기서 자신을 사로잡는 「로마서」(사도 바울이 로마인들에게 보낸 편지)의 한 구절을 발견했다. 그것은 "하느님의 능력으로 모든 믿는 사람을 의(義)롭게 한다"(Es ist eine Kraft Gottes, die da sellig macht alle, die daran glauben)라는 꽤 까다로운 신학적 내용이었다. 바꿔 말하면 '하느님에게 합당한 의로움이란 신앙으로부터 온다는 것'이다. 즉, 하느님의 은총은 신도의 '의지'나 '업적'을 통해 강요할 수 있는 것이 아니라 '오직 하느님의 선물'(Sie kann nur ein Geschenk sein)일 뿐이라는 것이다. 그리고 하느님은 '사랑스러운 아버지일 뿐 아니라 엄격한 심판자'라는 것이다.[8]

루터는 이 옥탑방에서의 경험 후에 마치 새로 태어난 느낌이었고 "바울의 말이 쓰여 있는 그곳이 천국으로 들어가는 문 같았다"라고 했다. 그리고 "이 같은 설명은 강력한 힘으로 다가와 마치 내가 하느님 곁에 있는 것 같이 느꼈다(der Herr sei ihm nahe gewesen)"라고 했으며, "의로움은 일의 공과(功課)를 통해서가 아니라 하느님의 은총을 통해서만 얻어지는 것이라고 설교할 때 더욱 자신 있게 하느님을 위해 나설 수 있었다"라고 했다. 이후 루터는 신학을 공부하는 과정에서 그의 새로운 발견, 즉 옥탑방의 경험이 교부 성 아우구스티누스의 은혜·죄악·선업·의로움에 대한 가르침과 동일하다는 것을 알게 되었다.

이상에서 본 루터의 고민과 그 해결에 관해서는 사람에 따라서는 쉽게

---

8) *Ibid.*

이해될 수도 있지만, 일반적으로 매우 난해한 개념이기 때문에 이해를 돕기 위해 루터에 관한 세계적인 권위자이고 필자를 많이 도와주었으며, 필자의 회갑 논총에 기고한 빈대학교 사학과 루츠 교수의 루터의 종교개혁에 관한 강의 내용을 소개하고자 한다.

앞에 말한 내용, 즉 루터의 고민과 그 해결을 다른 말로 바꿔 표현한다면 "정의로운 하느님이 죄 짓고 의롭지 못한 인간을 벌하기만 한다면 인간이 어떻게 하느님의 은총과 구원을 기대할 수 있느냐는 것"이었다. 루터는 성 아우구스티누스의 글을 읽고서 하느님과 인간 사이의 너무나 먼 거리를 극복할 수 없다는 점을 받아들였다. 즉, 루터에게 크게 문제가 되었던 것은 그가 '수도원의 규율을 잘 지킴으로써 과연 은혜로운 하느님을 만날 수 있느냐'는 것이었다. 루터는 '바울의 「로마서」를 제대로 이해해야 한다는 절박감'에 빠져 있었다.9)

루터는 "이제까지 나의 열정이 부족해서가 아니라 「로마서」 제1장에서 나오는 '하느님의 정의'(Justitia Dei)라는 오직 한마디(ein einziges Wort) 때문이었다"라고 말했다. 루터는 "그 정의라는 말을 증오한다"(Ich haße nämlich jenes Wort Gerechtigkeit Gottes)라고 했다. 일반 박사들이 가지고 있는 지식으로 또한 철학적으로 이해하려고 많은 노력을 기울였지만 "스스로 정의로운 하느님이 죄인과 의롭지 못한 사람들을 벌한다"라는 말을 이해할 수 없었기 때문이었다. 그래서 루터는 몹시 불안해졌고 그것을 신뢰할 수 없었다. 다시 말해서 루터는 "스스로 의롭고 죄인을 벌하는 하느님을 사랑하지 않고 이보다는 오히려 하느님을 증오한다(Ich haße ihn viel mehr)"라고 한 것이다.

이상의 내용을 종합하면 "인간이 하느님으로부터 벌을 받지 않고 은혜

---

9) *Ibid.*

를 받으려면 인간 스스로 의로워지는 길밖에 없다"라는 해석이 가능한 것이다. 루터가 밤낮을 가리지 않고 때로는 굶고 또 때로는 『성경』을 내던지는 가운데 그 말의 의미를 이해하려고 노력한 결과 "의로운 자는 신앙과 더불어 산다"(Der Gerechte lebt aus dem Glauben, 개신교에서는 이것을 '칭의론'이라고 함)라는 말로 이해했다. 바꿔 말하면 하느님은 "인간이 신앙을 통해 자비로운 하느님의 은혜에 참여하도록 한다"라는 것이다. 이것을 터득한 루터는 "마치 새로 태어난 기분이었고 열려 있는 문을 통해 천국에 발을 들여놓은 것 같았다"라고 했다. 즉, 구원(救援)은 은혜로서 하느님의 사랑에 의해서만 주어지는 것이며, 이러한 '복음의 재발견'은 '종교개혁의 근본 사상'으로 발전했다. 이 시기가 빠르게는 1512~1513년이나 1514년으로 보인다.

여기서 필자는 기독교 사상 중에서 매우 중요하지만 이해하기 어려운, 그리고 지구상의 풍요롭고도 경건한 삶에 커다란 영향을 끼쳤다는 '예정설'(Predestination)에 관해 짧게나마 짚고 넘어가려고 하는데 그 이유는 루터·아우구스티누스가 또한 예정설을 주장하는 입장이고 예정설을 알아야 종교개혁을 보다 잘 이해할 수 있기 때문이다.[10]

이 부분은 루터 부분이지만, 이중예정설을 강력히 주장하는 칼뱅이므로 간략히 그의 주장을 첨언하고자 한다. 칼뱅은 1509년 프랑스 피카르디(Picardie)주에서 카를 5세 황제보다 9년 늦게 태어났고, 휴머니즘을 공부하던 중 루터의 사상에 접근하게 되었으며, 이로 인해 마침내 '국외로 추방'되었다.[11] 칼뱅은 스위스 바젤에서 성경 내의 하느님의 계시를 중심으로 『기독교 강요』를 펴냈는데 거기에 '성스럽고 절대적인 하느님'에 대해 묘사했

---

10) 원래 필자는 칼뱅(J. Calvin)의 사상에 대해 긴 글을 쓰려고 했으나 여러 사정 때문에 여기서는 대부분 삭제하고 칼뱅의 예정설에 대해 간략히 기술한다.

11) Gerhard Ritter, op. cit., p.53f.

다. 그리고 그는 "하느님은 자신의 정의와 전능으로부터 어느 사람에게는 은혜를 또 어느 사람에게는 벌(Gnade oder Verdammnis)을 내렸다"라고 했다. 그리고 "어느 누구도 하느님이 자신 대해 어떠한 결정을 내렸는지 알 수 없다"라고 했다. 그러나 "개인이 공포심과 더불어 떨리는 마음 자세로 부단히 보속하는 속에 세상에 살면서 자신에게 맡겨진 의무를 다하고 하느님의 영광을 높인다면 자신이 선택되었다는 희망을 가질 수 있다"(Mit Furcht und Zittern, in ständiger Bussbereitschaft und durch angespannte Erfüllung seiner irdischen Pflichten dazu beizutragen, daß die Welt zur höheren Ehre Gottes gebessert werde)라고 했다.

이로써 '기독교 철학과 그리스 철학의 공생(共生)'은 강력히 거부되었으며, 아리스토텔레스를 '사악한 이교도'라고 비난하기도 했다. 따라서 교회의 중개(仲介) 역할은 불필요하다고 생각했고, 하느님에 대한 무한한 신뢰(Sola fides)가 요구되었다. 그리고 이것은 의화론(義化論, Rechtfertigungslehre)으로 확대되어 "우리는 우리의 선업으로 죄의 사함을 받을 수 없고 오직 믿음 속에서 '하느님의 은총만이 우리를 의롭게 할 수 있다"(He who through faith is, righteous shall live and they are justified by his grace as a gift, through the redemption which is in Christ Jesus)(Romans 3: 24)라고 했다.

이러한 루터의 사고는 더욱 발전하여, 자신이 무가치하고 죄인이라는 것을 알고 하느님의 용서를 기꺼이 받아들이며 자신의 의지를 하느님을 위해 기꺼이 바쳐야 한다고 생각했다. 즉, '하느님은 의로운 자가 아닌 죄인과 함께 공동체를 형성한다'는 것이었으며, 은총의 중심 개념은 『성경』이었다.[12]

이를 좀 더 알기 쉽고 구체적으로 말하면 그리고 이것이 기초가 된 교회

---

12) Gerhard Ritter, op. sit., p.53f.

의 가르침에 의하면 '의화'(義化: 의롭게 됨)는 하느님의 은총으로부터 시작되는 것으로 보았다. 즉, 모든 인간의 자유의지에는 "하느님의 은총이 먼저 온다"는 것이다. 이리하여 "인간은 다음으로 신앙에 이르게 되고 그 후에 하느님에게 희망을 갖게 되며, 마침내는 하느님에 대한 사랑으로부터 참회를 하게 되고, 이 하느님에 대한 사랑은 인간에게 은총을 주어 새로운 생활 원리를 전해 받게 되는 것이며, 이로써 인간은 다시 태어나게 되고 하느님의 자녀라는 귀족의 지위에 오르게 된다"라는 것이다.

2. 마르틴 루터와 교황 · 황제 간의 충돌

충돌의 배경을 보면, 당시의 관행으로 로마교황청의 업무 수행에 필요한 많은 돈을 유럽 여러 나라가 지불해야 했고, 때문에 점증해 가는 송금(送金)과 성직자들의 성직록(聖職祿)을 위해 바치는 돈이 큰 부담이 되어 일반 신도들의 불평이 날로 커져만 갔다(Für die päpstliche Verwaltung benötigten finanzielen Mittel in den europischen Ländern aufgebracht werden …). [13]

루터가 교황과 직접적으로 충돌하게 된 원인인 면죄부[免罪符, indulgence, 일명 속죄권(贖罪權)]에 대해 고찰해 보고자 한다. 본래 면죄부는 중세 말엽 가톨릭교회에서 예수와 성인들의 공로의 권위로 교회에서 면죄부를 발행하여 현세에서의 죄를 면해 주는 것이었는데, 이것이 종교개혁의 계기가 되었다. 1517년 당시 팔리고 있던 면죄부에 대해 루터가 의문을 제기해 큰 반향을 일으킴으로써 논쟁의 발단이 되었고 결국 로마 가톨릭 교회로부터 1521년 파문되었으며, '보름스(Worms) 국회'(당시는 신성로마

---

13) Hans Appelt, op. cit., p. 143.

제국 의회)에서 이단이라는 선고가 내려졌다.[14]

이제 면죄부에 얽힌 복잡한 관계를 밝히고자 한다. 사건이 더 커진 이유는 면죄부 판매를 위해 알브레히트(Albrecht: 황제를 선출하는 7선제후 중 한 명) 선제후가 통치하는 '작센 인근 지역'에 면죄부를 판매하기 위해 테첼(J. Tetzel) 신부가 등장했기 때문이다. 테첼은 로마·마인츠·아우크스부르크[푸거가] 간에 정치적·종교적·재정적으로 마지막 삼각관계를 형성시킨 사람이다. 알브레히트 선제후의 둘째 아들(당시 23세)이 마그데부르크(Magdeburg)의 대주교요 할버슈타트(Halberstadt)의 통치자로서 공석인 마인츠(Mainz) 대교구를 인수할 뜻이 있었다.[15]

이에 대해 로마교황청이 '팔리엔 겔트'(Palien Geld, 일종의 수수료인 사면료)라는 명목으로 상당한 금액을 요구했다. 대주교인 알브레히트 선제후는 이를 지불하기 위해 독일 아우구스부르크의 대상업자본이자 금융업을 주름잡던 푸거(Fugger)가에서 신용 대부를 받아 그 반을 교황 레오 10세에게 지불하고 나머지 반은 푸거가에서 빌린 돈을 갚기로 한 것인데, 교황은 대주교에게 3개 교구가 사면료를 지불할 수 있도록 8년 동안 면죄부 판매를 허락했다. 그리고 교황은 그 돈을 로마 성당 개축 사업에 쓰려고 했다. 면죄부 판매의 총책임은 도미니크 수도회 테첼 신부가 맡았다. 테첼 신부가 "면죄부를 사면 후회하는 일은 없을 것이며, 동전이 구휼함에 쨍그랑 떨어지는 순간 연옥의 영혼이 천당으로 튀어 오른다"라고 한 말을 루츠 교수가 강의 중에 말하자, 강의실에 있던 일반 학생·신학생·수녀 들이 순간 폭소를 터뜨렸다(Wenn das Geld in den Kasten klingt, springt die Seele im Fegefeuer in den Himmel). 그런데 테첼이 들어가는 것이 금지된 이웃 작센 지역에서 여인들이 루터의 고해소를 찾아와 면죄부를 사게 해 달라고 애원

---

14) Otto Zierer, *Ibid*, p.263.
15) *Ibid*.

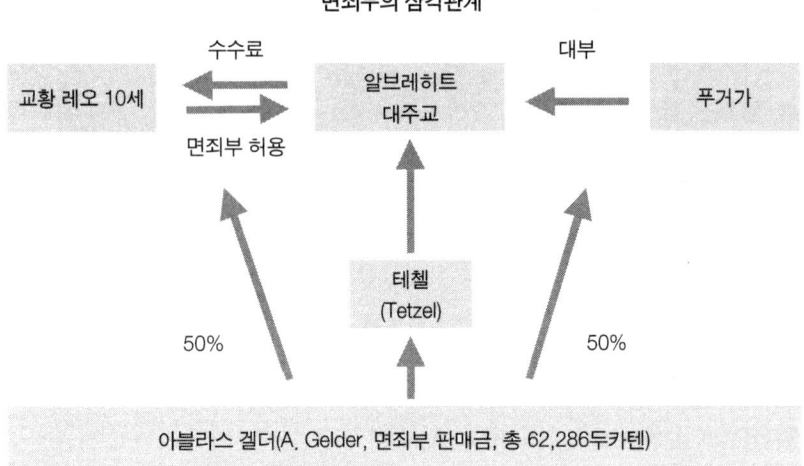

하자, 과격하고 온당치 못한 방법으로 면죄부를 파는 데 대해 루터는 몹시 격앙했다. 이에 루터가 면죄부 판매에 반대하는 「95개조 반박문」을 비텐베르크 성문에 주위를 진동시키는 해머 소리와 함께 붙였다는 것이다. 그러나 필자가 참석한 빈대학교 특강에서 독일의 저명한 이절로(Iserloh, 가톨릭 측) 교수는 반박문 부착을 부인했다.

그러면 다음에서는 종교개혁에 관한 문헌에서 한 번도 발견하지 못했으나 직접 들은 바 있는 종교개혁의 세계적 권위자인 루츠 교수의 강의에 소개된 「95개조 반박문」과 함께 선제후 알브레히트 대주교에게 보냈다는 루터의 편지를 우선 소개한다[다음 내용의 원문은 라틴어이나 독일어 번역본을 필자가 번역한 것이다].

먼저 하느님의 은총과 자비가 함께하기를 바라면서 존엄하신 선제후님에게 드립니다! 자비로운 알브레히트 선제후시여, 모든 인간 중에서 가장 보잘것없고 무가치한 제가[루터] 감히 각하께 편지를 쓰는 것에 대해서 은혜로이 받아 주십시오. 예수님이 아시듯이, 제 자신은 제가 가련하고 초라하다는 것을 잘 알고 있으면서 오랫동안 미루어 왔던 일을 이제 뻔뻔스럽게 행하고자 하오니 각하께서 한 줌의 흙과 재에 불과하며 주교님의 은혜만을 생각하고 있는 저를 은혜의 한 눈으로 바라보아 주십시오. 지금 이 나라에는 베드로 성당의 건축을 목적으로 하는 면죄부가 횡행하고 있습니다. 저는 직접 들은 바 없는 면죄부 판매자들에게 큰 소리로 불평을 늘어놓고 싶지는 않습니다. 다만 저는 가난하고 단순하며 무작한 백성들이 면죄부에 대한 옳지 못한 견해를 갖게 되며, 또 면죄부 판매자들이 마치 시장에서 물건을 팔듯 외치는 것에 대해 불평을 말할 뿐입니다. 왜냐하면 이로 인해서 불행한 영혼들이 면죄부를 사기만 하면 그들의 영혼은 지복에 이르게 되고, 나아가서는 구휼함에 돈을 넣는 즉시 연옥의 영혼이 천당으로 튀어 오른다(Sobald man für sie in den Kasten einlege, die Seele ohne Verzug aus dem Fegefeuer in den Himmel springt)고 믿게 되며, 더 나아가서는 면죄부의 은혜로 용서받지 못할 죄가 없다고 여겨, 마침내 인간이 이 면죄부를 통해 죄와 고통에서 해방된다고 생각하기 때문입니다. … 지존하시고 존엄하신 선제후시여! 예수의 이름과 함께 아버지로서의 걱정과 관심을 가져 주십시오. 그리고 이 소책자들을 완전히 없애시기를 바랍니다. 만약에 이것이 이루어지지 않는다면 그 누군가가 일어나서 각하에게 치욕이 되는 일로서, 저 사람들과 책자를 반박하는 무엇인가를 공표하게 될 것입니다. 저는 이에 대해서 매우 두려워하는 바이며, 긴박한 사태가 벌어지지 않도록 노력하고자 합니다.

아우구스티누스 교단 소속, 신학박사 마르틴 루터
(Martin Luther, Augustiner, berufener Doktor der Theologie)
비텐베르크, 제성첨례(1517.10.31.)[16]

이어서 루터가 이 편지에 첨부한 「95개조 반박문」 가운데 중요한 몇 개 조를 들어 루터의 견해를 밝히고자 한다.

---

16) Heinrich Lutz, *op. cit.*, p.137.

제1조: 우리 주 예수 그리스도는 보속을 행하라 했는데, 그 뜻은 신도가 평생 동안의 삶에서 끊임없이 보속을 행하라는 뜻입니다(das ganze Leben seiner gläubigen auf Erden stete unaufhörlische Busse sein soll, 원문은 루터 당시의 독일어라 현대 독일어와는 약간 다름).

제21조: 면죄부 판매자들이 교황의 면죄부를 통해서 인간이 모든 고통으로부터 벗어나고 복된 삶을 누리게 된다고 설교한다면 과오를 범하는 것입니다(durch das babsts ablas der Mensch von aller Pein los und selig).

제35조: 연옥의 영혼은 돈을 주고 구할 수 있으며, 참회는 필요 없다고 하면 비기독교적으로 설교하는 것입니다.

제36조: 자신의 죄에 대해 진정으로 뉘우치고 보속을 하면 면죄부를 사지 않아도 고통으로부터 벗어나고 죄를 용서받을 수 있습니다.

제45조: 누구든지 가난한 사람들을 보고 돕지 않고 그 돈으로 면죄부를 산다면 교황의 사면을 받지 못하게 되며 하느님의 화를 자초할 것입니다.

이는 루터가 면죄부를 부정하기 위해 작성한 것이었지만, 뜻밖에도 종교개혁의 발단이 되었다. 가톨릭 측의 주장에 따르면 이 글은 성문에 부착한 것이 아니라 루터도 모르는 사이에 인쇄되었으며, 그의 생각과는 달리 무한한 힘을 발휘하였다. 먼저 '인문주의자들은 루터에게서 자신들의 것'을 인식하게 되었고, 많은 성직자의 적대자들과 로마에의 종속 관계를 개탄하는 사람들에게 크게 환영을 받았다. 이러한 분위기 속에서 수도 신부 루터는 일시에 '국가의 영웅'이 되었으며, 그에 의해 정치적·사회적 대개혁이 이루어지기를 기대했다. 그리고 이것은 가톨릭교회의 근간을 뒤흔들어 놓았고, 후일 프로테스탄트 교리의 근본 원리를 세우게 되었다.[17]

앞에서 본 루터가 알브레히트 대주교(선제후)에게 보낸 편지는 단순한 사건을 넘어 유럽, 특히 독일과 로마교황청의 책임 문제 등 여러 문제를 야기시켰다. 연구론적 입장에서 볼 때 ① 편지 발송일이 1517년 10월 31일[제성첨례(諸聖瞻禮)]인데 「95개조 반박문」을 그날 비텐베르크 성문에 부착했다면, 루터는 대주교에게 시정할 시간적 여유를 주지 않았다는 점에서 처음부터 거짓말을 한 것인가, ② 루터는 대담한 용기로써 로마교회와 단절을 시도한 것인가, ③ 만약 반박문이 부착되지 않았다면 마인츠 대주교에게는 더 큰 책임이 따르게 된다. 왜냐하면 이는 그에게 결별을 피할 시간적 여유가 있었다는 의미이기 때문이다.

이 문제에 관한 권위자 독일의 이절로 교수는 필자의 유학 시절 루츠 교수의 초청으로 빈대학교 사학과에서 특강을 한 적이 있다. 이절로 교수는 개신교 측에서 주장하는 대로 루터가 성문 주위를 진동시키는 해머 소리와 함께 반박문을 부착한 것이 아니라 1517년 10월 31일 이후에 그의 친구들에게 인쇄된 형태로 보낸 것이라고 주장했다. 필자가 우리나라 "2종 국정교과서 세계사의 서양사 부분의 심사위원장"으로 호텔에 감금되어 심사할 때(1983) "부착했다"라고 쓴 책은 교과서로 인정하지 않겠다고 했더니 저자 대부분이 시정하겠다고 서약했는데, 지금 상황은 어떤지 모르겠다. 일반적으로 프로테스탄트 측에서는 종교개혁의 권위를 강조하기 위해 반박문 부착을 선호하는 편이다.

이 사건이 발생한 뒤인 1518년 10월 루터는 당시 대표적 가톨릭 측 신학자인 카예탄(Cajetan) 앞에서 자신의 주장에 책임지려는 모습을 보이지 않았고, 오히려 이와는 반대로 1520년 12월 10일 파문으로 위협하는 교황의 칙서를 '엘스터 문'(Elster Tor) 앞에서 불태워 버렸다. 이렇게 되자 루터와

---

17) Gerhard Ritter, op. cit., p.59.

교황 레오 10세의 대립은 파국으로 치닫게 되었다. 이 때문에 관용의 시대는 끝났고, 루터는 교황과의 단절이 불가피하다는 인식에 이르렀다. 루터보다 교황이 더욱 완고했는데, 이러한 가운데 루터가 이제까지의 주장을 철회하라는 교황의 명을 거절하면서 한 유명한 말은 다음과 같다. "『성경』 또는 나의 맑은 이성에 의해 나의 과오가 확인되지 않는다면 나는 철회를 할 수도 없고 하고 싶지도 않다. 왜냐하면 양심에 반해 행동하는 것은 믿을 수도 없고 진실하지도 않기 때문이다. 하느님이여, 저를 도와주시기를 … 아멘"(Unless I am convinced of error by the testimony of Scripture or by clear reason. … I cannot and will not recant anything … Amen).[18]

1521년 1월 3일 루터는 최종적으로 파문에 처해졌다. 이때 루터는 "나의 양심은 하느님의 뜻을 따를 뿐이다. 철회를 할 수도 없고 하려고 하지도 않는다"라고 하면서 더욱 강력히 대응했다. 루터 문제를 해결하기 위해 당시 신성로마제국 황제 카를 5세가 소집한 보름스 국회에서도 루터가 주장 철회를 거부하자 황제는 격분했다. 하지만 교황의 사절들은 내심 이를 반겼는데, 그들은 신앙에 관한 것은 교황의 소관인데 황제를 중심으로 한 평신도 모임에서 조사하는 것이 몹시 불쾌했기 때문이다.

나아가 유럽 역사상 두 번째로 위대하다는 신성로마제국의 카를 5세는 당시 겨우 21세로 소년티가 완연했는데, 루터의 행위에 대해 다음과 같은 글을 써서 제국의 귀족들에게 보냈다.

> 나는 스페인 왕들, 오스트리아 대공들, 부르군트 공작의 후손으로 독일 귀족들에게 보내는 각서(Memorandum)를 밤새워 썼으며 그 주요 내용은 다음과 같다. …
> 위에서 말한 나의 조상들은 지금까지 가톨릭 신앙을 옹호해 왔고, 인간의 영혼

---

18) Cf. Gerhard Ritter, *op. cit.*, p.265.

을 구하기 위해 신앙을 전파해 왔습니다. 또한 그들은 우리에게 가톨릭의 전통과 관습에 대해 경외심을 갖는 것을 유산으로 남겼고, 우리는 하느님의 은총으로 선조들의 참된 모방자로 살아왔습니다. 따라서 나는 선임자들이 이제까지 해 온 바대로 따라서 할 것입니다. … 한 사람의 수도승(루터)의 오류에서 비롯된 생각으로 1천여 년 이래 행해 왔던 기독교에 대해 반항하고, 모든 기독교 신자들이 이제까지 과오를 범해 왔다고 가르치는 것은 커다란 도전입니다. 이 때문에 나는 이 일에 대항하기 위해 제국의 모든 것, 나의 친구들, 나의 몸, 나의 피, 나의 생명과 영혼을 바칠 결심을 했습니다(Darum habe ich entschlossen, in dieser Sache alle meine Reiche, meine Freunde, meinen Leib, mein Blut, mein Leben und meine Seele einzusetzen).

왜냐하면 고귀하고 뛰어난 민족에 속하며 가톨릭 신앙을 옹호하고 보존할 책임이 있는 나와 여러분이 무관심을 통해 이단을 허용하고 종교의 가치를 저하시킨다면 이것은 우리와 우리 후손들에게 영원한 치욕과 불행으로 남게 될 것이기 때문입니다. 여러분은 루터가 어제 나와 여러분의 면전[보름스 국회]에서 반항적인 말을 하는 것을 들었습니다. 지금 나는 그간 루터의 그릇된 주장을 사전에 예방하지 못한 것을 후회하고 있습니다. 이제 나는 루터를 나의 보호하에 자신의 지역으로 가도록 할 것입니다. 그러나 그의 그릇된 설교와 저항을 선동하는 행위를 금할 것입니다. 나아가 나는 여러분이 선량한 기독교 신자로서 또한 선서와의 일치 속에서 행동할 것을 바라는 바입니다.[19]

이어 카를 5세는 이전보다 더 강력한 표현으로, 영주들 대부분이 떠난 후 루터와 그 추종자들의 '법의 보호'를 박탈했으며, 그의 모든 글을 말살하라고 명했다(Und 1521, wo durch das "Wormser Edikt" die Reichsacht über Luther und seine Anhänger verhängt wurde). 또한 앞으로 교황, 이미 세상을 떠난 조상들, 살아 있는 혈족들과 친구들 그리고 모든 가톨릭 신자들과 힘을 합해 "루터와 그 추종자들에 대항해 끝까지 싸울 것"을 선언했다.

---

19) Heinrich Lutz, *op. cit.*, p.76.

이때 일어난 특이한 현상은 콘스탄츠 종교회의 때 후스가 자유로운 호송을 약속받고도 화형을 당한 것을 잘 아는 독일인들이 보름스 국회 회의 후에 루터가 처형되었다고 생각해, 루터의 죽음을 깊이 애도했으며 그간의 업적에 대해 애석하게 생각했다.

그러나 이러한 황제의 결단이 성공을 거두기 어려운 변화된 독일의 상황이 1521년 교황 대사 알레안더(Aleander)가 교황에게 보고한 다음의 내용을 통해 여실히 나타난다.

전 독일은 매우 격앙된 분위기이고, 국민의 10분의 9가 루터를 지지해 "로마교황청에 죽음을"(Tod der römischen Kurie)이라고 외치고 있는데 이 같은 공명(共鳴)보다 문제는 몇몇 제국의 영주들[작센·헤센 등]과 제국 도시들의 지원이 종교개혁의 사기 진작과 물질 면에 큰 도움을 주고 있기 때문이라고 했다.

하지만 기독교[가톨릭교]를 보호하는 것을 가장 중요한 임무 중 하나로 본 카를 5세는 루터에 대한 교황청의 투쟁을 적극 지원하기로 했다. 한편, 화형의 장작더미를 가지고 위협하던 스페인 군대에서 벗어나 귀향길에 오른 루터는 그를 보호하는 작센 선제후의 기사들에게 납치되어 안전하게 바르트부르크(Wartburg)성으로 갔으며, 그곳에서 1년 동안 은둔 생활을 하면서 『성경』을 번역했다. 그리고 교황권과 공의회에 반대하는, 또한 이후 종교개혁에 중요한 기초가 되는 세 편의 논문을 발표했다.[20]

「독일 그리스도인 귀족들에게 고함」(An den christlichen Adel deutscher Nation von des christlichen Standesbesserung): 모든 독일인이 교회개혁을 위한 투쟁에 참여할 것을 주장한 글로, 이 글에서 루터는 독일의 통치자들, 특히 젊

---

20) Otto Zierer, *op. cit.*, p. 264.

은 황제에게 '부패한 교회 내에서 올바른 길을 찾아낼 것'을 당부했다.

「그리스도인의 자유」(Von der Freiheit eines Christen Menschen): 기독교 신자는 신앙에서 "법령과 법규로부터 자유롭다"라고 했고, "은총의 지위에 오르는 특별한 길을 배제했으며"(예로서 선업, 즉 미사 참례, 금식, 성지 순례, 자선 행위 등 기타), 자신을 해방시켜 주는 하느님의 은총을 경험한 모든 사람에게 세속 공동체에 맡겨진 이웃을 사랑하라는 것과 세속의 임무에 대해 강조했고, 또한 루터는 여기서 합당한 영주의 권한에 대해 저항하지 말 것을 분명히 했다.

「교회의 바빌론 포로」(Von der babylonischen Gefangenschaft der Kirche): 루터는 여기서 하느님 앞에서 특별한 지위를 주장하는 성직자들의 주장에 대해 반대했고, 이 같은 요구의 바탕이 되는 교회의 7성사(세례·성체·신품·견진·고해·혼배·종부) 가운데 세례·보속·성찬식만이 성경에 근거하고 있다고 인정했다. 여기서 루터는 성경에서 남(男)과 여(女)를 갈라놓지 말라고 했는데 "어째서 신부가 결혼을 안 해야 하고 어째서 수도사와 수녀에게 비자연적인 삶을 강요하는가"라고 했다. 그러나 수도원을 철폐하라고 하지는 않았고 그들이 머물고 싶을 때까지 머물도록 했다. 또한 루터는 3성사 외의 성사는 도움이 되지 않을 뿐 아니라 효력이 없을 뿐이고(weder nütze noch etwas wirke) 신부의 기적력을 문제 삼았으며 '오직 믿음만'(sola fides)이 본질적이라고 했다.[21]

루터는 멀리 떨어진 외딴 바르트부르크성에서 은둔 생활을 하면서 인문주의 학식을 갖춘 학자들의 지원을 받아 성경 번역에 착수하여 '1534년에 완성'했다. 그리고 그것은 당대 최고의 인문학자 에라스뮈스가 성경에 대해 기대한 바대로 대중을 위한 책이 되었다. 즉, 성경 번역은 책에서 사용하는 독일어가 아닌 인문주의자들이 좋아하는 '세속에서 사용하는 독일어'를 중심으로 번역한 것이다. 루터는 번역에 『불가타』 외에 여타의 번역

---

21) Hans Herzfeld, *Grundriss der Geschichte*, Band II, 197.

본을 인용했는데 신중한 조사와 함께 최선의 것을 택했다. 그는 번역하는데 자구(字句)에 구애받지 않고 '자신의 깊은 신앙적 경험을 바탕으로' 해서 시적(詩的)으로 표현하는 방법을 택했다. 이로 인해 독일인들은 문어체 독일어를 소유하게 되었고, 독일어가 한층 더 풍부해졌으며 표준 독일어의 기초가 마련됐다.

3. 종교개혁의 단행과 전파

루터가 바르트부르크성에서 체재하는 동안 뉘른베르크, 아우크스부르크, 울름과 여타의 도시에서는 '개신교 신도들의 공동체'가 형성되었다. 또한 비텐베르크에서는 루터의 추종자들이 '새로운 교리를 실천하기 시작했다'. 즉, 수도사들과 수녀들은 수도원을 떠났고 신부는 결혼을 했으며, 미사는 거부되었고 평신도와 함께하는 성찬식이 도입되었다. 마침내 프로테스탄트 측 폭도들이 교회를 습격하고 성화(聖畵)를 훼손했다.

이것을 지켜본 루터는 불안에 빠졌으며, 파문 중인 1522년 위험을 무릅쓰고 다시 비텐베르크로 돌아왔다. 루터는 통절한 설교로써 개혁자들의 행위를 중지시켰고, '8일 내에 다시 주도권을 장악'했다. 당시 루터는 옛 양식을 바꾸지 않기를 간절히 바라고 있었으며, 다만 새로운 정신을 일깨우고 싶었을 뿐이었다. 그러나 그의 추종자들은 루터에게 '확고한 입장을 취할 것'을 요구함과 동시에 '성경에 근거하지 않는 모든 제도를 철폐할 것'을 주장했다.

이에 대해 루터는 매우 주저하면서 미사·고해성사·성지순례·수도원 등의 철폐에 동의했다. 이러한 가운데 종교개혁 운동이 빠르게 확산되어 가고 있었는데, 구체적 예를 보면 1525년에 프러시아 기사단의 영방(領邦)

이 루터교회를 신봉하는 세속(世俗) 공작령이 되었다. 폴란드·리투아니아·리보니아(리프랜드)에서도 루터교회가 뿌리내리기 시작했다. 1525년에는 작센의 선제후와 헤센의 백작이 루터교회를 신봉하는 신자가 되었고, 함부르크·뤼베크 그리고 여타의 한자동맹 도시들이 루터교회로 전향했다. 이 무렵 스웨덴 국왕이 가톨릭교회의 재산을 몰수했고, 1536년에 덴마크의 통치자는 루터교회를 국교로 정했으며, 노르웨이·슐레스비히홀슈타인·아이슬란드에서도 같은 양상이 전개되었다.

그리고 이 무렵 포메른·비텐베르크·브란덴부르크·메클렌부르크가 루터교회를 받아들임으로써 '라인강 동부 도나우강 북부 지역'의 전 독일이 종교개혁을 하게 된 것이다.[22]

이렇게 된 원인으로는 어떤 사람들은 내적 확신과 더불어 '순수한 하느님의 복음'을 승리로 이끌기 위해 전향했고, 또 다른 사람들은 '신민(臣民)의 대부분이 개혁에 가담'했기 때문에 이를 따른 것이지만, 상당수의 사람들은 교회를 지배하여 '교회의 재산을 취득'하기 위해서였으며 정치적·물질적 이득 때문이었다.

4. 농민전쟁

루터의 가르침은 독일에서 신속하게 전파되어 갔다. 그런데 루터의 생각과는 다른 해석을 내리기도 했고, 개혁을 위한 성급한 노력은 폭력 행위를 가져왔다. 여기서 농민전쟁(農民戰爭, 1524~1525, Bauernkrieg, Peasantes War)이란 '1524~1525년에 종교개혁과 더불어 독일어권(주로 신성로마제국

---

[22] Egon Friedel, op. cit., p.273.

핵심 지역인 독일 오스트리아)에서 일어난 농민의 반란'을 말하는 것이다. 공산주의 이론가들은 이러한 예를 들어 사회적 모순이 혁명을 일으킨다고 하여 공산주의 이론의 정당성을 주장하고 있다. 그런데 특기할 사항은 최하층에 속하는 농민들의 반란이 아니라 당시 좀 더 깨어 있고 더 나은 생활수준을 바라던 농민들의 봉기였다. 이 때문에 농민전쟁은 가장 빈곤했던 농민들의 봉기가 아니라 부유층 농민들이 더 나은 생활을 위해 일으킨 전쟁이라는 점에서 공산주의 이론가들의 주장이 옳지 않다고 주장한다.[23] 그리고 그것은 필자가 지난날 연구지 베를린에서 연구를 위해 독일 서남부의 끝부분에 위치한 독일의 명문 프라이부르크(Freiburg)대학교로 기차를 타고(연구를 위한 특급 승차권은 연구재단에서 지급했음) 이동할 때 새벽녘에 나타난 광활한 농토에서 느낄 수 있었다. 그때 농민전쟁을 잘 알고 있던 필자의 뇌리에 찾아든 생각은 이처럼 넓고 비옥한 농지에서 비교적 잘살았으리라 생각되는 농민들이 '왜 죽음을 각오하고 먼저 반란을 일으켰을까'였다.

중세 이래 독일에는 자유농민은 소수에 불과했고, 농민들의 대부분이 예농(隸農) 또는 농노(農奴)로 '가톨릭 사제들의 지배'하에 놓여 있었다. 그리고 이 농민들은 뮌처(T. Münzer) 등 재세례파(再洗禮波)와 부유층의 지도 아래 반란을 일으켰다. 먼저 독일 농민들이 처한 당시 상황을 살펴보면, 그들의 생존을 위한 투쟁은 더 심해졌고 성장하는 아이들을 위해 이용할 수 있고 개간할 수 있는 땅은 더 이상 존재하지 않았다. 오래전에 동부로의 식민이 종식되었고, 농민들의 젊은 아들들은 도시로 진출할 수 있는 길이 막힘으로써 매우 적은 이주 가능성만 주어져 있었다. 이 때문에 농가는 많은 사람을 부양해야만 했으며 큰 빚을 진 농민들은 누적된 부채(負債)를 갚을 길이 없었다. 그리고 이것은 "비슷한 사건이 시대의 전후에 되풀이된

---

23) Albert Renner, *op. cit.*, p.438.

다"라는 역사 이론이 말해 주듯이 프랑스혁명 전의 상황과 비슷한 것이다.

이 외에도 농민들은 영주에게 토지소유권이 주어져 있는 「로마법」 때문에 매우 불리한 위치에 있었다. 다른 한편 화약의 등장으로 기병이 불필요해진 상황에서 영주들은 새로운 무기, 특히 포병의 확대·강화를 위해 많은 돈이 필요했기 때문에 농민이 착취의 대상이 되었다. 또한 영주들은 지역공동체의 소유인 공유지(Almende, 공유의 산림·목초지)를 단독으로 소유하기 위해 사전(私田)으로 만들었다.

사상적인 면에서 보면 "루터의 가르침이 비록 의도적인 것은 아니었을지라도 농민전쟁을 조장한 것은 사실이다"라는 것이다. 루터가 사제와 일부 지식계급만 읽을 수 있었던 라틴어 성경을 독일어로 번역했고, 구텐베르크(J. Gutenberg, 독일 마인츠 출생)가 인쇄술을 발명하면서 독일어 성경이 빠르게 확산되어 스스로 성경을 읽게 된 농민들이 '성경의 말씀을 사회정의를 실현하는 근거'로 삼았다.24)

농민전쟁은 필자가 연구 여행 중에 제일 먼저 눈여겨본 독일 서남부 슈바르츠발트(Schwarzwald, 黑林) 남쪽에서 시작되었고, 신속히 다른 지역으로 전파되어 슈바벤(Schwaben)·알자스(Alsace)·티롤(Tirol)·잘츠부르크(Salzburg)·튀링겐(Thüringen)·프랑켄(Franken)으로 확산되어 갔다. 오직 북독일·보헤미아(Bohemia)·바이에른(Bayern)만이 농민전쟁에 휘말리지 않았다.25)

독일 서남부 메밍엔(Memmingen)의 모피공(毛皮工) 로체르(S. Lotzer)가 "봉기의 선언문이 된 「12개 조항」"을 공표했다. 그중 중요한 몇 가지 조항을 들면 다음과 같다. 모든 공동체 구성원들이 참여하여 본당의 주임신부를 선출할 권리를 가질 것, 성경에 의하면 우리는 '속민(屬民)'이 아니라 예

---

24) Albert Ritter, op. cit., p.438.
25) Ibid.

수의 보혈(補血)로 구원된 자유인'이란 것, 또 다른 하나는 교회에 바치는 10분의 1세와 영주에 대한 공납(貢納)을 줄일 것, 이 외에도 이제까지 시행해 온 「로마법」을 폐지하고 자연적인 하느님의 법을 실시할 것, 농민들로 하여금 삼림에서 짐승을 잡고 벌목할 수 있게 할 것, 광업소·광석·은·동을 공동체의 소유로 돌릴 것 등이었다. 당시 농민들은 귀족의 토지 소유를 인정하고 세금을 낼 준비가 되어 있었지만, 더는 그들을 상전(上典)으로 받들려고 하지 않겠다는 것 그리고 봉기에 참여한 모든 사람은 그들의 주장이 성경 및 종교개혁의 뜻과 일치한다는 확신이 있었다. 전쟁이 과격해지자 히플러(W. Hipler)와 가이어(F. Geyer)는 하일브론(Heilbron)에서 장래 제국을 다스리게 될 농민의회(Bauern Parlament)를 계획하였다.

처음에는 농민들이 거의 모든 곳에서 성과를 거두고 있었으나, 수개월 만에 이제까지의 실권자들이 방어에 성공하기 시작했으며 가공할 만한 대량 살육(und es kam zu einem fürchterlichen Gemetzel)으로 이어졌다. 맹렬한 싸움 속에 도시의 강력한 지원을 받던 농민들이 프랑켄(Franken)을 뒤흔들었고, 그루버(F. Gruber)는 잘츠부르크시를 정벌하여 수 주 동안 대주교를 포위했다. 대주교는 용병의 수령 프룬즈베르크(G. von Frundsberg)에 의해 겨우 풀려났다. 이어 상(上)오스트리아와 슈타이어마르크(Steiermark)에서 봉기가 일어났는데 이곳에서는 농부와 광부들이 합세해 사회정의 실현의 기치 아래 맹렬히 투쟁했으나, 치열한 전투 끝에 잘름(Salm) 백작에 의해 진압되었다. 소요의 중심지였던 슐라드밍엔(Schladmingen)은 도시 자격을 박탈당하고 초토화되었다. 오스트리아의 티롤에서는 농민 중 군사적 천재였던 가이즈마이어(M. Gaismaier)가 봉기를 일으킨 농민들을 결집시켜 1525년 메란(Meran)에 교회·지방자치단체의 농민의회를 개최해 앞으로 세울 기독교적·민주적 농민공화국의 신질서 수립을 준비하기도 했다.[26]

그러나 농민들에게는 초기의 성과를 효율적으로 이용할 어떠한 수단도 없었고, 농민들이 일반적으로 인정하는 지도자도 없었다. 그래서 그들 집단 모두는 부분적인 성과를 거두었지만, 독립적으로 싸워야만 했으므로 잘 훈련된 영주의 군대에는 상대가 되지 못했다. 독일 남부의 농부들은 슈바벤(Schwaben) 연합군에 의해 대파되었으며, 영주들은 봉기를 일으켰던 촌락을 초토화했고 여타의 촌락은 거액의 벌금을 지불해야만 했다. 많은 농민들은 사적으로 벌금을 지불해야 했고 무기 휴대가 금지되었다. 비교적 단기간에 끝난 이 참혹한 전쟁에서 '10만 명 이상의 농민이 죽음'을 당하게 되었다.

처음부터 루터가 생각한 대로 종교개혁은 농민전쟁으로 말미암아 극심한 손상을 입게 되었다. 그리고 루터의 반대자들은 루터에게 보낸 편지에서 농민들의 잔악한 행위에 대해 루터에게 상당 부분 책임이 있다고 주장했다. 게다가 하층민 중 루터의 추종자들은 루터가 영주의 편이라고 생각하기도 했다. 그리고 루터는 이 혼란의 와중에 파계한 수녀인 카타리나 폰 보라(C. von Bora)와 결혼했다. 루터는 혼란이 야기되자 농민과 영주 간의 분쟁 조정을 위해 노력했으며 "평화를 위한 12개조에 대한 경고"(Ermahnung zum Frieden auf die zwölf Artikeln)라는 팸플릿을 만들기도 했지만, 농민층의 대대적인 폭동이 일어나자 "살인과 도둑질을 일삼는 농민 무리에 대해 저항하라"(Wider die mörderischen und räuberischen Rotten der Bauern)고 했고, 나아가 "폭도들을 무참한 방법으로, 즉 목을 베고(Hauen), 창으로 찌르며(Stechen), 목 졸라 죽이라(Würgen)"라고 영주들에게 호소했다. 크게 실망한 농민들은 종교개혁에 대해 등을 돌렸고, 농민전쟁은 불행한 농민들을 더욱 불행하게 만들었다. 그 결과 지방 영주들이 농민전쟁의 승자(勝者)가 되었다.[27]

---

26) Albert Renner, *op. cit.*, p.140f.
27) *Ibid.*

지방 영주들은 황제와 제국의 지원 없이 봉기를 진압했다. 그리고 그들은 폐허가 된 수도원을 그들의 소유로 삼았으며, 허물어진 성은 재건하지 않았다. 돌이켜보면 루터의 가르침은 몰락해 가는 기사들과 빈곤한 농민들로 하여금 강력한 반향을 불러일으켰다. 기사와 농민은 봉기를 통해 그들이 처한 경제적·정치적 상황을 개선하고자 극한의 투쟁을 전개했지만 모두 패하고 말았으며, 1520년대 사회적 투쟁에서의 승리는 지방 영주에게 돌아갔으며 이로써 황제에 대한 지방영주의 지위를 향상시킬 수 있었다. 농민 다수가 참혹하게 희생된 이 농민전쟁을 통해 농민의 사회적 지위에는 별다른 변화가 없었고, 정치적으로는 수 세기 동안 권한이 박탈되었다. 새로운 연구에 의하면 일부 지역에서는 봉기 진압 후 농민들의 요구사항이 상당히 실현된 것이 확인되기도 했다. 그리고 16세기 후반기에 이르러서는 농업 분야의 발전과 영주의 지원으로 어느 정도 부유해지기는 했으나, 독일의 민주화운동은 1525년에 겪은 후퇴를 오랫동안 극복하지 못했고, 이것은 서방 여러 국가들에 비해 독일의 민주화가 그처럼 늦어지는 원인 중 하나가 되었다.

제 3 장
유럽 본토 3국의 종교개혁

1. 스위스 내 종교개혁 운동

본래는 여러 사정으로 인해서 루터의 종교개혁 하나만을 쓰려고 했지만 다소 여유가 생겨 유럽 본토의 3국가(스위스·프랑스·네덜란드, 그 외 영국·스코틀랜드의 일부 이야기도 포함하여)의 종교개혁에 대해서도 개략적이나마 기술하려고 한다(좀 더 깊고 자세하게 알고 싶다면 『유럽의 종교개혁과 신학 논쟁: 가톨릭·개신교 신학의 비교와 함께』를 읽어보기 바람).

유럽 대륙의 독일을 제외한 3국가 가운데 제일 먼저 등장하는 "스위스 내 종교개혁 운동"에 대해서 글이 너무 길어지지 않도록 최대한 노력하면서 다음과 같이 약술하고자 한다.

유럽 3대 종교개혁가로 손꼽히는 츠빙글리(U. H. Zwingli, 1484~1506)는 스위스 알프스 산지 마을 빌트하우스에서 부유한 농민의 셋째 아들로 태어났다. 1506년에 가톨릭 사제가 되었고 1518년에 취리히(Zürich)의 개혁교회의 목사가 되었으며, 1521년 이래 개혁운동을 전개했다. 그의 신학사상은 에라스뮈스를 알게 된 이래 인문주의적·이성적 성격을 띠고 있었기 때문에 성찬론(聖餐論)과 관련하여 루터와 충돌함으로써 마침내 루터와 결별하였으며, 후일 로마 가톨릭군(軍)과의 전투에서 종군 목사로 활약하다가 카펠(Kapel) 전투에서 전사하였다.[28]

츠빙글리의 신학은 합리주의적이며 퓨리터니즘(Puritanism)[29]의 영향으로 개혁을 강력히 주장하여 성경에 입각하지 않은 것을 모두 배격하였다. 그 후 강한 정치적 관심과 함께 교회의 관리를 국가에 맡긴 점에서 국교회적이기도 했다. 스위스의 유명한 순례지 아인지델른(Einsiedeln)에서 신앙 생활에 몰두하던 중에 순례나 각종 선행이 구원과 무관함을 깨달아 인문주의적 관점에서 이성적으로 접근하였다.

또한 아우구스티누스와 유사하게 인간의 죄는 하느님이 의를 보여 주기 위한 필요악이며 '예정설'에 대해서도 하느님의 속성상 당연한 것이라고 하였다. 나아가 금식과 금욕에 있어서 오류를 범한 교회법을 비판하고 성직자의 독신 생활의 부당함을 주장하였다. 그 외에도 성경에 의하지 않은 모든 관습을 금함으로써 취리히의 수많은 성상이 파괴되고 교회의 파이프 오르간이 제거되었으며, 미사·찬송가·제단·성유물 등이 모두 사라졌고 축일의 축소와 용병 제도를 폐지시켰다.[30] 한마디로 츠빙글리 개혁의 기본 입장은 루터와 일치하지만 루터보다 훨씬 과격했고, 루터의 개혁이 순수하게 종교적 성격을 띠고 있다면, 츠빙글리는 실제적·사회적·정치

---

28) C. H. Beck, *Dtv-Lexikon, Band 20*, p.310.

29) 전체 책 내용을 잘 이해할 수 있도록 부연하면, 엄격한 도덕주의란 뜻인 청교도주의(清教徒主義)는 칼뱅주의의 은혜, 오직 믿음에 대하여 믿음과 행위를 균형 있게 가르친다. 예로써 인간은 하느님의 절대주권에 매여 있지 않다고 하여 인간의 자유의지를 인정하고, 인간은 자기 구원의 완성에 일말의 의무를 지며, 인간의 자기 구원의 완성을 위해 성령의 은혜가 작용하도록 해야 한다. 즉, 구원을 위해서는 행위가 필요함을 인정하였고, 이것은 이후에 심각한 논쟁거리가 되었다. 부연하면 16~17세기경 영국 국교회(國敎會)의 의식·제도에 반대하여 영국 국교회 내에서 일어난 일파로, 이들은 엄격한 신앙심과 칼뱅적 도덕심을 가졌으나 박해를 받아 1620년에 필그림 파더스(Pilgrim Fathers)가 되어 미국 뉴잉글랜드에 이주했다.

30) Albert Renner, *op. cit.*, p.142.

적 면이 강했다.

재세례파를 비롯한 급진적 개혁운동에 대해서 살펴보면, 재세례파 운동이 원래 최초로 취리히의 젊은 지식인 집단 가운데서 일어났는데, 이들은 츠빙글리가 시(市) 행정관들에게 아부하는 태도를 보이며 개혁의 속도가 느리다며 크게 반발하였다. 재세례파는 본래 독일·네덜란드·이탈리아·프랑스 등에 산재하고 있었다. 그들에 의하면 교회는 의식적으로 신앙을 고백한 단체이므로 소아 세례(小兒 洗禮)를 부정하고 정식으로 교회에 들어갈 경우에는 소아 세례를 받은 자일지라도 다시 세례를 받아야 한다는 것이었다.31)

재세례파(재침례파)의 핵심은 성령으로 거듭나 새사람이 되어 거룩한 생활을 하라는 것이었는데, 시대적 한계 등의 이유로 로마가톨릭뿐 아니라 종교개혁 세력으로부터도 박해를 받아 순수한 신앙이 왜곡된 면도 있는 것이다. 이들의 신앙은 청교도(淸敎徒)의 신앙과 유사하기도 하였으며, 한때 신대륙 미국에서 성공하기도 하였다. 이들의 신학과 투쟁 과정의 자세한 내용은 팩트들(facts)이 매우 많아 생략하고, 몇 가지 눈에 띄고 특별하고도 과격한 모습들에 대해서 짧게 언급하려고 한다.

광신적 신령주의자(神靈主義者)들의 광신적 행위를 보면, 한 예로 한스 뎅크(H. Denck)는 성경이 계시를 포함하고 있지만 오늘날 신자들은 계시를 직접 받을 수 있다고 주장하면서 광신적 신비주의(神秘主義, 하느님과 직접 교제하는) 운동을 전개하였다. 그 결과 뎅크의 재세례파 집회에 참여한 사람들은 거의 다 처형되었는데, 그것은 그들의 신앙 때문이 아니라 광신적 행위 때문이었다. 어떤 사람은 선지자를 모방한다 하여 알몸으로 거리를 뛰어다녔고, 어떤 사람은 육체에 대한 정신의 승리를 위해 제단에서

---

31) Albert Renner, *op. cit.*, p.425.

성적 행위도 하였다. 나아가 목사가 거듭나지 못했다고 판단되면 강단에서 끌어내리기도 하였다. 이러한 일련의 광신적 행위 때문에 그들은 박해의 대상이 되었으며, 뎅크는 후일 스위스 바젤로 가 그곳에서 전염병에 걸려 생을 마쳤다.32)

이어서 유럽의 문헌에 자주 그리고 다양하게 나타나며, 매우 유명하면서도 괴이한 '뮌스터 천년왕국(千年王國)'에 대해서 짧게 기술하려고 한다. 이것은 네덜란드 저지대에 가까운 독일 북부의 뮌스터(Münster)시에서 일어난 사건이다. 뮌스터에서 종교개혁을 처음 시작한 사람은 독일 북부의 베르나르드 로트만(B. Rothmann)이었다. 교회의 설교자였던 로트만은 설교로 수많은 사람들을 교회로 불러 모았고, 그의 개혁 운동이 점차 확대되자 이에 놀란 가톨릭 주교가 그를 사제직에서 해임시켰다. 루터파와 츠빙글리를 거쳐 결국에는 급진주의자가 된 로트만은 뮌스터를 점차 '복음주의 도시'로 만들어 갔고 1532년에 이들은 무력으로 주교에 대항하여 승리하였으며 '복음의 도시'로 선포하였다. 이 소식을 들은 수많은 재세례파 사람, 도시 주변과 네덜란드에서 박해받던 사람들이 이곳으로 몰려들어 시민보다 이민자들이 다수를 차지하게 되었다.

다음으로 로트만이 죽은 후 선거를 통해 권력을 장악한 사람은 네덜란드 할렘 출신의 제빵사 얀 마티스(J. Mathis)였다. 그는 뮌스터를 '새 예루살렘'이라고 했고, 이어서 '경건치 않은 자들', 즉 새로운 재세례 언약을 거절한 모든 사람을 죽여야 한다고 발표하였다. 그들의 주장은 '원시기독교의 삶', 즉 모든 것을 공유하는 삶을 사회 이상으로 삼았으며, 이 같은 공산사상에 반대하는 사람은 존재할 수 없으며 항의하는 자는 처형해야 한다는 것이었다. 8월에 주교에 대항하여 승리한 마티스는 스스로 자신에게 기름

---

32) Albert Renner, *op. cit.*, p.224.

을 부은 후 '의(義)의 왕자'이며 '새로운 시온(Zion, 예루살렘의 작은 산 이름으로, 원래 여부스족의 땅이었으나 다윗이 빼앗아 다윗의 성이라고 칭했으며, 성전이 있는 곳으로 이후 예루살렘을 대표하는 이름이 되었음)'의 통치자로 즉위하였다. 마티스가 전사한 후 등장한 사람은 라이덴의 얀(Jan Leyden)[33]이었다. 그는 입신(入神) 상태에서 벌거벗은 몸으로 3일 동안 뮌스터를 질주하였다. 또한 자신을 반대하는 자들을 주님을 반대하는 자들이라고 하여 잔인하게 짓밟았다. 그의 혁신들 중 가장 악명이 높았던 것은 전쟁과 추방으로 남자가 너무 적다는 이유로 일부다처제를 도입한 것이었으며, 얀 자신도 미모의 여인 13명을 뽑아 아내로 삼았다. 이러한 상황에서 뮌스터 주교는 연합군을 조직하여 뮌스터를 공격·포위하였으며(1535.1.), 포위 6개월 만에 함락하였다. 장기간의 포위로 시내에 식량이 떨어지고 주민들은 벌레와 시체까지도 파먹는 상황에 이르게 되었다. 격렬한 전투 끝에 뮌스터는 점령되었고(6.25.), 거의 모든 주민들은 학살당했다. 얀의 시체는 교회 꼭대기에 매달렸다.

재세례파들은 '하나의 거룩한 백성으로서의 공동체적 연대성'을 이루려고 했으나 이러한 신정주의적 이상을 뮌스터 도시 전체로 확장시키려고 함으로써 평화롭고 이상적인 왕국이 아니라 공동체 자체의 소멸을 초래했다. 이러한 끔직한 사건이 발생한 후 재세례파는 더 이상 원시기독교를 회복시키려는 시도를 하지 않았다. 반대로 재세례파 운동은 세상으로부터 후퇴하는 모습을 보였다.

유럽 전역에서 극심한 박해를 받았던 재세례파(메노파·후터파 등)는 마침내 북아메리카에서 안식처를 찾았다. 무시무시한 고문과 압박 아래서 신실하게 인내했던 그들의 모습은 종교적 관용과 자유라는 사상이 점진적으

---

33) *Ibid.*

로 발전하는 데 기여했다(Their faithfulness and perseverance under dreadful tortures and oppression contributed to the gradual development of the idea of religious toleration and liberty). 또한 자발적이고 분리된 교회를 강조했던 그들의 주장 또한 종교적 다원주의 및 교회와 국가의 제도적인 분리 등의 근대적 발전에 영향을 끼쳤다.

2. 칼뱅과 프랑스 내 종교개혁

칼뱅(J. Calvin, 1509~1564)은 프랑스 출신으로 파리의 파리대학교까지 다녔지만 종교개혁 운동에 참여한 이력 때문에 신변의 위협을 느끼게 되자 스위스로 망명하여 주로 스위스 제네바에서 종교개혁을 위해 전력을 기울여 지대한 성과를 거두었다.

하지만 칼뱅이 모국인 프랑스 내의 종교개혁에도 커다란 영향을 끼쳤으므로 중요하고 난해한 내용을 들어 안내의 글을 첨가하고자 한다. 또 이렇게 하는 중요한 이유는 칼뱅의 사상과 신학이 전체 종교개혁가들 중에서 가장 이해하기 어렵고 범위가 넓기 때문이다.

칼뱅은 파리의 동쪽 피카르디의 누아용(Noyon)에서 태어났다. 그의 아버지는 노동자였으나 부지런하고 조직적이어서 누아용의 서기가 되었고, 어머니는 신앙의 인물로 존경받는 부인이었다. 칼뱅은 불꽃 튀고 뚫어지게 응시하는 커다란 갈색 눈에다 금발의 멀쑥한 사람이었다. 그리고 칼뱅은 결코 건강하지 않았다. 벌써 30세 이전에 건강이 망가졌는데 그 주된 이유는 필자와 비슷하게 많은 연구・어려움 때문이었다. 칼뱅은 임종이 가까워진 몇 년 동안 만성 천식・폐결핵・소화불량・담석・치질・통풍・열병 등 여러 병 때문에 큰 고통과 더불어 살아야만 했다. 그래서 이동 병원

이란 이름이 붙기도 했다(일설에 의하면 '하느님이 칼뱅을 쓰기 위해서 였다'라고 함).34)

그는 루터보다 26세 어린 2세대 종교개혁가로 혹자는 독일 바깥의 모든 개혁가들 중 가장 중요한 종교개혁가라고 주장하였다(The most important Reformer outside Germany). 또 다른 평가에서는, 제네바에서 종교를 완성한 칼뱅은 아주 강하고 초지일관(初志一貫)한 인물로, 당시에 미켈란젤로 · 스펜서 · 셰익스피어 · 에라스뮈스 · 루터 · 츠빙글리 등 수많은 인걸들이 있었지만 칼뱅보다 인류 역사에 큰 유산을 남긴 사람은 없다고 말하기도 한다. 루터와 칼뱅을 비교하면 루터가 외형적이고 사교적이며 자유분방하고 호탕한 반면에 칼뱅은 내성적 성격의 소유자로 대차고 꼼꼼한 성격의 소유자였다.

그는 『시편 주석』에서 자신의 성격에 대해(이 또한 필자와 상당히 비슷하게) "나는 수줍고 소극적인 성격 때문에 언제나 조용하고 외딴 곳을 좋아했다. 그리고 나는 천성적으로 소심하고 유약하며 겁이 많은 성격이었다"라고 기재하였다. 루터와 칼뱅의 관계는 그들이 서로 만난 적이 없지만 칼뱅의 『교훈과 신앙고백』을 읽은 루터는 "이 저자야말로 학문과 경건을 소유한 인물임에 틀림없다"라고 하였고, 칼뱅 역시 루터를 마음속 깊이 존경하고 있었다. 칼뱅은 어느 날 불링거가 루터를 비난했을 때 다음과 같이 루터에 대한 존경심을 표현했다. "루터가 얼마나 위대한 인물인가 부디 기억하시기 바랍니다. 그는 재능이 뛰어나고, 용기 있으며, 건전하고, 유능하며, 학구적이며, 효과적으로 구원의 교리를 전파했습니다."

칼뱅은 처음에 법률학적 · 인문학적 연구에 종사했고(필자 또한 중학교 2학년 때 서울대학교 법과대학에 입학하여 법관이 되기 위해 우리나라 헌법 103조

---

34) Albert Renner, *op. cit.*, p.52.

를 이해하고 거의 틀리지 않고 암기했음), 파리 유학 시절 신교에 가까워지면서 1528년경 홀연한 회심(回心)을 경험했다. 그런데 프랑스에서 개신교도에 대한 박해가 심해지자 1535년 스위스 바젤로 망명하여 그곳에서 그 유명한 『기독교 강요』(基督敎 綱要, The Christian Institute, Christianae Religionis Institutio)를 발표하였다.

『기독교 강요』에 관해서 짧게 언급하면, 먼저 이 책을 쓴 목적은 두 가지였다. 첫째는, 기독교의 교리를 단순하면서도 조직적으로 해석하여 그리스도교를 탐구하는 사람들로 하여금 쉽게 이해시키려는 것이고, 둘째는 기독교 신앙을 가진 형제자매 교우들이 잔인한 박해를 받는 것을 차마 그대로 볼 수가 없어서 저들을 변호하기 위해서였다.[35]

다음으로 『기독교 강요』 주 내용을 보면, 제1권의 주제는 '하느님을 안다는 것이 무엇이고 이 지식은 어떤 목적을 가지고 있는 것인가?'이다. 하느님을 안다는 것은 존재의 인식으로 그치지 않고 내가 하느님의 영광을 위해서 무엇을 해야 하는지를 파악하는 것을 의미한다는 것이다. 제2권은 인간의 전격 타락과 자유의지의 완전한 상실 후에 구약과 신약이 하나의 동일한 하느님의 은혜 언약이란 것과 그 언약의 성취이신 그리스도의 구원 사역을 설명한다. 제3권은 그리스도께서 성취한 객관적 구속 사역이 성령의 역사를 통해 우리의 소유가 되는 것을 의미한다. 제4권에서는 삼위일체(三位一體) 하느님이 세우신 외적인 은혜의 수단인 교회와 국가를 제시하고 있다.

여기에 중요한 몇 가지를 첨언코자 한다. 하느님을 아는 지식은 신뢰와 경의를 포함한다. 우리의 하느님에 관한 지식은 하느님을 두려워하고 경외하게 만들어야 하며 하느님으로부터 모든 선한 것을 추구하고 그것을

---

35) Otto Zierer, *op. cit.*, p.297.

얻은 후에는 모든 것을 그에게 돌리도록 해야 한다. 경건한 사람은 자기가 원하는 하느님을 꿈꾸지 않고 유일한 하느님을 명상한다. 경건한 사람은 모든 일에 있어서 하느님의 권위를 준수하고 그의 위엄을 높이며 그의 영광을 증진하고 그의 명령에 순종한다.

이어서 매우 중요하고 한 번쯤은 꼭 짚고 넘어가야 할 칼뱅의 예정설에 대해서 가급적 알기 쉽게 요약하고자 한다. 예정설은 한마디로 세상의 일과 인간 생활의 모든 일이 하느님에 의해서 완전히 지배되고 있다는 사상이다. 이 관념은 기독교의 교리학에서 하느님의 예정 혹은 은총의 부르심에 관한 문제로 논의된다. 공관복음서(共觀福音書)36)의 예수님의 말씀 중에는 예정설을 암시하는 내용이 있긴 하지만 다르게 해석할 수 있으므로 예수께서 실제로 예정설을 말했다는 것은 의심이 가기도 하는 것이다.

그러나 바울은 이에 대해 「로마서」 8장 29절(하느님께서는 미리 아신 사람들을 택하셔서, 자기 아들의 형상과 같은 모습이 되도록 미리 정하셨으니…)에서 명확하게 밝히고 있으며, 이것은 그의 깊은 체험과 하느님 외경(畏敬)에서 연유된 것이지만 죄에 떨어지는 예정은 강조하지 않았다. 아우구스티누스는 예정설을 신학적 문제로 다루었지만 하느님의 자비심에 더 치중하였다. 중세에는 은총론과 관련하여 논의되었으며, 구원의 확실함은 교회의 권위에 기인하는 것이라고 주장했다. 이어서 루터는 종교개혁에 기인하여 예정설에 새로운 생명을 불어넣었다. 칼뱅은 츠빙글리의 관념적 이중예정설(double predestination)을 계승하였는데 이후 결정론적 고정화를 초래했다. 예정설은 인도주의나 계몽주의에 의해 비합리적인 교리라고 비난받기도 했으나 칼뱅주의 사상에서는 오늘날에도 계속 주장되고 있다. 그리고

---

36) 신약성경 4복음서 중 마태·마가·누가복음의 세 권을 일괄해서 부르는 명칭. 4복음서 모두가 예수님의 생애와 교훈을 전하고 있지만, 특히 처음 세 권이 유사점이 많고, 거의 같은 관점에서 쓰였다고 해서 '공관복음서'라고 부른다.

예정설의 극히 일부에 해당하는 다른 해석을 첨언하면 다음과 같다.

신학적으로 볼 때 인간의 의지는 죄(원죄) 때문에 손상된 갈대와 같이 독립할 수 없게 손상되긴 했어도 생각하는 갈대가 되어야 한다. 하느님은 상한 갈대를 꺾지 아니하며 꺼져 가는 등불을 끄지 아니하며 진리로 공의를 베푸신다. 또한 모든 사람이 구원받도록 하기 위해서 독생자를 주심으로 인해서 누구든지 그를 믿으면 멸망치 않고 영생을 얻게 하신 하느님의 사랑을 경험할 것이다. 이것이 당신에게로 오는 모든 사람을 위하여 하느님께서 예정하신 영원한 예정이란 것이다.[37]

이어서 프랑스 종교개혁의 한 분수령을 이루고 있고 이루 말할 수 없이 참혹했던 "성 바르톨로메오 축일에 즈음한 위그노 대학살 사건"에 대해서 간략하게 그 참상을 소개하려고 한다. 이 대학살 사건은 프랑스의 가톨릭 귀족과 시민들이 카타리나 드 메디치(K. de Medici, 교황의 질녀로 앙리 2세의 부인이며 어린 왕 샤를 9세 어머니)의 음모에 따라, 파리와 프랑스 전역에서 위그노(Huguenot, 프랑스의 개신교도, 프랑스 인구의 15% 차지)들을 대량 학살한 사건이다.

카타리나 드 메디치의 계획에 따라, 개신교도인 나바라의 엔리케(앙리)와 샤를 9세 왕의 여동생과의 결혼식 며칠 후인 성 바르톨로메오 축일을 기해(1572.8. 24/25.) 파리에서 약 6,000명, 지방에서 약 20,000명의 위그노를 그 지도자 콜리니(G. de Coligny) 장군과 함께 가톨릭 측에서 살해한 사건이었다. 콜리니 장군은 스페인에 대항하여 네덜란드에서 일어난 종교전쟁에서 개신교 측을 지원했다. 그리고 이것은 프랑스의 내란을 막기 위한 수단이었으며 샤를 9세가 승인한 계획이었다.

그러나 이 사건은 왕의 어머니 카타리나가 국왕에 대한 콜리니 장군의 영

---

[37] Otto Zierer, *op. cit.*, p. 287ff.

향력이 너무 커질 것을 두려워해서 당시 가톨릭인 기즈(Guise) 가문 사람들과 함께 콜리니 장군을 암살하기 위해 짜 놓은 계획에 따라 이루어진 것이다[Wenige Tage nach der Hochzeit des protestantischen Heinrich von Navarra, des späteren Heinrichs IV. mit der Schwester König Karls IX].

이리하여 종교적 증오로 인해 불이 붙은 야만성이 마침내 폭발하였다. 한 동시대인의 기술에 따르면, "거리가 죽은 시체들로 뒤덮였고, 강물은 피로 얼룩졌으며, 궁전의 문은 피가 튀어 더럽혀졌다. 마차에 가득 실린 남자, 여자, 소녀, 심지어는 어린아이들의 시체들이 센(Seine)강에 던져져, 붉게 물든 강물이 도시의 여러 지역으로 흘러갔다"(The streets were covered with the dead bodies ⋯ Wagon loads of corpses, men, woman, girls, even infants, were thrown into the Seine, while streams of blood ran in many quarters of the city).[38]

이 대학살에 대한 유럽의 반응은 복합적이었다. 프랑스 내 극단적인 가톨릭은 왕실의 책임을 부인하거나 위그노의 반란을 피하기 위하여 어쩔 수 없는 선택이라고 했다. 칼뱅주의 논쟁가들은 왕의 폭정에 대해서 이의를 제기하고 입헌주의(立憲主義)의 실시를 제안했다. 베자가 쓴 『백성들에 대한 지도자들의 권리』(Du Droit des Magistrats, 1572) 역시 왕에게 권력을 부여한 것은 백성이며, 따라서 왕이 그것을 위반할 경우 백성들은 왕에게 순종할 의무가 없다고 주장하였다. 프랑스 왕실 바깥의 왕실과 지도자들은 슬퍼하면서도 프랑스에 대적하는 행위를 크게 취하지 않았다.

그리고 신성로마제국 황제 카를 5세(오스트리아 합스부르크가)의 아들 스페인 왕 펠리페 2세는 생애 처음으로 공식석상에서 웃음을 보였으며, 또한 교황 그레고리우스 13세는 기념주화를 제작하였다. 후일 토인비는 30년 전

---

[38] Otto Zierer, *op. cit.*, p.292f.

쟁과 함께, 같은 하느님을 믿는 기독교도들이 저지른 수치스런 잘못이며 이후 신자들의 냉담의 큰 원인이 되었다고 신랄하게 비판하였다. 이후 여러 정치적 변화를 겪은 후에 부르봉(Bourbon) 가문에 속한 나바라의 앙리가 위그노 교도로서 프랑스 왕위(앙리 4세)에 올랐고, 가톨릭 동맹의 압박 때문에 가톨릭으로 개종했으며(1593), 그 후 낭트칙령(1598)을 발표하여 제한적인 관용 정책을 발표함으로써 개신교도들의 불안이 가라앉게 되었다.[39]

개신교도들은 200개의 요새화된 지역을 포함하여 자신들의 법정을 갖게 되었고 법률적 보호와 정치적 참여를 허락받는 등 시민적 권리를 얻었다. 프랑스 인구의 상당수를 차지하고 있는 위그노들은 파리의 5개 동맹 지역을 제외한 타 지역에서 예배할 수 있는 권리를 부여받았다. 하지만 낭트칙령은 1685년 루이14세에 의해 취소되었다. 이로써 칙령이 완벽하게 효력을 발휘하지는 못했지만 종교전쟁만큼은 확실히 종식시켰다. 결국 고대 이래 프랑스의 전통인 '하나의 왕, 하나의 법, 하나의 신앙'이 유지되었고, 그리고 훌륭한 프랑스인이 되는 것은 곧 훌륭한 가톨릭 신자가 되는 것을 의미했다.

3. 네덜란드의 종교개혁

그간 우리나라에서 출판된 책들을 보면, 네덜란드의 종교개혁이 왜 스페인으로부터의 독립운동과 깊이 관련되어 있는지에 대한 설명이 없다. 그런데 이에 대해서 모르면 네덜란드의 종교개혁에 대한 이해가 불가능하므로 차제에 특별히 유럽 유학 중에 배운 바 있는 그 맥락에 대해서 짧게

---

[39] Albert Renner, *op. cit.*, p.57.

나마 쓰려고 한다.

오늘날 네덜란드의 영토가 된 라인강 하구 지역에는 로마제국 시대 바타비아인들(Bataver)이 살았고, 8세기에 이르러 프랑켄의 카롤링거 왕조가 이들을 정벌하였다. 870년과 879년에 네덜란드는 플랑드르를 제외하고는 동프랑크(독일·오스트리아 중심)의 지배하에 들어갔다. 그 후 여러 독립 제후들로 나누어졌으나 강력한 부르군트 공작들의 지배를 받게 되었다. 그런데 부르군트의 용맹왕 칼(Karl der Kühne)이 전쟁에 유인되어 프랑스·스위스 연합군에 의해서 죽게 되자, 칼 왕의 무남독녀 마리아(Maria von Burgund)가 자국의 보호를 위해 신성로마제국 합스부르크가(오스트리아 가문)의 황제(프리드리히 3세)의 아들 막시밀리안 1세와 결혼하였다.[40]

당시의 국제 상황을 보면, 프랑스·영국 간의 백년전쟁 무렵 프랑스는 그 속국인 부르군트(프랑스 명칭은 부르고뉴)보다 국력이 약했다. 하지만 백년전쟁에서 승리한 프랑스는 강력한 통일국가로 발전하여 이웃 스페인과 신성로마제국에 커다란 위협이 되었다. 당시 스페인은 아라곤과 카스티야(Castile, 옛 스페인 왕국)가 결혼에 의하여 갓 통일국가[君合國家]가 되었고 그 여세로 이베리아 반도에서 이슬람 세력을 최종적으로 축출했으며(또한 이탈리아 제노아 출신인 콜럼버스로 하여금 신대륙을 발견토록 출항시켰음), 신성로마제국[오스트리아 합스부르크가가 통치하는 독일·오스트리아(오스트리아는 합스부르크가의 세습 영지)와 그 주변 지역]은 수백 개의 영주 국가로 분열되어 있어 국력이 매우 취약했다. 이러한 양국이 처한 위태로운 상황하에서 프랑스의 침입을 막기 위해 스페인의 가톨릭 왕 부부(페르난도 2세 왕·이사벨 1세 여왕)와 신성로마제국의 합스부르크가 간에 당시의 관습대로 결혼, 그것도 이중 결혼을 통해 연합하고자 했다.[41]

---

40) C. H. Beck, *Dtv-Lexikon*, p.120.
41) Friedrich Berber, *Im Wandel der Weltgeschichte*, (C. H. Beck), p.201.

즉, 막시밀리안 1세의 자녀(필립 대공과 마르가레테)와 페르난도 2세·이사벨 1세 가톨릭 왕 부부의 자녀(돈 후안과 후아나 1세)와 결혼시키는 것이었다. 신성로마제국의 황제 막시밀리안 1세의 아들 필립 대공과 스페인의 공주 후아나 1세의 결혼(불행하기 이를 데 없는 국제 정략결혼)에서 태어난 사람이 바로 유럽 역사상 두 번째로 위대하다는 카를 5세이며, 16세에 스페인 왕(카를 또는 카를로스 1세)이 되었고, 3년 후인 19세에 신성로마제국의 황제 카를 5세로 피선되었으며(또한 세상에 잘 알려지지 않은 내용으로, 앞서 살핀 바와 같이 카를 5세 황제의 막내 이모가 영국 국왕 헨리 8세의 왕후였음) 전력을 기울여 종교개혁을 저지시키려고 노력했다. 필립 대공과 후아나 1세의 결혼에서 출생한 카를 5세 황제(스페인 왕 겸임)의 아들이 스페인 왕 펠리페 2세이다. 후일 상속 관계를 보면, 카를 5세의 동생 페르디난트 1세가 신성로마제국을 통치하게 되고 스페인의 펠리페 2세 왕은 조국 스페인 외에 중세 문화가 마지막까지 꽃피었던 부르군트와 라틴아메리카 식민지를 차지하게 되었다. 그리고 부르군트(오늘날의 베네룩스와 그 주변 지역)는 이후 펠리페 2세가 통치하는 스페인으로부터의 독립운동과 종교개혁을 함께 추진해야만 했으며, 우리에게 알려져 있지 않지만 초기 유럽 종교개혁 운동에서 가장 많은 희생자를 내게 되었다. 또한 부르군트는 스페인으로부터의 독립과 동시에 가톨릭인 스페인을 상대로 종교개혁 운동을 병행해야 했으므로 매우 고통스럽고 복잡한 양상이란 이루 말할 수 없게 되었다.

이어서 집중적으로 네덜란드의 종교개혁(루터파와 저항운동)에 대해서 고찰하고자 한다. 네덜란드 종교개혁 운동의 최초의 순교자들은 네덜란드 앤트워프(Antwerp, 오늘의 벨기에 북부)의 가톨릭 아우구스티누스파 수도회(修道會, 루터 또한 이 수도회에 속했음)에서 나왔다. 그런데 이곳 수도사들은 루터의 종교개혁 요람인 비텐베르크에서 공부한 후 루터의 열렬한 지지자가 되어 돌아왔다. 또한 루터의 작품들은 1525년까지 80개 이상의 번역본으로 출판되었다. 이러한 상황하에서 신성로마제국의 황제이며, 스페인 왕으로는 카를로스 1세는 신속히 반응했다. 수도원은 폐쇄되었고 모든 수도사들이 투옥되어 철회 아니면 화형을 택해야만 했다.[42]

3명의 수도사들은 사형선고를 받았고 그중에서 요한 에스(J. Esch)는 시장에서 화형을 당했다. 카를 5세가 1555년 하야 후 스페인으로 돌아갈 때까지 합스부르크가의 네덜란드 왕국은 종교개혁의 신앙과 관련하여 유럽의 어느 나라보다 더 많은 순교자들을 냈다. 몽스(Mons) 등의 지역에서 63명, 플랑드르에서 100명, 홀란드에서 384명이 처형되었다.

스페인의 네덜란드 행정의 중심지였던 브뤼셀(Brussels)에서 시행된 종교적 억압 때문에 그 인근 지역의 종교개혁은 살아남을 수 없었다. 마치 골리앗 앞에 선 다윗의 모습이었다. 그러나 이 말은 네덜란드 종교개혁의 복잡성과 네덜란드에서 루터파·재세례파·칼뱅 운동이 연속적으로 일어났기 때문에 꼭 맞는 말은 아닌 것이다. 또한 이 지역은 많은 지역으로 나뉘어 있었지만 황제 카를 5세 시에 총 17개 지역으로 개편되었다. 황제가 퇴위할 때 네덜란드는 반란 직전의 상황이었다. 신성로마제국의 프랑스·이탈리아와의 전쟁 비용을 충당하기 위해 지나친 과세, 스페인 군대의 백성들 억압, 이단재판소로 인한 권리·자유의 억압 등으로 한때 중세 문화가 꽃피었던 이곳이 극심한 어려움에 처했기 때문이다.[43]

이러한 사정들로 인해 카를 5세가 퇴위할 즈음 네덜란드는 와해 직전이었으며 때문에 황제의 장남 스페인 왕 펠리페 2세는 더욱 큰 어려움에 직면하게 되었다. 그 후 몇 년이 지난 뒤에 이 같은 사정들로 인해 80년간의 시민적·종교적·국가적 전쟁(80 years of civil, religious, and national war)

---

42) *Ibid.*
43) Otto Zierer, *op. cit.*, p.290f.

에 휘말렸다.

다음으로 '네덜란드에서의 칼뱅주의 등장과 스페인의 대응'을 보면, 마침내 가톨릭이 추진한 반종교개혁으로 인해 1540년에 종교의 탄압이 강화되었으며, 루뱅(Louvain)의 가톨릭 신학자들은 전통 신앙에 대한 간략한 진술과 금서목록을 작성하였고, 중앙정부는 이단재판소를 강화시켰고 칙령을 발표하였다. 가톨릭이 정죄한 칙령의 내용은, 루터·에콜람파디우스·츠빙글리·부처·칼뱅의 글을 출판하거나 사고팔며 전달하는 자를 엄벌에 처한다는 것이었다. 이 무렵 처형된 대다수는 칼뱅주의 영향을 받은 재세례파들이었고, 처형된 사람은 1,500명이나 되었다. 초창기 칼뱅주의자들은 지나칠 정도로 용감했으며 결국 그 대가를 치르게 된 것이다.[44]

한편, 런던의 네덜란드인이 중심이 된 피난민 교회는 자신들의 '신앙에 대한 진술'(compenclium doctrinae)을 헨리 8세의 아들 에드워드 6세에게 제출했는데 당시 상황을 엿볼 수 있는 한 편지의 내용은 다음과 같다. "그리스도를 부인해야 한다면 차라리 우리의 등이 매를 맞고 혀가 뽑힘을 당하고 우리의 입이 재갈을 물고, 우리의 몸이 불에 타는 것을 택하겠습니다. 왜냐하면 우리는 누구든 그리스도를 따르려거든 자기 십자가를 지고 자기를 부인해야 한다는 사실을 알기 때문입니다"(The address also clearly stated … whoever will follow Christ must take up his cross and deny himself).

이 호소에 대해 스페인 왕 펠리페 2세는 교황을 다음과 같이 안심시켰다. '종교와 하느님에 대한 섬김에 조금이라도 손상을 입는다면, 저는 차라리 제가 다스리는 모든 지역을 잃고 백번이라도 죽겠습니다. 왜냐하면 저는 이단자들의 통치자가 되고 싶은 마음이 전혀 없기 때문입니다.' 그러나 벨기에 신앙고백서(信仰告白書)[45]는 칼뱅주의자들의 신앙적 단합을 더

---

44) Ibid.
45) 이것은 위의 '신앙에 대한 진술'의 발전된 내용으로 이 고백서는 바젤·엠덴 총회에서 채

욱 공고히 하였고, 스페인의 가톨릭주의에 반대했던 네덜란드의 개혁교회와 귀족 간의 동맹 관계를 더욱 발전시켰다.

이같이 어려운 상황에서 특기할 만한 개혁주의 인물은 홀란드 · 제란드 · 위트레흐트의 통치자였던 오라니엔의 윌리엄 1세[Prince of Orange William, William of Nassau and Orange]46)이고, 이를 중심으로 개혁 세력들이 규합하였다. 네덜란드의 귀족 300명으로 구성된 동맹은 펠리페 2세 왕을 대신해 네덜란드를 통치하는 필립 1세의 여동생 마르가레테에게 이단재판소의 폐지와 관용적 종교정책을 요구했으나 탄원서를 제출한 귀족들을 '거지들'(Beggars)이라고 부르며 경멸적으로 거부했다. 귀족들은 거지들이란 명칭에 크게 분노하였으며 성상과 교회를 파괴하는 반란이 확산되었다. 기적의 해로 이름난 1566년 이 같은 성상 파괴 운동은 유럽 종교개혁 역사에서 전례가 없을 정도로 특징과 규모가 확대되었다.

이에 대한 대응책으로 스페인의 펠리페 2세는 알바 공(Duke of Alba)과 2만 명의 군대를 파견하였다(Philip sent in duke of Alva and 20,000 troops). 이후 알바 공은 귀족들을 포함한 이단의 혐의가 있는 사람들 수백 명을 투옥시켰고, 수천 명을 처형했으며, 그들에게 엄청난 세금을 부과시켰다. 알바 공은 1584년 7월 왕의 지지자에 의해 암살당했다. 이 무렵 10만 명의 남부 지역 사람들이 북쪽으로 이동했는데 종교적 피난민들은 자신들을 구약성경의 '선택과 출애굽'의 이미지로 이해했으며, 자신들의 성공을 하느님의 섭리 및 새 언약의 증거로 보았다. 그리고 이것은 칼뱅주의가 국제적인 특성을 갖게 된 중요한 요인이 되었다. 원래 종교개혁 이전부터 '성찬

택되었고 이후 홀란드 · 벨기에 · 미국의 네덜란드 개혁교회의 교리의 기준이 되었다.
46) 의회의 야당 의원들이 중심이 되어 제임스 2세를 축출하고 그의 맏사위 윌리엄을 불러들여 왕위에 앉히고, 민주적 헌법을 통과시킴으로써 영국이 피를 흘리지 않은 명예혁명(名譽革命)을 달성했다.

형식주의적'인 성향을 띠고 있던 네덜란드 사람들에게는 실제적인 임재를 주장하는 루터보다는 칼뱅주의적인 종교개혁을 받아들이기가 쉬웠으리라는 주장이 있다.[47]

하지만 이보다 더 중요한 요소는 지역적·국가적 경계를 뛰어넘는 견고한 조직과 국제적 연대에 뿌리내렸던 칼뱅주의의 더 강한 역동성과 다재다능함이었을 것이다(… rooted in sound organization and international solidarity that transcended national and regional boundaries).

1601년 국회는 네덜란드 동인도회사를 설립했고, 네덜란드 연방이 강력한 식민 세력으로 발전하는 기반이 되었다. 1609년에 체결된 12년간의 휴전협정으로 인해 북부 지역(오늘날의 네덜란드 지역)은 정치적·경제적 독립을 더욱 강력히 추진할 수 있게 되었다. 스페인 군대가 전쟁을 재개했지만 그때는 이미 스페인 무적함대가 영국 엘리자베스 1세의 해군에 대패한 이후였고, 네덜란드는 스스로를 방어할 만큼 충분한 힘을 갖추고 있었다. 그런 연후에 1648년 베스트팔렌 조약에서 이 연방공화국(Republic of the United Provinces), 즉 오늘날의 네덜란드의 독립이 국제적으로 인정받았다.

4. 영국의 종교개혁

끝으로 영국(스코틀랜드 포함)의 종교개혁은 상당히 긴 글로, 종교개혁의 여러 종파들이 왕실과 관계된 내용이 너무 많아 필자의 『유럽의 종교개혁과 신학 논쟁: 가톨릭·개신교 신학의 비교와 함께』를 읽을 것을 추천한다. 다만 여기에서 영국 종교개혁의 시작이라고 볼 수 있는 영국 왕 헨리 8세

---

47) Otto Zierer, *op. cit.*, p.293f.

(Henry VIII, 1509~1547)와 그의 아들 에드워드 6세, 이어지는 그의 딸 가톨릭계의 피의 메리 여왕[48]과 그의 후처(궁녀 출신) 앤 불린(A. Boleyn)의 딸로 유명한 엘리자베스 1세 등의 종교개혁과 관련지어 간략히 언급하려고 한다. 그리고 이렇게 하는 이유는 이 부분이 매우 중요할 뿐 아니라 정치적으로 매우 복잡하게 얽혀 있고 난해하며 우리에게 잘 알려져 있지 않기 때문이다.[49]

튜더(Tudor)가의 헨리 8세는 루터가 종교개혁을 일으킬 당시 종교개혁을 반대하고 가톨릭을 옹호했기 때문에 로마교황청으로부터 영광스럽게도 '신앙의 옹호자'(Defensor Fidei)라는 칭호까지 받았다. 그러나 이것은 잠시 뿐이었고, 본처 스페인의 캐서린(Catherine, 카타리나, 가톨릭 왕 부부의 딸)과 결혼해서 딸들을 낳았으나 왕위를 이을 왕자를 낳지 못했기 때문에 그리고 왕이 매우 사랑했던 궁녀 앤 불린과의 결혼을 위해서 교황청에 이혼 허락을 요구했다. 그러나 교황청은 같은 일로[50] 2번이나, 그것도 상호 모순이 되는 사면은 있을 수 없다고 거절하였다. 이에 몹시 화가 난 헨리 8세는(교황청의 허락 없이 앤 불린과 결혼했음) 로마가톨릭과의 결별을 선언했고 자신이 영국교회의 우두머리가 되는 수장령(首長令, Durch die Suprematsakte von 1534 wurde der Konig das oberste Haupt der anglikan. Staatskirche)을 발표했으며, 이 국교(성공회, 우리나라에도 전래되었음)가 오늘날까지 존속하고 있다. 지금까지 교황청의 계속적인 통합 요구에도 불구하고 그리고 얼마 전 한 교황

---

[48] 헨리의 본처 소생으로 스페인 가톨릭 왕 부부의 외손녀이며, 신성로마제국 황제 카를 5세의 막내 이모의 딸로서 개신교도 300명을 처형한 관계로 피[血]의 메리(Bloody Mary)라는 별호가 붙게 되었다.
[49] Heinrich Lutz, op. cit., p.345.
[50] 캐서린은 원래 헨리 8세의 형인 아서 왕자의 부인이었으므로 형의 사후 교황청의 사면(dispens)을 통해 동생인 헨리 8세와 결혼했는데, 이제 와서 형수와의 결혼이 원천무효라고 선언하는 사면을 요청함과 동시에 결혼을 승인해 달라고 요구했다.

의 영국 방문 시 교황이 요구한 통합에 대해서 영국의 엘리자베스 2세 여왕은 우호적 관계를 위해 계속해서 노력하고 가까이 지낼 수는 있지만 통합만은 결단코 반대한다고 하였다.

당시 이와 관련해서 발생한 역사적으로 유명한 사건에 대해서 짧게나마 언급하고자 한다. 헨리 8세의 친구요, 그에 의해 영국 최고의 관직인 대법관(大法官, Lord chancellor)에 임명된 토머스 모어(T. More)는 국왕 헨리 8세의 이혼을 승인하지 않았고 영국 국왕이 영국 기독교의 우두머리가 되는 것을 끈질기게 반대하였다. 그 결과 대법관 모어는 템스강의 아름다운 타워(Tower, 당시는 감옥으로 사용했음)에 구금되었다가 대역죄로 친구인 왕에 의해 교수형에 처해졌다.[51]

"전형적 르네상스 스타일(르네상스에 대한 부정적 의미)의 왕"이란 별호가 붙은 헨리 8세의 결혼생활을 보면 첫 부인과는 이혼했고, 다음의 앤 불린은 여아를 낳자 부정(不貞)이라는 이유로 처형되었으며, 세 번째 부인 제인 시모어(J. Seymour)는 아들(이후 에드워드 6세)을 낳았으나 출산 중에 사망하였고, 네 번째 부인과는 곧바로 이혼했으며, 다섯 번째 부인은 앤 불린처럼 단두대에 의하여 처형되었고, 여섯 번째 부인은 헨리 8세보다 더 오래 생존했다. 그리고 이런 이유로 영국 왕 헨리 8세는 실로 가톨릭 '신앙의 옹호자'가 아니라 가톨릭과는 거리가 먼 사람으로 역사에서는 르네상스 스타일의 왕이라고 칭하기도 한다.

---

51) *Ibid.* 필자는 유럽 유학 중에 런던에서 3개월간 영어 연수를 했는데 고급반의 한 교재가 이 사건을 다룬 희곡 작품, 『A Man for all Seasons』이었으며 "영국인의 정신적 축(軸)"이란 별호가 붙은 모어의 훌륭한 인격과 기독교적 신앙심은 영국인들로부터 존경을 받기에 충분하다고 생각되었다.

제 4 장
가톨릭 종교개혁 및 종교 전쟁과 트리엔트 공의회

1. 이냐시오 데 로욜라의 생애와 사상 및 가톨릭 종교개혁

18세기에 프로테스탄트 사가들이 가톨릭교회의 종교개혁에 반대해 사용한 말로, 특히 1555년부터 1648년 사이의 가톨릭 측 개혁운동을 '반종교개혁'(反宗教改革, Counterreformation)이라고 했다. 가톨릭의 종교개혁이란 종교개혁에 의해 신교가 탄생하고 독일·스위스·영국·북유럽 여러 나라에 신교가 확산되어 가톨릭교회의 기반이 크게 흔들리자 가톨릭교회가 스스로 재건운동을 일으킨 것을 말한다.

가톨릭 종교개혁의 초기 단계에서는 에라스뮈스와 기독교적 인문주의자들의 영향이 컸다(Erasmus and other Christian humanists greatly influenced the Catholic Reformacion). 또한 이것은 교황 파울루스 3세(1534~1549)가 소집한 트리엔트(Trient) 공의회 이래의 개혁운동을 말하기도 한다. 즉, 그들은 성사(聖事, Sacrament), 신앙, 그 밖의 교리의 근본 문제와 관련하여 프로테스탄트의 개혁에 반대해 중세 이래의 '전통주의·권위주의·객관주의'를 확보함과 동시에 시대의 진전에 따르는 '사제와 신도들의 도덕성과 교회 질서의 확립', 특히 '재정'의 재건에 주력했다.

당시 이 재건 운동의 중심인물인 이냐시오 데 로욜라(I. de Loyola, 본명은 Don Inigo Lopez de Recalde)에 대해서 좀 더 자세히 살펴보고자 한다. 로욜라는 소아시아계 스페인의 바스트 귀족으로 1491년 10월 23일 로욜라성에서 태어났다. 그는 열네 살 이후로 친척인 고위 귀족의 저택에서 시동(侍童)으로 생활하다가 훗날에는 장교가 되어 그곳에 머물렀다. 프랑스와의 국경 지역 나바라(Navarra)에서 일어난 프랑스와의 방어 전쟁에서 '카를 5세 황제군의 장교로 싸우다가 한쪽 다리에 중상'을 입었다. 그때 그의 나이 서른이었다.

병원에서 심한 고통과 싸우는 동안 기사 소설에 나오는 성인들의 성담(聖談)을 읽으면서, 그때까지만 해도 여인에 대한 사랑, 명예, 영광을 위해 노력했고 무기 사용을 큰 기쁨으로 알던 그에게 새로운 세계가 열린 것이다. 그는 성 프란체스코(St. Francesco)와 성 도미니쿠스(St. Dominikus)의 행적을 뒤따르겠다고 결심했다. 마침내 1522년 아버지의 성(城)을 떠나 순례자·걸인의 행각을 벌이면서 한 순간은 신비적 황홀감을, 다음 순간에는 자살의 경지에 이르는 절망감을 느꼈다. 나아가 그는 외관을 등한시했고 스스로 쇠사슬에 묶여 금식했는데 이 때문에 건강을 많이 해치게 되었다. 그리고 자신을 고통 속에 빠뜨린 것이 마귀의 침입 때문이라고 생각했다.[52]

로욜라는 만레사(Manresa)라는 소도시의 작은 교회에서 갑자기 "하늘로부터의 빛을 통해 하느님의 은총과 자비를 확신하게 되었다"(plötzliche Erleuchtung … die göttliche Gnade und Barmherzigkeit). 로욜라는 이 회심(回心)을 통해 모든 것이 새로워졌고 그의 모든 힘을 하느님의 영광을 위해 바치기로 결심했다. 그러한 가운데 로욜라는 1548년에 『심령수행』(心靈修行, Spiritual Exercises)이라는 책을 발간했다. 그리고 탁발 수도사들과

---

52) Egon Friedel, op. cit., p.352.

비슷하게 예수의 생과 고난, 죄에 약한 인간성, 나아가 모든 감각을 동원해 지옥을 경험하고자 했다.

또한 이를 통해 자애 · 의지 · 자리(自利)를 극복하고 질병 · 빈곤 · 죽음 · 명예의 상실에도 태연자약할 수 있는 수련을 쌓았다. 그래서 일생 동안 삶과 행위가 질서와 균형 속에 이루어져야 한다고 했고, 생각하고 말하고 일하는 데 자신의 영혼 상태의 전말(顚末)을 매일 · 매시간 제시해야 한다고 했으며, 나아가 심령 수행의 목적은 교회 내의 봉사로 이어져야 한다고 했고, 교회는 그에게 절대적인 권위로 교회와 상급 권위에 복종해야 한다고 했다. 그리고 선교 사업을 하고, 이교에 대해 저항해야 하며, 금식 · 금욕 · 묵상은 최소한으로 줄이고 대신에 실제적인 일에 전력을 기울여야 한다고 강조했다. 이 밖에도 수도원장과 교단의 규정을 찬양해야 한다고도 했다. 또한 그가 한 중요한 말은 "어느 누구도 예정되어 있지 않고 신앙과 은총이 없이 자신을 구원할 수 없지만" 이러한 것에 관해 말을 하거나 이야기를 나누는 것은 매우 주의해야 하는데, 그 이유는 남을 나쁜 길로 오도할 수 있기 때문이라고 했다.[53]

로욜라는 교단 생활을 군대의 규율로 정했고 교단을 교황 직속으로 했으며, 구성원들을 잘 조직된 계급제도 아래에 두었다. 그래서 자신이 동의하지 않을지라도 '절대적으로 복종하는 것'이 예수회(Societas Jesu, Jesuit)의 첫째 임무가 되었다. 따라서 수도원장과 교단의 규율을 칭찬하고 결코 비판해서는 안 된다고 강조했다. 로욜라는 "항시 고수해야 할 것은, 내가 보는 것은 흰색인데 계급적 조직인 교회가 검다고 정의하면 검은 것이다"(Ich glaube, daß das Weisse, das ich sehe, schwarz ist, wenn die hierachische Kirche es so definiert)라고 하여 되풀이해서 복종하는 것이야말로 질서 유

---

[53] *Ibid.*

지를 위해 필수 불가결한 것이라고 했다. 이 때문에 자신과 교단원들에게는 항시 이유·조건 없이 교황의 명에 복종해야 할 의무가 있었다. 1523년 로욜라는 예루살렘으로 성지순례를 떠났는데, 그것은 예수가 거닐었던 그곳을 직접 보고 입맞춤[親口]하기 위해서였다.

이어 스페인으로 돌아와서는 라틴어를 공부했고, 그 후에 신학을 공부하기 위해 파리로 갔는데, 이때 되풀이해서 사제로 나섬으로써 종교재판을 받고 투옥되기도 했다. 출옥한 뒤인 1528년에는 칼뱅이 공부했던 대학에 입학해 칼뱅이 가르친 교수들의 강의를 들었으며, 프랑스 학생들과 마찬가지로 엄격한 훈련을 받기도 했다. 이어 걸식을 하면서 네덜란드로 갔고, 그 뒤 영국으로 갔는데 그는 생계를 위해 스스로 벌어야 했다. 그리고 이 같은 생활은 그가 마기스터 학위를 받을 때까지 지속되었다. 이어 1534년 예수회를 창설해 6년 뒤 교황 파울루스 3세에게 승인받았으며, 3년 후인 1537년 신품성사를 받았다. 그리고 4년 후인 1541년에 마침내 예수회의 초대 총회장(General)이 되었다.[54]

다시 본 내용으로 되돌아가면, 그간의 노력으로 가톨릭교회는 장기간 정신적·물질적 힘을 규합하여 광범위한 개혁을 달성했고 독일·보헤미아·헝가리·폴란드에서 세력을 회복하게 되었으며, 서양에서 오늘날과 같은 프로테스탄트 지역과의 경계를 확립할 수 있었다. 프로테스탄트들이 반종교개혁이라고 칭하는 "가톨릭의 종교개혁은 단순히 소극적인 자기방어가 아니라 가톨릭 자체의 긍정적·정신적 부활이었다(Positive spiritual renewal)". 그러나 그것은 세속적인 힘의 지원 없이는 불가능한 일이었다. 당시 가톨릭 종교개혁과 프로테스탄트 종교개혁은 다 같이 국내 정치 및 국제정치와 밀접한 관계를 맺고 있었다. '독일과 스페인의 지배 세력인 오

---

54) Otto Zierer, *op. cit.*, p.299.

스트리아 합스부르크 왕실은 다음 몇 세대 동안 정치적 가톨리시즘의 실제적인 영도자였다. 그리고 프랑스 군주들은 종교적이라기보다는 정치적인 이유에서였지만, 그래도 프랑스를 가톨릭 국가로 유지하는 데 큰 힘이 되었다. 슬라브족과의 경계 지역에 이르는 독일 남부와 이탈리아에서는 지배자인 군주들과 귀족들이 가톨릭을 지지하는 강한 세력이었다.

이 외에도 가톨릭의 근본 토대가 유지될 수 있었던 것은 여러 교단으로부터 힘입은 바가 컸다. 지난날의 클뤼니 수도원·시토 교단(Cisterian)·탁발 수도사단과 같이 교단 성직자들이 교황 레오 10세(Leo X) 시대에 다시 힘을 모아 새로운 것을 성취시키려는 욕망에 차 있었고, 여러 수도회와 교단을 만들었으며, 엄격하고 순수한 생활과 사회봉사를 강조하는 수도원의 이상을 부활시켰다.[55]

레오 10세 시에 개혁의 물결이 점차 높아졌으며, 그 한 예로 수도 서원을 하지 않고 설교와 기도를 목적으로 하는 오라토리오(Oratory) 수도회는 재속(在俗) 사제회가 결성되어 특별한 예배와 종교적 실천으로 영적 체험을 심화시키는 데 전력을 기울였다(dedicated to the deepening of spritual experience). 그리고 오라토리오 수도회는 1520년대에 성직자의 덕성 교육을 목적으로 하는 테아티노(Theatine) 교단을 설립하는 데 기여했다. 역시 1520년대에 청빈을 이상으로 삼는 프란체스코 수도회의 한 분파인 카푸친(Capuchin) 수도회라는 계율과 금욕의 맹세를 지키고 청빈을 목표로 하는 수도회가 태어나 청빈 생활을 강조했고, 빈민층에 대한 설교에 열중했다. 또한 그 뒤 10여 년 내로 5, 6개의 새로운 교단이 더 생겼으며, 특히 여성 교육에 헌신할 목적으로 '우루술라 동정(童貞)회'가 1537년 이탈리아 브레시아(Brescia)에서 창설되기도 하였다.[56]

---

55) *Ibid.*
56) Egon Friedel, *op. cit.*, p.317.

2. 30년전쟁

우리에게 비교적 잘 알려진 30년전쟁(Thirty Years War, 1618~1648)에 대해서 여기서 짧게라도 굳이 쓰는 이유는, 유럽에서 가톨릭과 프로테스탄트 간의 장기간에 걸친 전쟁이 마르틴 루터의 종교개혁의 여파로 일어난 매우 잔혹한 전쟁이었기 때문이며, 책 내용의 연계를 위해서이다. 참혹한 전쟁의 모습을 잘 나타내는 한 장면을 소개하면, 30년전쟁에서 혁혁한 공을 세운 가톨릭 측(오스트리아)의 용병대장 발렌슈타인(A. von Wallenstein)은 원래 프로테스탄트였으나 가톨릭으로 개종했고, 1604년 이래 합스부르크가에 가담하여 40,000명의 용병을 거느리고 "모든 것의 현지 조달"이라는 최악의 상황에서 전쟁을 성공적으로 수행했다. 그러나 명예·부·권력의 추구와 일련의 의심스런 배신행위로 말미암아 빈(Wien) 정부의 명에 의해서 전장에서 무참히 살해되었다[그의 파란만장한 삶과 비극적인 최후에 관해서는 실러(F. von Schiller)의 『비극』(Trauerspiel, 1798)이 있음].

전 세계적으로 유명한 대사가이며 20세기 최고의 지성으로 손꼽히는 토인비(A. J. Toynbee)는 오늘날 서양인들의 기독교에 대한 냉담의 주된 원인 중 하나가 루터의 종교개혁 후 가톨릭과 프로테스탄트 간에 일어난 30년 동안의 전쟁 때문이라고 했다.[57]

이토록 중요한 30년전쟁을 아주 간략히 말하면 30년에 걸쳐 유럽 중부에서 치른 일련의 전쟁으로, 처음에는 독일의 프로테스탄트(신교도)와 가톨릭교도 간의 충돌이었으나, 이후에는 신성로마제국과 스페인에 대한 프랑스·스웨덴·덴마크의 정치적 적대 관계로 이어졌다. 좀 더 구체적으로 말하면 이 전쟁은 오늘날의 독일 지역에서 1618년부터 1648년까지 싸운 전쟁

---

57) Albert Renner, *op. cit.*, p.436.

으로 그 발단은 합스부르크가(당시는 페르디난트 2세 · 3세 시기)가 정치적으로 독일 전체를 지배하려는 데에서 비롯되었다(It originated in the ambition of the Habsburgs to obtain political control of all Germany). 전쟁의 발단은 오스트리아의 절대주의적 통치에 대한 보헤미아인들의 봉기(1618~1620)와 함께 시작되었고, 봉기에서 패배한 뒤 덴마크와 스웨덴 국왕 구스타브 2세(Gustav II) 지원을 받은 일련의 프로테스탄트 군주들에 의해 계속되었다.

독일 북부에서 스웨덴이 패하고 1632년 구스타브 2세가 죽자, 1635년 프랑스가 전쟁에 뛰어들었다. 비록 프랑스군이 황제의 동맹국 스페인에 의해 여러 차례 고배를 마셨으나, 전반적으로는 프로테스탄트 측의 우세로 끝났다. 1648년 체결된 베스트팔렌 조약에서 프랑스는 장차 보불전쟁과 제1 · 2차 세계대전의 한 원인이 된 알자스 · 로렌 지역을 차지했고, 스웨덴은 발트해 연안 지역을 차지함으로써 독일 내에서 오스트리아 황제의 권위는 형식적인 것이 되고 말았다. 전쟁은 가톨릭 측의 경우 주로 발렌슈타인과 틸리 · 만스펠트 등 5만 명의 용병을 거느린 용병대장에 의해 수행되었다.[58]

3. 트리엔트 공의회와 가톨릭 종교회의 최종 결정

당시에는 트리엔트(Trient, 이탈리아 북부)가 신성로마제국(구체적으로 오스트리아)에 속했기 때문에 독일식으로 트리엔트로 불렀지만, 지금은 이탈리아 영토가 되어 트렌토(Trento)로 부르고 있다. 교리나 규율에 관한 사항을 토의 · 규정하기 위해 세계의 추기경 · 주교 · 신학자를 초청해 개최하

---

58) *Ibid*.

는 회의를 공의회라고 하는데, 여기서 말하는 트리엔트 공의회, 즉 제19차 종교회의가 1545년부터 1563년까지 트리엔트에서 18년간 개최되었다. 프랑스와 합스부르크 간의 유럽 패권 투쟁이 잠시 중단된 뒤 그간 많은 사람들이 기대해 왔던 종교회의가 시작된 것이다.59)

회의는 처음부터 명백히 반(反)복음주의 색채를 띤 가톨리시즘의 부흥을 목적으로 했으나, 각국의 이해관계가 불일치하고 교황권에 대한 주교단의 저항 때문에 난항을 거듭했다. 이 때문에 햇수로는 18년이나 지속된 회의이지만, 실제로는 장기간 중단되어 제1기 1545~1547년, 제2기 1551~1552년, 제3기1562~1563년으로 나누어 개최되었다. 몇 번이나 결렬 위기를 맞기도 했으나, 제3기에 예수회 교단 단원들의 활약으로 "교황권의 완전한 승리"로 종결되었고, 매우 곤란한 문제는 교황에게 일임했다. 그중 중요한 내용을 좀 더 구체적으로 보면, 크게 보아 가톨릭의 종교개혁은 최고의 권위가 있고 증명·비판이 허용되지 않는 교회의 '도그마'(Dogma, 교의)의 변경이나 정신적 경향에서의 변경은 아니었다(The Catholic Reformation was not a change of Dogma, not a change of Spiritual direction). 다시 말해 공의회는 교회의 폐습에 대해 일련의 개혁을 결정했지만, 근본적으로 가톨릭 제도를 바꾸지는 않았다.

종교회의는 르네상스·휴머니즘·종교개혁에 의해 흔들리고 있던 도그마를 재점검했고 '하느님의 은총의 정당성'과 '선업의 필수 불가결함'을 인정했으며, 교회는 성경에 근거를 두기도 하지만 가톨릭의 전통에 근거하며 "구약성경과 신약성경이 성령에 의해 한 자 한 자 받아쓰기한 것으로 보아야 한다"(daß das Alte und das Neue Testament als vom heiligen Geist wörtlich diktiert zu betrachten)라고 결정했다. 그리고 베들레헴 수도원장인

---

59) Albert Renner, op. cit., p.436.

성 히에로니무스(347~419)가 라틴어로 번역한 성경 『불가타』를 표준 성경으로 정했다. 또한 교회만이 성경을 해석할 수 있다고 했으며, 누군가 다른 해석을 하면 파문하기로 했다.

그리고 장기간 논쟁의 대상이었던 '종교회의와 교황의 우위 논쟁'은 교황 측에 유리하게 흘러갔다. 나아가 그들은 신도들이 읽어서는 안 될 책(이단자·프로테스탄트·마키아벨리의 저술)의 '금서목록'을 만들었고, 종교재판을 한층 강화하기로 했으며 다시 화형의 장작더미에 불을 붙이기 시작했다. 또한 가톨릭 개혁과 병행해, 반종교개혁은 프로테스탄티즘·휴머니즘·신자연과학에 대해 투쟁을 선언했다. 그리고 그들의 적대자들을 억압하기 위해 로마교회와 가톨릭 군주 사이에 밀착 관계가 형성되었고, 이로써 많은 위험을 내포한 '황실(Thron)과 교회(Altar)의 결합'이 이루어졌다.[60] 후일 마르크스는 이를 보고 "종교는 인민의 아편"(das Opium des Volkes)이라고까지 말했다.

그리고 스페인에서는 이러한 호전적인 교회의 움직임을 지원하기 위해 당 세기 최대의 군대를 대비해 놓고 있었다. 또한 프로테스탄트가 평신도의 성직자성(聖職者性), 즉 만인사제주의를 내세우자 가톨릭교회는 그 반발로 '성직자의 기적력(miraculous power)을 강화하는' 쪽으로 나아갔다. 그리고 처음부터 문제가 되었던 면죄부에 대해서도 굴복하지 않았으며, 금전 거래가 아니라 '정신적인 노력에 대한 정신적인 보수임'을 재확인했다. 이렇게 볼 때 가톨릭교회의 개혁은 교리가 아니라 실제적 관행의 개혁이었다.

트리엔트 공의회에 대해 가톨릭 내의 자유주의자들과 일반 자유주의자들은 보편적 종교회의가 아니라 교황과 예수회가 장악하고 있는 도구이

---

[60] G. Ritter, *op. cit.*, p.46f.

며, 마치 괴뢰 같이 여겨졌다(An instrument in the hands of the popes and the Jesuits).

이 종교회의에서는 성직자의 본질을 다시 확인했고 『성경』과 교회 대변인 모두가 신학에 관해 권위를 가진다는 점을 재확인했다. 또한 이 종교회의의 전통적인 입장은 트리엔트 신앙고백(Professio Fidei Tridentine)에 뚜렷하게 나타나 있다. 이를 통해 가톨릭 신앙의 교의를 명백히 했고, 복음주의를 물리치고 토미즘(Thomism)[61]을 가톨릭 신앙의 기초로 정했다.[62]

트리엔트 공의회는 가톨릭교회 내에서 500년 전 클뤼니 수도원의 지도 아래 달성한 그러한 변화를 일으켰다. 이 종교회의에서는 특히 성직자들이 서약을 엄격히 준수할 것과 폐단의 종식을 강조했다. 또한 성직 매매와 고위 성직자들의 교구 내 비거주에 대해서도 조처했으며, 성직자들에게 더 나은 훈련을 실시하기 위해 '신학교'를 설립했다(The establishment of seminaries to give priests better training). 나아가 비오 5세 교황 재임 시에는 『표준 교리문답서』・『일과 기도서』・『미사전서』를 만들었다. 이 때문에 교황청은 더는 이탈리아 르네상스기의 궁정이 아니었다. '프랑스혁명 전 18세기에, 특히 프랑스에서 고위 성직자와 수도원에 방종한 분위기'가 스며든 것은 사실이지만, 루터와 그의 추종자들이 공격한 광범위한 부패는 서방에서 다시는 일어나지 않았다.

루터가 항의한 지 1세기 이내에 가톨릭과 프로테스탄트 우세 지역이 더더욱 분명해졌는데, 그 경계는 오늘날과 비슷한 양상이다. 잉글랜드, 스코틀랜드, 네덜란드, 독일 북동부, 독일 남서부의 뷔르템베르크(Württemberg)

---

61) 중세의 대표적 신학자이자 철학자인 토마스 아퀴나스의 철학 및 신학 체계와 후세 사람들에 의한 아퀴나스 학설의 체계적인 전개와 해명을 의미한다. 그의 역사적 공로는 '신앙 외의 지식'을 인정했고, 독자적인 원리와 방법론을 가진 철학의 가치를 인정했다는 점이다.

62) *Ibid.* Cf. Albert Renner, *op. cit.*, p.495.

와 스위스의 돌출부, 스칸디나비아에서는 프로테스탄트가 우세했다. 그리고 가톨릭이 우세한 지역은 이탈리아를 비롯해 아일랜드, 벨기에, 프랑스, 독일 남부, 독일 라인 계곡의 북부 돌출부와 합스부르크의 영토(오스트리아), 폴란드, 이베리아 반도였다. 잉글랜드·스코틀랜드·홀란드에 가톨릭 소수파가 존재했고, 아일랜드·프랑스 및 예수회가 회복한 합스부르크 영토 내 일부 지역에 프로테스탄트 소수파가 존재했다. 헝가리는 예수회가 다시 차지한 곳이다.

유럽 강국들의 왕·황제·대통령·교황들의 각국 원수표(各國 元首表)

오스트리아(Austria, Österreich)
*신성로마제국 황제를 "H.R.R. 황제"로 줄임

바벤베르크가(Babenberg家)
976~994: Leopold Ⅰ
994~1018: Heinrich Ⅰ
1018~1055: Adalbert
1055~1075: Ernst
1075~1095: Leopold Ⅱ
1095~1136: Leopold Ⅲ
1136~1141: Leopold Ⅳ
1141~1177: Heinrich Ⅱ
1194~1198: Friedrich Ⅰ
1198~1230: Leopold Ⅵ
1230~1246: Friedrich Ⅱ

프르제미슬가(Přemyslovci家)
1251~1276: Premysl Otakar

합스부르크가(Habsburg家)
1276~1282: Rudolf Ⅰ
1282~1308: Albrecht Ⅰ
1308~1330: Friedrich Ⅲ
1330~1358: Albrecht Ⅱ
1358~1365: Rudolf Ⅳ
1365~1395: Albrecht Ⅲ 공치(共治)
1365~1379: Leopld Ⅲ
1395~1404: Albrecht Ⅳ

1404~1439: Albrecht Ⅴ
1440~1457: Ladislaus Posthumus
1457~1493: Friedrich Ⅴ(H.R.R. 황제 Ⅲ)
1493~1519: Maximilian Ⅰ(H.R.R. 황제)
1519~1521/1522: Karl Ⅴ(H.R.R. 황제)
1521/1522~1564: Ferdinand Ⅰ(H.R.R. 황제)
1564~1576: Maximilian Ⅱ(H.R.R. 황제)
1576~1612: Rudolf Ⅱ(H.R.R. 황제)
1612~1619: Matthias(H.R.R. 황제)
1619~1637: Ferdinand Ⅱ(H.R.R. 황제)
1637~1657: FerdinandⅢ(H.R.R. 황제)
1657~1705: Leopold Ⅰ(H.R.R. 황제)
1705~1711: Joseph Ⅰ(H.R.R. 황제)
1711~1740: Karl Ⅵ(H.R.R. 황제)

합스부르크가~
로트링겐가(Habsburg~Lothringen家)
1740~1780: Maria Theresia
1780~1790: Joseph Ⅱ(H.R.R. 황제)
1790~1792: Leopold Ⅱ(H.R.R. 황제)
1792~1835: Franz Ⅱ(1804년까지 대공, 오스트리아 황제로서는 Franz 1세)
1916~1918: Karl Ⅰ(헝가리 왕 4세, 오스트리아 합스부르크가의 마지막 황제)

독일(Germany, Deutschland)
*1806년 이전은 서로마제국·동프랑크왕·독일왕·신성로마제국 황제를 참고

라인연방(1806~1813)
독일연방(1815~1866)
북독일연방(1867~1870)

프로이센 왕국

호엔촐레른가(Hohenzollern)
1701~1713: Friedrich I
1713~1740: Friedrich Wilhelm I
1740~1786: Friedrich II
1786~1797: Friedrich Wilhelm II
1797~1840: Friedrich Wilhelm III

1840~1861: Friedrich Wilhelm IV
1861~1888: Wilhelm I
1888: Friedrich III
1888~1918: Wilhelm II

독일제2제국

호엔촐레른가(Hohenzollern)
1871~1888: Wilhelm I
1888: Friedrich III
1888~1918: Wilhelm II

재상(宰相)
1871~1890: Otto von Bismarck
1890~1894: Leo Caprivi

1894~1900: Chlodwig Hohenlohe
1900~1909: Bernhard von Bülow
1909~1917: Theobald von Bethmann
　　　　　Hollweg
1917: Georg Michaelis
1917~1918: Georg von Hertling
1918: Alexand F. W. Maximilian

독일공화국

대통령(大統領)
1919~1925: Friedrich Ebert
1925~1934: Paul von Hindenburg

수상(首相)
1918~1919: Friedrich Ebert(임시)
1919: Philipp Scheidemann
1919~1920: Gustav Bauer
1920: Hermnn Müller
1920~1921: Konstantin Fehrenbach

1921~1922: Karl Joseph Wirth
1922~1923: Wilhelm Cuno
1923: Gustav Stresemann
1923~1924: Wihelm Marx
1925~1926: Hans Luther
1926~1928: W. Marx(재임)

1928~1930: H. Müller(재임)
1930~1932: Heinrich Brüning
1932: Franz von Papen
1932~1933: Kurt von Schleicher

1933~1934: Adolf Hitler

프랑스 왕국(France)

카페가(Capet, 987~1328)
987~996: Hugues Capet
996~1031: Robert II
1031~1060: Henri I
1061~1108: Philippe I
1108~1137: Louis VI
1137~1180: Louis VII
1180~1223: Philippe II
1223~1226: Louis VIII
1226~1270: Louis IX
1270~1285: Philippe III
1285~1314: Philippe IV
1314~1316: Louis X
1316: Jean I
1316~1322: Philippe V
1322~1328: Charles IV

발루아가(Valois, 1328~1589)
1328~1350: Philippe VI
1350~1364: Jeaen II
1364~1380: Charles V
1380~1422: Charles VI
1422~1461: Charles VII
1461~1483: Louis XI
1483~1498: Charles VIII
1498~1515: Louis XII
1515~1547: François I

1547~1559: Henri II
1559~1560: François II
1560~1574: Charles IX
1574~1589: Henri III

부르봉가(Bourbon, 1589~1795)
1589~1610: Henri IV
1610~1643: Louis XIII
1643~1715: Louis XIV
1715~1774: Louis XV
1774~1792: Louis XVI
1793~1795: Louis XVII

영국(England)
영국왕국

작센계(Sachsen)
829~839: Egbert
839~858: Ethelwulf
858~860: Ethelbald
860~866: Ethelbert
866~871: Ethelred I
871~899: Alfred the Great
899~924: Edward I
924~940: Athelstan
940~946: Edmund
946~955: Edred
955~959: Edwy
959~975: Edgar
975~978: Edward(the Martyr)
978~1016: Ethelred II
1016: Edmund II

덴마크계
1016~1035: (丁, 덴마크) Knud II,
　　　　　　(英) Canute II
1035~1040: Harold II
1040~1042: (丁, 덴마크) Hardeknud,
　　　　　　(英) Hardecanute

작센계
1042~1066: (참회왕) Edward
　　　　　(the Confessor)
1066: Harold II

노르만계
1066~1087: William I

1087~1100: William II
1100~1135: Henry I
1135~1154: Stephen of Blois

플랜태저넷가(Plantagenet)
1154~1189: Henry II
1189~1199: Richard I
1199~1216: (결지왕) John(Lackland)
1216~1272: Henry III
1272~1307: Edward I
1307~1327: Edward II
1327~1377: Edward III
1377~1399: Richard II

랭커스터가(Lancaster)
1399~1413: Henry IV
1413~1422: Henry V
1422~1461: Henry VI

요크가(York)
1461~1483: Edward IV
1483: Edward V
1483~1485: Richard III

튜더가(Tudor)
1485~1509: Henry VII
1509~1547: Henry VIII
1547~1553: Edward VI
1553~1558: Mary I
1558~1603: Elizabeth I

스페인(Spain) 왕국
카스티야와 아라곤의 통합 이후

1474~1504: Isabel Ⅰ; 1479~1504 이 기간에는 결혼에 의한 군합국(君合國)으로 아라곤 왕 페르난도 2세와 공치(共治)했음.
1479~1518: Ferdinand Ⅱ(아라곤 왕)
1504~1506: Felipe Ⅰ(카스티야 왕) 공치
1504~1516: Juana(카스티야 여왕) 공치
1506~1516: Ferdinando Ⅴ(아라곤 왕 Ⅱ)

합스부르크가
1516~1556: Carlos, Karl Ⅰ, 신성로마제국 황제로서는 Karl Ⅴ
1556~1598: Felipe(Philip) Ⅱ
1598~1621: Felipe Ⅲ
1621~1665: Felipe Ⅳ
1665~1700: Carlos Ⅱ

부르봉가 시작

독일 왕국, 동프랑크 왕국, 신성로마제국, 서로마제국(800~962)

카롤링거가(Karolinger)
768~814: Karl der Grosse(프랑크왕)
814~840: Ludwig der Fomme(경건왕) 등

콘라드가(Konrad)
911~918: Konrad Ⅰ

작센가(Sachsen, 5왕: 919~1024)
919~936: Heinrich Ⅰ
936~973: Otto der Grosse(962, 신성로마제국 창설)

잘리어가(Salier)
(4왕: 1024~1025)

작센가(Sachsen)
(1왕: 1125~1237)

호엔슈타우펜가(Hohenstaufen)
(1138~1254)

대공위 시대
(1254~1273): 대립 황제

제왕가 교체 시대
(1273~1437)

합스부르크가(Habsburg)
1273~1291: Rudolf Ⅰ

나사우가(Nassau)
1292~1298: Adolfvon Nassau

합스부르크가
1298~1308: Albrecht Ⅰ

룩셈부르크가(Luxemburg)
1308~1313: Heinrich Ⅶ

비텔스바흐가(Wittelsbach)
1314~1347: Ludwig Ⅵ, der Bayer

합스부르크가
1314~1330: Friedrich(대립 황제)

룩셈부르크가
(4왕: 1347~1437)

합스부르크가
1438~1439: Albrecht II
1440~1493: Friedrich III
1493~1519: Maximilian I
1519~1556: Karl V
1556~1564: Ferdinand I
1564~1576: Maximilian II
1576~1612: Rudolf II
1612~1619: Mattias
1619~1637: Ferdinand II

1637~1657: Ferdinand III
1658~1705: Leopold I
1705~1711: Joseph I
1711~1740: Karl VI

비텔스바흐가
1742~1748: Karl VII

합스부르크로트링겐(Habsburg-Lothringen)
1745~1765: Franz I
1765~1790: Joseph II
1790~1792: Leopold II
1792~1806: Franz II [1806년 나폴레옹에 의해 신성로마제국이 폐지되었고, 황제 프란츠 2세는, 이를 미리 알고 오스트리아황제 관(제국)을 신설했음]

미국합중국(United States of America) 대통령

1789~1797: George Washington
1801~1809: Thomas Jefferson
1817~1825: James Monroe
1861~1865: Abraham Lincoln
1901~1909: Theodore Roosevelt

1913~1921: (Thomas) Woodrow Wilson
1929~1933: Herbert Clark Hoover
1933~1945: Franklin Delano Roosevelt
1945~1952: Harry S. Truman
1952~1961: Dwight David Eisenhower

로마교황(◎대립 교황)

✝67(64頃): Petrus

1061~1073: Alexander II
1061~1072: Honorius II
1067~1076: Linus
1073~1085: Gregorius VII
1294~1303: Bonifatius VIII
1303~1304: Benedictus XI

1305~1314: Clemens V
1316~1334: Johannes XXII
1328~1330: Nicolaus (V)
1334~1342: Benedictus XII
1342~1352: Clemens VI
1352~1362: Innocentius VI
1362~1370: Urbanus V
1370~1378: Gregorius XI

1378~1389: Urbanus VI
1389~1404: Bonifatius IX
1404~1406: Innocentius VII
1406~1415: Gregorius XII
1378~1394: ⓒClemens VII
1464~1471: Paulus II
1471~1484: Sixtus IV
1484~1492: Innocentius VIII

1492~1503: Alexander VI
1503: Pius III
1503~1513: Julius II
1513~1521: Leo X
1522~1523: Hadrianus VI
1523~1534: Clemens VII
1534~1540: Paulus III

찾아보기

ㄱ

가이어 252
가이즈마이어 252
가톨릭교회 242, 249
가톨릭 왕 부부 201, 267
가티나라 186
감각적인 세계 97
개인의 승리 79
게르하르트 72
계관시인 83
고해성사 233, 248
공동형제회 202
공유지 251
공의회 37, 62, 192, 246, 282
교부 29, 87, 200
구스타브 2세 281
구원 40, 236, 256
구원관 40
구텐베르크 251
국교혁명 151
권리장전 150
그레고리우스 1세 36
그레고리우스 7세 36, 45~48, 73
그레이트브리튼 143
그루버 252
그리스도의 철학 88
금서목록 219, 270, 283
길드 142

ㄴ · ㄷ

나폴레옹 146, 152, 196, 219
낭시 전쟁 112, 171
낭트칙령 266
넬슨 146
노예제 24, 69
농노제 27
농민의회 252
농민전쟁 249
니체 220
단기의회 147
단절론 25
단테 187, 217
대륙봉쇄령 146
대립 교황 46, 77

찾아보기 **295**

대립 왕 52
대립 황제 54
대보속 138
데모크리토스 96
데카르트 132
뎅크 257
도그마 200, 225, 282
도미니크 수도회 206, 229, 239
독신제 35, 105, 227
독일의 민족의식 175
돈 후안 113
동인도회사 145, 272
드레이크 144

ㄹ

라블레 83
라샹스 215
라인펠덴 52
랑케 56, 220
레오 9세 45
레오 10세 191, 279
레오노르 124
로르츠 233
로마교회 243, 283
로마제국 24, 173
로욜라 203, 276
로체르 251
로카 192
로트만 258
롤러드 228
루이 11세 113, 171
루이 12세 58, 125
루터 211
루터교회 249
르네상스 24, 34, 68, 75, 88, 151, 185, 202, 216, 282
르네상스 문화 82
리슐리외 161

ㅁ

마녀 42
마녀사냥 42
마르가레테 119, 184, 187, 271
마르크스 69, 212, 218, 283
마르크스주의 73
마르티르 128
마리아 폰 부르군트 112, 171
마키아벨리 197, 207
마키아벨리즘 214
마티스 258
막시밀리안 1세 58, 112, 116, 267
멍크 150
메디치 264
메디치가 230
메리 1세 141, 160
메이플라워호 147
면죄부 89, 200, 227, 240, 283
모어 139, 199, 274
모타 189
무솔리니 220
무적함대 144, 272
뮌스터 천년왕국 258
뮌처 250
미겔 117, 122, 124
미콜렛츠키 23
민족이동 25

ㅂ

바울 88
반달족 60

반종교개혁 275
반황제 동맹 59
발데스 61, 194
발라 84
발렌슈타인 280
백년전쟁 109, 267
베르나르 203
베스트팔렌 조약 175, 272
베이컨 33, 219
보뎅 218
보름스 국회 45, 63, 244
보카치오 85
볼테르 57
봉건사회 26
부루너 73
부르군트 112, 116, 171, 197
부르군트 대공 부부 124
부르크하르트 73, 79, 220
불린 138, 273
브란트 230
비오 5세 140
빌헬름 3세 150

ㅅ
사보나롤라 229
산소비노 215
삼단계설 68
삼위일체 262
상리스 평화조약 113, 171
상사 41
샤를 6세 110
샤를 8세 172
샤를 9세 264
선민족 150, 158
선취 75

성공회 273
성 바르톨로메오 축일 264
성상 파괴 271
성스러운 사탄 47
성 아우구스티누스 28, 234
성인숭배 200
성지순례 52
성직록 238
성직 매매 47
성직 서임 48
성직 서임권 36
성찬론 255
세속 군주 53
소피스트 96
수장령 139, 273
순력설교자 226
슈퍼 르네상스 70
슈프랑거 103
스코투스 33
스콜라철학 28, 85, 89
시대구분 23, 67
시모어 140, 274
시칠리아의 만종 172
신비주의 34
신성로마제국 173
신플라톤주의 30, 41
실러 280
실재론 34
십자군 28, 43

ㅇ
아나니 사건 37
아리스토텔레스 29, 94, 97
아비뇽 유수 37, 77
아우구스티누스 55, 256

아우구스티누스 수도회 199
아우크스부르크 종교 화의 196
아퀴나스 31
알렉산더 3세 193
알바 153
알브레히트 239
알비전쟁 226
알비파 225
암흑시대 25
앙리 4세 266
얀 259
에드워드 3세 109
에드워드 6세 140, 270, 273
에라스뮈스 87, 197, 205, 247, 275
에리우게나 30
에크하르트 34
엘리자베스 1세 140, 160, 273
역사철학 57
연속론 25
연옥 36
영국 내전 152
영원법 32
예수회 140, 277, 283
예정설 236
올드 유럽 73
왕권신수설 151
용맹왕 칼 112, 171, 267
우생학 105
울지 136
원시기독교 35, 259
웨스트민스터 평화조약 158
위그노 143, 264
위클리프 227~228
윌리엄 2세 156
유명론 34

유물론 96
유클리드 95
의화론 237
이데아 96
이사벨 117
이사벨 1세 113, 121, 132, 170
이상국가 99, 102
이상국가론 92
이중예정설 263
인간학 97
인노켄티우스 3세 226
인문주의자 242
인정법 32

ㅈ
자연법 32
자영농민 24, 250
자유의지 33, 238, 262
잔 다르크 110
잔부의회 148, 152
장기의회 147
장원 26~27
재가톨릭화 140~141
재분봉 27
재세례파 250, 257
제임스 1세 147, 160
종교개혁 232, 236, 248
중세 24
지역적 특수 발전 74, 90

ㅊ
찰스 1세 146, 165
찰스 2세 150, 156
천사의 성 54, 63
철기군 146, 148

철인군주 95
청교도 257
청교도혁명 151
츠빙글리 255
칭의론 236

ㅋ

카노사 51
카노사의 굴욕 36, 73
카롤루스 대제 28, 35, 49, 174
카롤링거 왕조 267
카를 5세 57, 124, 135, 174, 185, 194
카스틸리오네 62
카예탄 243
카타리 225
칸티모리 71
칼뱅 236, 260
캐서린 118, 137, 160
켐피스 201
코무네로스 183
콘스탄티누스 대제 35, 85
콜럼버스 68, 111, 169, 197, 267
콜렛 199, 202
콜리니 143, 264
콩트 68
콰트로첸토 75
크로이 181
크롬웰 146, 155, 164
클레멘스 7세 138
클뤼니 수도원 46

ㅌ

타일러 111
테첼 239
토미즘 284

토인비 280
통상의회 155
트라팔가르해전 146
트로츠키 220
트롬프 158
트리비움 232
트리엔트 공의회 275, 281
트리엔트 신앙고백 284

ㅍ

파르마 153
파비아 전쟁 58
파시즘 220
팔리엔 겔트 239
페르난도 2세 113, 132, 172
페르디난트 1세 59, 127, 135, 182, 268
페트라르카 83
펠리페 2세 60, 143, 153, 170, 265, 268
표중 41
푸거 186
푸거가 239
퓨리터니즘 256
퓨리턴 146, 148
프랑스혁명 74, 77, 251
프로이트 80
프로테스탄트 157, 242
프로테스탄트 선민족 164
프로테스탄티즘 143, 283
프롤레타리아 155
프룬즈베르크 57, 59, 252
프리드리히 2세 160
프리드리히 3세 115
플라톤 88, 92, 101
피렌 182
필립 1세 113, 120, 135, 183

ㅎ

하느님의 정의 235
하싱거 71
하위징아 81
하인리히 4세 45, 47
한자동맹 249
「항해조례」 150, 156, 162
해이 70
헨리 8세 136, 138, 147, 160, 270, 272
형이상학 96
호국경 149
호킨스 144
화체설 31
후스 228, 246
후스전쟁 229

후아나 1세 109, 113~114, 117, 124, 268
휴머니즘 78, 82, 236
휴머니즘 시대 71
히메네즈 180
히플러 252
힐데브란트 46

기타

7선제후 50, 175~176, 179, 185
7성사 40, 247
「12개 조항」 251
30년전쟁 149, 151, 161, 280
「95개조 반박문」 89, 154, 181, 240
AEIOU 116